BASTEI
LÜBBE
TASCHENBUCH

Mara Andeck, Lucinde Hutzenlaub, Anja Koeseling

WIR WOLLTEN NIEMALS AUSEINANDER GEHEN

Drei Freundinnen, 26 Diäten und eine große Reise

BASTEI
LÜBBE
TASCHENBUCH

BASTEI LÜBBE TASCHENBUCH
Band 60865

Dieser Titel ist auch als E-Book erschienen.

Originalausgabe

Copyright © 2016 by Bastei Lübbe AG, Köln
Textredaktion: Regina Carstensen
Titelillustration: © www.buerosued.de
Umschlaggestaltung: Bürosüd, München
Satz: Greiner & Reichel, Köln
Gesetzt aus der Utopia und der Futura
Druck und Verarbeitung: GGP Media GmbH, Pößneck
Printed in Germany
ISBN 978-3-404-60865-2

5 4 3 2 1

Sie finden uns im Internet unter
www.luebbe.de
Bitte beachten Sie auch: www.lesejury.de

Inhalt

Liebe Leserinnen und Leser!

Willkommen in der Welt von Mara, Anja und Lucinde. In unserem Alltag. In unserer Gedankenwelt. Und in unseren Träumen von einem schöneren, besseren und vor allem schlankeren Leben.

Jetzt runzeln Sie vielleicht die Stirn und denken: Glaubt ihr drei im Ernst, euer Leben würde sich durch ein paar Kilo mehr oder weniger verändern oder gar verbessern?

Nein. Glauben wir natürlich nicht. Einerseits.

Andererseits steckt dieser Gedanke aber doch hartnäckig irgendwo in unseren Köpfen drin.

Wir drei sind schon lange befreundet und stehen mit der uns angeborenen Anmut und Pracht im goldenen Sommer unseres Lebens. Das ist nicht kitschig. Das ist eine schöne Umschreibung von: Wir sind nicht mehr fünfundzwanzig, aber trotzdem super! Ob wir nun zehn Kilo mehr oder weniger auf den Hüften haben, ist völlig schnurz, das wissen wir. Innendrin sind wir immer die Gleichen. Wir sind bezaubernd, klug, warmherzig, verführerisch, fröhlich – ach, unendlich könnten wir diese Liste fortsetzen, zumindest jede von uns für die jeweils anderen. Und selbstverständlich gilt diese Aufzählung nicht nur für uns, sondern für alle Frauen – egal ob sie nun fünfzig oder hundertfünfzig Kilo wiegen!

Trotzdem suchen wir in diesem Buch die Antwort auf ein paar Fragen: Werden wir es schaffen – jede auf ihre Weise –, das angepeilte Wunschgewicht zu erreichen? Wenn ja, werden wir davon schön, beliebt, reich, berühmt und sexy?

Und wenn nicht, können wir dann wenigstens diesen miesen kleinen Terrorgedanken löschen, dass wir nicht schön genug sind? Apropos: schön genug wofür oder für wen eigentlich?

Wie viel wir am Ende tatsächlich abgenommen haben (und ob überhaupt), was wir dabei über uns und das Leben gelernt haben, werden Sie erfahren. Aber noch nicht jetzt. Jetzt erfahren Sie erst einmal alles, was Sie über Risiken und Nebenwirkungen dieses Buchs wissen sollten:

Erstens: Wir haben diese Diäten alle selbst und nach bestem Wissen und Gewissen ausprobiert. O ja. Möchten Sie ein Foto von unserem Leid, unserer Laune und unserem Lamentieren sehen? Lieber nicht, oder? Es gibt übrigens auch keins.

Dass Sie dabei noch Wissenswertes über all unsere Diät-Manöver mitbekommen können, liegt daran, dass wir gründlich recherchiert haben. Aber Achtung! Das bedeutet nicht, dass unsere Erfahrungen für jeden auf dieser Welt gelten.

Möglicherweise funktionieren die Diäten bei dem oder der einen besser und bei anderen schlechter. (Aber nicht aufgeben, okay? Sprechen Sie uns nach: »ICH GEBE NIEMALS AUF! ICH NICHT!«)

Eines ist jedenfalls gewiss: Jeder Mensch, jeder Körper und jede Psyche unterscheiden sich – und deshalb auch jede Erkenntnis und Einsicht. Seien Sie nicht frustriert, wenn es mal nicht so läuft, wie Sie es sich vorstellen, sondern achten Sie auf sich, gehen Sie verantwortungsvoll mit Ihrem Körper um – und im Zweifel zum Arzt, wir sind nämlich keine Experten und auch keine Mediziner.

Zweitens: Wir packen in diesem Buch so richtig aus. Sogar unsere Speckröllchen! Wir gehen ans Eingemachte, und zwar nicht nur an das in unseren Vorratsschränken. Und wir lassen uns tief in die (Speise-)Karten schauen. Sie bekommen also ziemlich viel über uns und unser Leben mit. Da fragen Sie sich vielleicht: War das alles wirklich so?

Ja. War es. Denn wenn wir schon anfangen, aus dem Näh-kästchen (oder besser: aus dem Kühlschränkchen) zu plaudern, dann richtig. Aber trotzdem entspricht nicht alles eins zu eins der Realität. Wir haben zum Beispiel Namen geändert, Langweiliges gerafft, Ereignisse gekürzt und manchmal den Spannungsbogen gestrafft. Außerdem haben wir Situationen so »neutralisiert«, dass man Orte und Personen nicht wiedererkennt. Denn bei dieser Nabelschau wollten wir nur unsere eigenen Bäuche betrachten, sonst keine.

So. Genug der Warnungen. Wenn dieses Buch in Ihnen die Lust auf körperliche Veränderungen angeregt hat, dann nur zu! Und selbst wenn Sie nur im Liegestuhl, am Strand oder auf der Couch liegen bleiben sollten, weil Sie beim Lesen feststellen, dass Sie sich genau so mögen, wie Sie sind – großartig! Aber welchen Weg Sie auch gehen – bleiben Sie dran, bleiben Sie fröhlich, und vor allem: Bleiben Sie gesund!

Ihre
Lucinde, Anja und Mara

Wie alles begann – In jeder Hinsicht auseinandergegangen

Gläser klirren, Porzellan klappert, Stimmengemurmel. Wir sitzen in einer italienischen Trattoria mitten in Frankfurt.

Wir, das sind Anja, Mara und Lucinde, Freundinnen seit einem denkwürdigen Abend vor ein paar Jahren, an dem wir uns zufällig bei einer sehr langweiligen Party begegnet sind, deren Verlauf wir aktiv zum Positiven verändert haben. Und an dessen Ausgang sich anschließend niemand so richtig erinnern konnte, geschweige denn erinnern wollte. Aber sei's drum, es war lustig und spät, wir haben gelacht, getrunken, vermutlich gesungen und getanzt (auweia – wie gesagt, die Erinnerung lässt hier eine gnädige Lücke). Und wir haben damals beschlossen, dass diese Freundschaft für die Ewigkeit gemacht sei. Wir wollten niemals auseinandergehen.

Tja, und jetzt sitzen wir Jahre später in figurumschmeichelnden Tuniken in jener Frankfurter Trattoria und erkennen: Das hat nicht so richtig geklappt. Wir sind in jeder Hinsicht auseinandergegangen. Zum einen rein räumlich, denn dank Beruf und Familie leben wir quer über die Republik verteilt. Und außerdem um mehrere Kleidergrößen. Alle drei. Traurig, aber wahr: Früher waren wir dick befreundet, jetzt sind wir dick und befreundet.

Wir starren auf die Speisekarte, betretene Stimmung breitet sich aus.

Und dabei haben wir uns so auf dieses Treffen gefreut! Schon die Terminfindung gestaltete sich extrem schwierig. Ohne Hotelübernachtung geht es nicht, für ein eintägiges Treffen ist die Anreise zu weit. Aber zwei Tage zu finden, an denen wir alle drei Zeit haben, erwies sich als schwierig. Abgesehen von unseren Berufen haben wir nämlich auch noch insgesamt sieben mehr oder weniger anspruchsvolle Kinder und drei ebenso pflegeintensive Hunde zu versorgen. Und Anjas Oma will ja bei der Planung auch gefragt werden! Verabredungen zu dritt erfordern bei uns deswegen ungefähr denselben Organisationsaufwand wie ein Gipfeltreffen der G7-Staatschefs. Aber wir haben es geschafft, auch wenn's nicht leicht war. Und jetzt nach all den Mühen diese Stimmungsflaute!

Als wir die Karten studieren, fühlen wir uns ziemlich unwohl, aber keine sagt was. Doch dann sehen wir zufällig im selben Moment auf. Unsere Blicke treffen sich, und wir müssen lachen.

»Ich bin ja froh, dass wir alle zugenommen haben.« Mara lächelt in die Runde. »Stellt euch mal vor, eine von uns wäre hier als superschlankes Elfenwesen aufgelaufen und hätte an einem Salatblatt genagt. Das wäre doch schrecklich, oder?« Rasch verdrängt sie den Gedanken an die Grünpflanze im Foyer des Restaurants, die sie beim Reinkommen gesehen hat, ein Gewächs namens Fasspalme, dessen flaschenförmiger Stamm sie irgendwie an ihre eigene Statur erinnert hat. Und um sich davon abzulenken, winkt sie dem Kellner und bestellt Bruschetta mit viel Knoblauch für alle.

Anja grinst. »Wenn ihr wüsstet! Ich habe mir ja solche Mühe gegeben, wenigstens ein bisschen schlanker auszusehen. Sonst hätte ich mich niemals in dieses Ganzkörperkondom alias ›nahtlose, formende Unterwäsche‹ gezwängt. Und da passt maximal noch ein Süppchen rein.«

»Ach Quatsch! Wir sehen großartig aus! Eben einfach nur doppelt so toll wie beim letzten Mal.« Lucinde lacht und blättert in der Speisekarte. »Lecker, das alles. Ich kann mich mal wieder überhaupt nicht entscheiden. Pasta oder Pizza? Wisst ihr schon, was ihr esst?« Sie ist völlig ratlos. »Und der Nachtisch hört sich fantastisch an! Ich nehme auf jeden Fall Panna Cotta. Nein, war-tet, oder lieber doch Tartufo? Das sind doch diese kleinen Tört-chen mit Eis, oder? Zur Feier des Tages? Mit drei Löffeln?«

Die Stimmung steigt. Das Restaurant ist ja wirklich schnuckelig und vor allem angenehm abgedunkelt. Der Kellner, der ein Kü-chentuch um seine Hüften gebunden hat, nennt uns »*bellissime*«, als er unsere Bestellung aufnimmt. Und das wollen wir ihm gerne glauben, egal, ob es der Wahrheit entspricht oder nicht.

Den Anfangsschock betäuben wir dann noch mit Prosecco und Komplimenten an uns selbst (gute Farbe, super Frisur, *tolle Tunika!*). Und je später der Abend, desto höher der Alkoholkon-sum, desto besser die Laune. Lucinde entscheidet sich für einen Nachtisch. Mara vergisst die Fasspalme. Und Anja verzieht sich auf die Toilette, wo sie den Figurformer in ihrer Handtasche ver-schwinden lässt.

Gegen zehn fühlen wir uns wieder elfengleich und *schlank*. Und wir erkennen, dass zwei Jahre ohne ein Treffen eindeutig zu lange gewesen sind, um alles an einem Abend aufholen zu kön-nen. Wir brauchen mehr.

Spontan beschließen wir, dass dringend ein gemeinsamer Ur-laub gebucht werden muss, ja, wir finden die Idee so grandios, dass wir sie sofort in die Tat umsetzen.

Nach einem weiteren Gläschen bucht und bezahlt Lucinde über ihr Smartphone zehn Tage Thailand drei Monate später für uns alle. Selbstverständlich ohne Reiserücktrittsversicherung. Braucht man ja auch nicht, wenn man sich seiner Sache sicher ist. Und ohne Absprache mit Mann oder Kindern. Und ohne an die Folgen zu denken ...

Der nächste Morgen ist grauenhaft. Unsere Smartphones wecken uns wie nachts im Rausch vereinbart zeitgleich mit thailändischer Meditationsmusik. Wir erwachen alle drei mit dickem Kopf und

Waschbäraugen (man sollte sich abends *immer* abschminken …).
Als wir in unsere Bäder wanken, zeigen uns die gnadenlos grell
ausgeleuchteten Hotelspiegel die grausame Realität. Nein, elfengleich und schlank sind wir definitiv nicht. Darauf erst mal einen
starken Kaffee. Wir treffen uns im Frühstücksraum und sind für
unsere Verhältnisse alle drei auffallend wortkarg.

Doch mit dem Kaffee kommt auch die Erinnerung zurück.

»Moment mal«, sagt Mara plötzlich. »Da war doch was. Gestern. Irgendetwas mit Thailand. Oder hab ich das geträumt?«

Mara, Anja und Lucinde sehen sich entsetzt an. Schock! Mara
hat recht! Da war was! Lucinde kneift die Augen zusammen, in
der vergeblichen Hoffnung, sich besser erinnern zu können, und
Anja erbleicht. »O nein, Mara!«, sagt sie. »Das war kein Traum! Wir
haben wirklich eine Reise gebucht!« Sie greift sich an die Stirn.
»Was für eine Schnapsidee!«

»Vielmehr Prosecco«, wirft Lucinde sarkastisch ein, während sie aufgeregt in ihrer Handtasche nach ihrem Handy sucht.
Als sie es gefunden hat, tippt sie hektisch darauf herum. Dann
lässt sie es sinken und schaut die beiden anderen zerknirscht an.
»Und abgebucht ist das Geld auch schon, Mädels.«

Stille breitet sich aus, in der sich jede überlegt, wie sie aus dieser Nummer wohl am besten wieder herauskommt. Fakt ist: Die
Reise steht. Und auch wenn der Kopf schmerzt, die Planung ein
wenig überstürzt ist und die Durchführung möglicherweise nicht
ohne Hindernisse ablaufen wird: Die Idee war ohne Zweifel gut.

Sonne, Strand, Wellness, wir drei mit viel Zeit? Warum eigentlich nicht?

Schließlich kommen wir im hellen Morgenlicht und trotz Kater zu dem Schluss: Wir bleiben dabei.

Aber plötzlich ertönt aus unseren Smartphones schon wieder
Meditationsgedudel. Mist, war da etwa *noch* was? Offensichtlich!
Unsere Handys erinnern uns daran, dass uns an diesem Morgen
noch eine Prüfung bevorsteht, die wir am Vorabend im Prosecco-

Rausch gedankenlos beschlossen haben: »Juhuuu, 9:30 Uhr. Bikini kaufen! Thailand, wir kommen!«

Urlaub ohne unsere Tuniken? Dafür mit viel nackter Haut? Autsch! Am liebsten wären wir wieder in unsere Betten gekrochen. Aber nein, wir tun es nicht. Wir nehmen die Herausforderung an.

Bikini? Ähm, nein. Die zarte, blonde Verkäuferin im Wäscheladen rät uns zu einem Tankini, also einem Zweiteiler mit Figur umspielendem Top als Oberteil. Und dabei wird sie ganz rot. Am liebsten hätte sie uns wohl einen Burkini vorgeschlagen, also einen Ganzkörperbadeanzug, aber sie hat keinen da. Selbst als wir gehorsam Tankinis anprobieren (und nein, »Tankini« kommt nicht von »Tanker«, auch wenn es in diesem Fall gut passen würde, sondern von »Tank Top«), wird ihre Miene nicht entspannter, denn unsere weiblichen Rundungen finden immer einen Weg aus den Stoffschichten heraus, und zwar an Stellen, wo sie besser dringeblieben wären. Das sieht nicht schön aus. Gar nicht schön.

Irgendwann reagieren wir mit Trotz. Lucinde kauft einen roten Bikini in Größe 38, egal, wie die Verkäuferin guckt. Mara entscheidet sich für einen Tankini, weil mehr manchmal einfach mehr hermacht, wie sie behauptet. Und Anja sagt zu der blonden Elfe, dass sie einen echten Hingucker sucht und dass es hier leider nichts Passendes für sie gibt, weil ihr alles viel zu schlicht ist. Der Verkäuferin entgleisen die Gesichtszüge.

Nach einer gefühlten Ewigkeit stolpern wir verstört aus der Boutique und sinken in die Stühle des nächstgelegenen Cafés, in dem wir alle nur einen Ingwertee bestellen und sonst nichts, weil wir nie, nie, nie wieder irgendetwas essen wollen. Ja, wir sind verletzt, beschämt und frustriert, ob unseres halb nackten Anblicks im Spiegel.

»Habt ihr meinen Hintern gesehen?« Lucindes Augen sind weit aufgerissen.

»Dein Hintern? Im Vergleich zu meinem Bauch ist der gar

nichts!« Anja greift sich an die Körpermitte und verzieht das Gesicht.

Mara reibt sich die Stirn. »Habt ihr zufällig was gegen Kopfschmerzen dabei?«

Lucinde wühlt in ihrer Handtasche und bringt ein Fläschchen mit kleinen Kügelchen zum Vorschein, das sie Mara reicht. »Was mir Sorgen macht, ist mein eigener Anblick. Nackt! Im Bikini!« Sie schüttelt den Kopf. »Manche Bilder wird man sein Leben lang nicht mehr los. Und das ist definitiv eines davon.«

»Also, eines sage ich euch …« Anja greift nun auch nach dem Fläschchen und nimmt ein paar Kügelchen ein. »Da hilft weder weinen noch eine sehr große Tunika. Im Ernst, wenn wir das mit Thailand durchziehen wollen, müssen wir vorher abnehmen.«

»Abnehmen?« Mara zieht eine Augenbraue hoch, als wäre das eine komplett abwegige Idee.

Aber in einer kurzen Hochrechnung stellen wir fest, dass wir über die Jahre hinweg zusammen fast vierzig Kilo auf unsere Hüften gepackt haben, und so langsam beginnen diese zu kneifen. Nicht nur an den Hüften. Auch an der Seele.

Fest steht: So können wir nicht an den Strand.

Es gibt also drei Möglichkeiten: Entweder wir stornieren diese Reise oder wir stehen da drüber oder wir nehmen ab.

Wir reden und reden und reden, dann steht der Plan: Abnehmen vor dem Abheben. Neunzig Tage haben wir noch Zeit, und in denen wollen wir ran an den Speck – und zwar gemeinsam, wenn auch auf ganz unterschiedlichen Wegen. Schonungslos wollen wir zu unseren Fettzellen sein. Und schonungslos offen, im gegenseitigen Austausch. Wir wollen der traurigen Realität in ihr quabbelndes Angesicht sehen und sie radikal ändern.

Und damit fangen wir sofort an. Noch im Café zücken wir Kugelschreiber und Notizblock und beginnen damit, unseren »Ist-Zustand« ungeschönt aufzuschreiben. Steckbriefe sollen es werden. Oder besser: Speckbriefe.

Speckbrief Lucinde

Größe: *1,83 m*
Alter: *44*
Kampfgewicht: *79,8 Kilogramm (ohne Schummeln)*
Ziel: *68 Kilo (auch ohne Schummeln)*
Familienstand: *Verheiratet, vier immer hungrige Kinder*
Beruf: *Autorin, Heilpraktikerin, Grafikerin*

Spontanreaktion: *Schock! Ich habe mich eindeutig viel zu lange nicht gewogen. Nicht auszudenken, wenn ich eine Narkose hätte haben müssen und ich hätte 75 Kilo angegeben. Ich wäre niemals eingeschlafen!*

Schlimmste Sünde: *Ab und zu einen Esslöffel Nutella direkt aus dem Glas. Ab und zu heißt: ab und zu am Tag, und wenn mich keiner sieht.*

Mentaler Zustand: *Auweia! 90 Tage ohne Kohlenhydrate, Fett, Zucker und Alkohol? Dafür Sport, Sport, Sport. Ich bin 44 Jahre alt. Und offensichtlich nicht ganz dicht!*

Projekt: *Innovative, neuartige Diäten, die dafür sorgen, dass das Fett da schmilzt, wo es soll (Hintern), und nicht da, wo es eh nichts zu holen gibt (Gesicht, Busen). Und mich nebenbei straff und glücklich trainieren.*

Speckbrief Anja

Größe: 1,76 m
Alter: 40 Jahre
Kampfgewicht: nackte 93,4 Kilogramm
Ziel: 70 Kilo, Sixpack
Familienstand: Mutter einer zwanzigjährigen Tochter, zwei Hunde und eine Großmutter im Schlepptau
Beruf: Literaturagentin, Autorin

Spontanreaktion: 6,6 Kilogramm vor dreistellig. Grundgütiger ... Das bin also ich? Eine Fettkugel! Selbst meine Füße sind in den letzten Jahren von Größe 39 auf 41 angeschwollen. Dabei bin ich in meiner Wahrnehmung so dünn ... dünn und faltenlos und ohne graue Haare. Ist mit Waage und Spiegel etwas nicht in Ordnung?

Schlimmste Sünde: Kann mich nicht entscheiden. Butter? Cola? Wein? Sekt? Schokolade? Apropos: Eine Tafel Schokolade ist noch im Kühlschrank. Ich muss wenigstens dran lecken. Leckschokolade hält sieben Wochen. Juhuuu.

Mentaler Zustand: Seit ich alle Spiegel abgehängt habe, geht es mir deutlich besser. Besser sehe ich dadurch allerdings auch nicht aus. Jedenfalls auf den Selfies, die ich von mir geknipst – und dann entsetzt wieder gelöscht – habe. Schade, dass das mit der Erinnerung an mein Doppelkinn und meinen Kartoffelhintern nicht funktioniert. Hilfe, ich krieg die Bilder nicht mehr aus dem Kopf!

Projekt: *Promi-Diäten – abnehmen wie die Hollywood-Stars. Und benehmen werde ich mich auch so. Wenigstens ein bisschen. Deal mit mir selbst: Wenn ich dann mindestens zehn Kilo abgenommen habe, gibt es für mich als Belohnung die Rockerbraut-Diät à la Kate Moss: Kaffee, Zigaretten, Champagner!*

Speckbrief Mara

Größe: 1,71 m
Alter: 47
Kampfgewicht: ca. 78 Kilogramm (mit Schummeln)
Ziel: 72 Kilo (bei weniger bekomme ich Falten)
Familienstand: Verheiratet, Kinder (fast) groß, Appetit auch
Beruf: Autorin, Journalistin

Spontanreaktion: Mist. So viel wog ich in der zweiten Schwangerschaft kurz vor der Niederkunft, und das Kind, das ich einen Tag später gebar, war ein Vier-Kilo-Brummer. So schnell werde ich die Kilos heute nicht mehr los.

Schlimmste Sünde: Ich kann immer. Essen, meine ich. Anderen vergeht bei Stress, Krankheit, Kummer oder Müdigkeit der Appetit. Mir nicht!

Mentaler Zustand: Jemand hat mal gesagt: Wenn Hunger nicht das Problem ist, dann ist Essen nicht die Lösung. Genau. Das stimmt. Ich esse nicht aus Hunger. In meinem Gehirn läuft ein anderes Programm ab, und das hat sich verselbstständigt. Ich esse die falschen Sachen, zur falschen Zeit, aus den falschen Gründen. Ergebnis: Früher war ich beliebt. Jetzt bin ich beleibt.

Projekt: Innere Einkehr statt Einkehr im Restaurant! Abnehmen beginnt im Kopf, und genau da werde ich ansetzen. Lebensänderung, Hypnose, Achtsamkeit und Meditation kombiniert mit knallharter Wissenschaft, das ist mein Weg.

Es gibt nur zwei Dinge, die man falsch machen kann – Aufhören oder gar nicht erst anfangen

Ich werfe die Bikinitüte aufs Bett und mich gleich hinterher. Ein knallroter Bikini in Größe 38 steckt darin. Bin ich eigentlich völlig plemplem? Sechzig Euro für einen Bikini, der mir noch nicht mal passt?

Äh, nein, er passt mir nicht. Noch nicht. Hätte ich mir einen gekauft, der jetzt gerade gut sitzt, würde ich vermutlich nie wieder an irgendeinen Strand gehen, aus lauter Angst, dass man mich mit einem Walross verwechselt.

Das, was wir da vorhaben, ist verrückt und sicher oft mühsam. Aber auch dringend notwendig. Ich kann mich selbst schon lange nicht mehr besonders gut im Spiegel anschauen, ohne zusammenzuzucken.

Ja, ich weiß: Ich habe vier Kinder, und ja, es könnte figurtechnisch schlimmer sein. Aber auch besser. Und »besser« hätte ich gerne wieder.

Also, auch wenn sich diese Reise im Moment noch anfühlt wie ein Super-GAU für mein Selbstwertgefühl, so ist sie auf jeden Fall genau das Richtige für mich. Viel zu lange habe ich mich und meine Wohlfühlpfunde hinter weiten Klamotten und kreativen Ausreden versteckt. Logisch wollte ich abnehmen, aber einen richtigen Grund dafür hatte ich bisher nicht. Ich fühlte mich zwar nicht besonders attraktiv, aber ehrlich gesagt, war das auch nicht so wichtig. Hauptsache, mein Mann konnte mich leiden, das Leben war einigermaßen unkompliziert und mein Alltag funktionierte. Und das tat er nun mal deutlich besser, wenn ich mir ab und zu ein Stück Schokolade gönnte. Oder auch ein paar mehr. Oder sonst etwas Leckeres mit vielen Kalorien. Jedenfalls hatte ich regelrecht Angst davor, auf Mara und Anja zu treffen. Ich rechnete damit, in ihren Gesichtern ein wenig schmeichelhaftes »Boah, ist die aber fett geworden!« lesen zu können. Nun, das ist jedenfalls das, was ich denke, wenn ich morgens in den Spiegel schaue.

Immerhin haben wir uns zwei Jahre nicht gesehen, und bis wir uns tatsächlich gegenüberstanden, ging ich davon aus, dass die beiden total schlank und durchtrainiert sein würden und nur ich in den letzten vierundzwanzig Monaten ordentlich in die Breite gegangen war. Ich möchte hier nicht oberflächlich erscheinen, denn selbstverständlich gibt es im Leben und in einer Freundschaft viel Wesentlicheres als latentes Übergewicht und den ersten Eindruck nach einer gewissen Zeit, ganz klar. Aber trotzdem war ich sehr erleichtert (haha), zu sehen, dass Mara und Anja auch, nun ja, ein wenig fülliger geworden waren.

Ich habe also mit meinen beiden Freundinnen einen netten, proseccohaltigen Abend verbracht und dabei festgestellt, dass das viel zu selten passiert. Wir alle haben das festgestellt. Und deshalb haben wir diesen Urlaub gebucht.

Oder vielmehr: Ich habe. Über diese App. Schnäppchenreisen zu Billigpreisen. Ohne Absprache mit meinem Mann, meinem Chef, meinem Bankkonto und *meiner Waage*, wohlgemerkt.

Okay. Ich gebe zu, ich habe gar keinen Chef. Und mein Bankkonto gibt eine Reise her, wenn ich ein bisschen spare und mich mein Mann unterstützt, die Kinder betreut und mir verspricht, dass alles gut ist, obwohl ich weg bin. Oder vielleicht gerade deshalb?

Aber zehn Tage? Thailand? Ich meine, da ist es doch warm! Warum konnten wir uns nicht einfach zum Wandern verabreden? Da hätte ich wenigstens meine Klamotten anlassen können und hätte im Urlaub abgenommen. Vielleicht.

Na ja. Jetzt ist es schon beschlossen. Und ich habe endlich einen Ansporn abzunehmen. Allein ist das einfach nicht möglich. Aber zusammen mit Mara und Anja und dem gemeinsamen Ziel? Krieg ich hin.

Dass das allerdings ohne gewisse Mühen nicht möglich ist, ist mir klar. Es müssen aber eben Mühen sein, die ein bisschen Spaß machen, sonst lasse ich es gleich wieder sein, so gut kenne ich mich mittlerweile. Und wenn wir jetzt wirklich drei Monate Diät durchziehen wollen, muss ich mir etwas überlegen, was ich auch durchhalten kann. Ich meine, ich kann ja nicht plötzlich meine Kinder zum Essen auslagern, nur weil ich abnehmen will. Das wird schon schwierig genug, wenn ich zehn Tage in Thailand sein möchte.

Und ich bin ungeduldig. Sehr ungeduldig. Ich muss was sehen, und zwar schnell. Das heißt, die sanfte Tour ist bei mir völlig fehl am Platz. (Aber nur bei so was! Sonst bin ich sehr dafür zu haben.) Also brauche ich eine Diät, die schnell Erfolge bringt und meine Familie nur bedingt beeinträchtigt. Dafür bin ich auch bereit, mich ein wenig extra zu quälen.

Wie heißt es doch gleich: Ich wäre ein idealer Sportwagen, nämlich mit einem tiefen Schwerpunkt hinten und vorne ganz leicht. Schade eigentlich. Andersrum wäre mir lieber. Will heißen: »Obenrum« bin ich echt schmal, dafür am Hintern und an den Oberschenkeln – nun ja – eher nicht so. Freundlich gesagt: Ich bin unausgewogen ausgeprägt, was die Fettverteilung angeht. Voll fies. Wenn es möglich wäre, so lange die Luft anzuhalten, dass das Po-Fett von da unten einfach hoch in den Busen rutscht – ich wäre dabei. Und vermutlich dauerhaft ohnmächtig.

Da ich aber gleichmäßig schlank sein will, muss ich wohl einerseits am Po abnehmen und andererseits am Oberkörper arbeiten. Und das geht nur mit Sport. Das kommt mir sehr entgegen. Ich bewege mich gern, gehe ab und zu laufen und einmal in der Woche zum Yoga. Offensichtlich muss ich trotzdem an meinem Konzept arbeiten, denn wie wir sehen können, hilft es genau: *null.*

Und das, obwohl sogar Hausarbeit mit einem Sportprogramm gleichzusetzen ist (hab ich mal irgendwo gelesen). Wenn das so ist, hab ich zu Hause das am besten ausgestattete Fitnessstudio aller Zeiten: drei Töchter, einen Sohn und einen Mann, der Gartenarbeit liebt. Alle fünf produzieren täglich mehrere Wäschekörbe Schmutzwäsche, trinken Kasten um Kasten Mineralwasser und konsumieren Nahrungsmittelmengen, für deren Nachschub ich täglich und einkaufswagenweise sorge.

Leider scheint all das nicht genügend Muskelkraft zu verbrauchen, um sich sichtbar auf der Waage niederzuschlagen oder gar meinen Po und meine Oberschenkel zu straffen.

Nerven verbraucht es übrigens schon. Aber die wiegen ja nix! Und die Kompensations-Schokolade geht direkt auf meine Hüften.

Hmm. Hausarbeit scheint also nicht sehr effektiv zu sein. Ich muss mir was anderes ausdenken. Ich bin der Ganz-oder-garnicht-Typ. Ich kann nicht »ein bisschen auf meine Ernährung achten«, auch wenn das bestimmt helfen würde. Wenn ich esse, esse ich. Und wenn ich mal mit Schokolade anfange, ist die ganze Tafel *weg.* Im logischen Umkehrschluss bedeutet das: Die Diäten, die ich mache, müssen mich komplett vereinnahmen.

Genau: Ich mache diese fiesen Hardcore-Diäten. Die, die für die Familie auch funktionieren, weil man sich selbst zwar kasteit, aber für die anderen am Tisch Milchprodukte, Beilagen oder Saucen ergänzen kann. Und dann suche ich mir noch ein richtig schlimmes Sportprogramm. Augen zu und durch. Ich habe Angst. Und freue mich gleichzeitig riesig.

Knallroter Bikini in Größe 38 – ich komme!

Bis dahin könnte ich ja anfangen, mich mit meinem Körper ein wenig anzufreunden. Ich meine, ich habe ja nur diesen. Und er ist ja auch ganz okay. Wenn nur diese Fettpolster an den ungünstigsten Stellen nicht wären. Wie lästige Gäste, die nicht gehen wollen, obwohl die Party längst vorbei ist, hängen sie rum und sitzen und sitzen und … Aber jetzt ist Schluss. Jetzt und hier muss ich ein ernstes Wörtchen mit ihr sprechen.

Mit ihr?

Na, mit der Fettzelle natürlich.

Liebe Fettzelle!

Wir kennen uns nicht. Jedenfalls nicht persönlich. Ist ja auch kein Wunder, schließlich befindest du dich an Stellen, die ich tunlichst ignoriere. Versteh mich nicht falsch: Ich bemühe mich eben einfach, mein Leben nach dem Versteckspiel-Prinzip zu gestalten.

Du weißt schon: Wenn ich dich nicht sehe, bist du auch nicht da. Scheint in diesem Fall nicht besonders gut zu funktionieren, was? Ich kann wegschauen, so viel ich will, und du tummelst dich fröhlich genau da, wo ich dich nicht haben will.

Äh, also überall.

Warum bist du eigentlich so hartnäckig? Hat dir niemand je gesagt, dass das unhöflich ist? Fettzelle, wo bleibt dein Feingefühl?

Außerdem: Wenn ich du wäre, würde ich mir einen anderen Platz suchen. Ich meine, was ist schon so toll an meinem Hintern? Oder an meinen Oberschenkeln? So zumindest würde man diese Körperregionen nennen, wenn du nicht da wärst. Stattdessen heißt das jetzt „Reiterhosen". Herzlichen Dank. Ich bitte dich: Muss das sein? Ich habe Riesenangst vor Pferden!

Und was ist falsch mit meinem Busen? Was gefällt dir an dem nicht? Da hättest du es warm und gemütlich – und diese Aussicht! Dort könnt ich dich und den einen oder anderen von deinen Freunden brauchen, aber da will wieder keiner hin.

Stattdessen versteckst du dich in meinen Jeans und wartest darauf, dass du platt gesessen wirst. Das ist doch keine Perspektive, Fettzelle. Denk doch mal an deine Zukunft! Und geh doch bitte von meinen Armen weg. Du störst! Wird es dir nicht sowieso übel, wenn du so durch die Gegend geschlenkert wirst? Ich frag ja nur.

Noch was: Warum kannst du eigentlich so schlecht allein sein? Nimm es bitte nicht persönlich, ich habe ja nichts gegen dich, also dich im Speziellen. Wärst du allein gekommen, bitte, du hättest sehr gerne bleiben können. Egal wo. Aber du musstest ja deine ganzen Kumpels mitbringen. Wirklich. Ihr seid mir echt zu viele. Gibt es kein Gesetz gegen die Überbevölkerung von Fettzellen? Dürft ihr euch einfach so überall stapeln und in großen Gruppen versammeln? Gibt es da nichts Rechtliches dagegen?

Und mal im Ernst: Schon mal was von Verhütung gehört? Es ist ziemlich ätzend, dass ihr euch so unkontrolliert vermehrt. Da muss man doch was unternehmen!

Mann, bist du penetrant.

Hallo? Fettzelle? Jetzt sag doch auch mal was!

Vielleicht können wir ja sogar Freunde werden, wenn wir uns beide ein bisschen Mühe geben?

Also, hier mein Vorschlag: Du überredest deine Kumpels zum Umzug an meinen Busen, und ich bin nicht mehr ganz so streng zu dir. Was sagst du dazu?

Fettzelle? Bist du noch da? Huhu?

Nichts.

Ja, genau, halt die Klappe und häng einfach weiter

mit deinen Kumpels rum. Genau so habe ich mir das mit dir vorgestellt. Fettzelle, vergiss das mit der Freundschaft. Du bist wirklich eine blöde Kuh!

Deine Lucinde

Spieglein, Spieglein an der Wand –
Wer ist bald die Dickste im ganzen Land?

Wenn der Flieger gleich ebenso wild ruckelt wie diese S-Bahn, bleibe ich wohl am besten angeschnallt. In meinem Kopf, den ich an das kühle Fenster lehne, geht es drunter und drüber – genauso wie in dem Coke-Zero-to-go-Becher, den ich mir eben am Hauptbahnhof noch gekauft habe. In XXL-Größe, passend zu mir.

Ich trinke ein paar Schlucke, um die Gefahr des Überschwappens zu minimieren. Unwillkürlich muss ich an das Interview mit Paris Hilton denken, das ich neulich im Fernsehen gesehen habe. Darin hat das It-Girl mit gewohnter Quietschstimme verkündet, dass sie grundsätzlich keine Light-Produkte zu sich nimmt – das würden nur Dicke tun.

Ich seufze. Denn so ungern ich es auch zugebe: Paris hat recht. Und ich bin der lebende Beweis. Andererseits: Wie sähe ich erst aus, wenn ich zuckerhaltige Cola trinken würde? Wahrscheinlich läge mein Gewicht längst im dreistelligen Bereich. Das will ich mir lieber gar nicht erst vorstellen ... Wozu auch?

Ich verscheuche die negativen Gedanken und konzentriere mich auf Erfreulicheres. Schließlich habe ich zwei großartige Tage hinter mir, wenn man von dem Kater am Morgen und dem Frust beim Bikinikauf absieht. Aber die Hauptsache ist doch, dass ich Mara und Lucinde wiedergesehen habe. Und dass wir uns spontan so großartig verstanden haben, als hätten wir uns in den vergangenen Jahren mindestens zweimal pro Woche getroffen – und nicht nur einmal im Monat telefoniert. Braucht es da noch einen weiteren Beweis dafür, dass wir Seelenverwandte sind? Eigentlich nicht, oder? Und doch sind wir mehr als das: nämlich Leidensgenossinnen. Genauer gesagt: Speckschwestern. Gewichtsklassenkameradinnen. Tja, aber das wird sich ja bald ändern. Müssen. Schließlich wollen wir in ein paar Monaten an weißen Stränden eine gute Figur machen. Und bis dahin wollen wir schmelzen wie Eis in der tropischen Sonne.

Vielleicht war die Buchung ohne Reiserücktrittsversicherung doch ein klein bisschen voreilig? Andererseits hat nicht einmal Mara, die Vernünftigste von uns dreien, ein Veto eingelegt.

Und warum?

Weil wir es schaffen werden!

Wäre ja gelacht, wenn nicht.

Ich weiß bloß noch nicht, wie …

Die S-Bahn erreicht das Flughafengelände. Ich lasse mich vom Tempo der anderen Reisenden anstecken und haste durch die Hallen. Schon nach wenigen Minuten bricht mir der Schweiß aus. Noch so eine Sache, die ich meinen dreiundneunzig Kilo Kampfgewicht zu verdanken habe. Bestimmt ist mein Gesicht inzwischen tomatenrot. Mit meinen schwarzen Haaren und dem currygelben Mantel sehe ich höchstwahrscheinlich aus wie die deutsche Flagge in 3D. Wenigstens habe ich auf die neue figurformende Unterwäsche verzichtet, denn sonst wäre mir garantiert längst die Luft ausgegangen.

Warum beeile ich mich überhaupt so? Es ist noch genug Zeit bis zum Start. Um wieder zu Atem zu kommen und meine Betriebstemperatur zu senken, stoppe ich vor einem Zeitschriftenladen, wo ich mich mit einem Stapel Promi-Klatsch-Magazinen als Leselektüre eindecke. Schließlich habe ich mich dazu entschlossen, all die Promi-Diäten auszuprobieren, die in diesen Zeitschriften angepriesen werden. Den Erfolg dieser Methoden kann man schließlich sehen. Diese Stars und Sternchen sind definitiv schlank. Es scheint also zu funktionieren. Das, was diese Stars und Sternchen machen, das will ich auch.

Aber ob ich mich sonst im Leben mit ihnen identifizieren würde … eher nicht. Eine Flasche Wasser nehme ich auch noch mit, um mir darin eine Aspirin-Tablette aufzulösen. Mein Kopf schmerzt noch immer von dem vielen Prosecco, den wir gestern Abend getrunken haben. Meine Kehle ist trocken wie die Wüste Gobi, und ich fühle mich wie eine alte Frau. Wie eine dicke, sehr alte Frau.

Spontan wandern meine Gedanken zu der einzigen Seniorin, mit der ich regelmäßig zu tun habe – meiner Großmutter. Die übrigens dünn wie ein Strich in der Landschaft ist und nichts davon hält, sich wegen eines simplen Katers hängen zu lassen. »Wer trinken kann, kann auch arbeiten!«, pflegt sie zu sagen. Offenbar hatte sie in ihrem langen Leben noch nie einen richtigen Rausch, sonst wüsste sie, wie vollkommen hirnrissig dieser Spruch ist. Das genaue Gegenteil ist nämlich der Fall! Und deshalb bin ich wild entschlossen, heute keinen Strich mehr zu tun. Wenn ich – in spätestens neunzig Minuten – zu Hause ankomme, werde ich den Rest des Tages lesend und faulenzend auf dem Sofa verbringen.

Bis es allerdings so weit ist, muss ich mich noch durch den Check-in quälen, eine Leibesvisitation über mich ergehen lassen, mich am Boardingschalter in die Schlange stellen und mich zu meinem ersehnten Sitzplatz schleppen …

Ich will gerade mein Handgepäck in die Ablage wuchten, als mir eine freundliche Stewardess mit den Worten »Darf ich Ihnen behilflich sein?« das Köfferchen aus der Hand nimmt. Was für ein Service!

Ich bedanke mich freundlich.

»Bald ist es so weit, was?«, erwidert sie.

Ich nicke. Klar – in wenigen Minuten soll die Maschine starten.

Die freundliche Stewardess ist schon längst mit den Notfall-instruktionen beschäftigt, als bei mir der Groschen fällt. Erschro-cken blicke ich an mir herunter: Sehe ich wirklich dermaßen … hochschwanger aus? Vielleicht hätte ich doch die Shapewear an-ziehen sollen.

Mürrisch beobachte ich die Stewardess, die mir auf einmal gar nicht mehr so sympathisch ist, wie sie mit ausladenden Be-wegungen die Fluchtwege und die Notausgänge anzeigt. Ein bisschen verhärmt sieht sie aus, finde ich. Aber tun sie das nicht alle, diese dürren Frauen, die Größe XS tragen und keine Ahnung davon haben, wie Wuchtbrummen wie ich es so weit kommen lassen konnten. Spätestens bei sechzig Kilo würde sie sich in eine Diätklinik einweisen lassen, da bin ich mir sicher. Schließlich le-ben wir in einem Zeitalter, in dem schon Konfektionsgröße-40-Trägerinnen als mollig bezeichnet werden. Und in der ein Bauch kein normales Körperteil ist, sondern eine Katastrophe.

Pah, schwanger. Ich.

Dieses Kapitel habe ich vor zwanzig Jahren abgeschlossen. Inzwischen ist meine Tochter so alt, wie ich bei ihrer Geburt war. Leider bin ich nicht nur doppelt so alt wie sie, sondern auch dop-pelt so schwer.

Okay, ich geb's ja zu: Ich beneide diese Haut-und-Knochen-Stewardess. Wäre ich so dünn wie sie, könnte ich mir noch ein paar Kilos drauffuttern und hätte immer noch eine perfekte Figur.

Beim Anschnallen vor dem Start bin ich froh, dass der Gurt passt. Ich schaue aus dem Fenster, und natürlich ist es immer wieder spannend zu beobachten, wie da draußen alles zu einer Spielzeugwelt zusammenschrumpft, je höher das Flugzeug steigt.

Würden doch auch meine Problemzonen so rasant schrump-fen! Jedenfalls deutlich rasanter, als sie gekommen sind. Wenn ich es hochrechne, habe ich in den letzten zwanzig Jahren ziem-lich genau 42 000 Gramm zugelegt. Sind etwas über zwei Kilo pro Jahr mehr auf den Rippen. Wie ist das nur passiert?

»Von nix kommt nix«, würde meine Großmutter jetzt sagen. »Was man wahllos in sich reinstopft, landet eben auf der Hüfte.« Und leider muss ich – wie vorhin bei Paris Hilton – schon wieder zugeben, dass das wohl stimmt. Mit anderen Worten: Für meine stattliche Gewichtszunahme ist niemand anders verantwortlich als ich selbst.

Aber wie soll ich den Weg zurück in ein schlankeres Leben finden, wenn ich mir nicht bewusst mache, wie ich überhaupt in diese Specksackgasse geraten bin? Dazu muss ich wohl schonungslos ehrlich sein. Das fällt mir zwar noch schwerer als ein Blick in den Ganzkörperspiegel, doch dann überwinde ich mich. Schließlich will ich nach Thailand – im Bikini. Also gestehe ich: Ja, ich stecke mir viel zu viel Essen in immer kürzeren Abständen in den Mund. Ja, auch ohne Hunger zu haben, führt mein Weg regelmäßig zum Kühlschrank. Dafür nähere ich mich meinem Crosstrainer, der wie ein Mahnmal in der Bibliothek steht, ausschließlich zum Staubwischen. »Anja, heute um sieben sind wir verabredet. Eine halbe Stunde Training am Tag ist doch zu schaffen. Du wirst sehen, wie gut du dich danach fühlst. Los, probiere mich aus!«, lockt er mich. Ja, ja, später, denke ich dann immer, aber daraus ist bisher nichts geworden. Der Schweinehund ist stärker.

»Meine Damen und Herren, bitte schnallen Sie sich wieder an, wir landen in Kürze in Berlin-Schönefeld.« Die Durchsage reißt mich aus meinen tiefschürfenden Gedanken. Hastig lege ich den Gurt an und stopfe meine Klatschmagazine in die Handtasche. Wo ist nur die Zeit geblieben? Ich bin überhaupt nicht dazu gekommen, auch nur einen Blick hineinzuwerfen.

Auf der Autofahrt nach Hause kreisen meine Gedanken schon wieder um das Abnehmprojekt. Will ich das überhaupt?, frage ich mich. Was spricht dafür, endlich abzuspecken?

Ich will ehrlich sein: Als Erstes denke ich ans Aussehen. Wenn ich alte Fotos von früher betrachte, schießen mir sofort die Tränen in die Augen. Vor allem, wenn Dritte Kommentare abgeben wie: »Das bist du? Wow, so schlank und so hübsch!« Manche meiner Mitmenschen sind eben ein bisschen taktlos. Aber es ist ja wirklich so: Fett verändert nicht nur den Bauchumfang, sondern auch die Gesichtszüge – und sogar die Schuhgröße! Allein aus ästhetischen Gründen ist die Zeit absolut reif für eine Diät.

Zugegeben, das mag oberflächlich sein. Aber es gibt ja noch ein weiteres Argument: die Gesundheit. Inzwischen fühle ich mich selbst nach wenigen Treppenstufen, als hätte ich einen Marathonlauf absolviert. Wenn ich danach auch noch telefoniere, kann es schon vorkommen, dass man mich fragt, ob ich gerade irgendwelche schweren Kisten schleppe – so deutlich ist mein Atem zu hören. Schande über mich! Ich bin vierzig, nicht achtzig …

Ja, ich will einfach in Form sein. Im direkten wie im übertragenen Sinne des Wortes. Nicht zu vergessen der Grund fürs Abnehmen, den Mara, Lucinde und ich teilen: unser Freundinnenurlaub. Eigentlich die perfekte Motivation, denke ich, während ich den Wagen in der Auffahrt meines roten Schwedenhauses parke.

Habe ich gesagt, ich wollte den Rest des Tages auf dem Sofa verbringen? Nichts da – es ist Zeit für eine Bestandsaufnahme. Ich reiße die Türen meines prall gefüllten Kleiderschranks auf und begutachte seinen Inhalt. Lauter Sachen, in die ich in diesem Leben nie wieder reinpassen werde. Jedenfalls nicht, wenn es mit meinen Essgewohnheiten so weitergeht wie bisher. Da sind Kleider in Größe 34, die ich als Trophäen besserer Zeiten aufbewahre. Bauchnabelfreie T-Shirts und superschmale Hosen, in die nicht einmal eines meiner Beine passt.

Auf weitere Anproben habe ich keine Lust mehr. Ich weiß auch so schon, wie das traurige Fazit lautet: Im Grunde genommen passe ich nur noch in die Jogginghosen und in die Basic-T-Shirts, die ich mir mit zunehmender Zeit und zunehmendem Körperumfang immer wieder neu zugelegt habe. Das war's.

Frustriert schnappe ich die Zeitschriften, die eigentlich als Reiselektüre gedacht waren, und verkrieche mich schließlich doch aufs Sofa.

Ach, es sieht alles so verlockend aus auf diesen Fotos.

So will ich auch aussehen!

»Visualisierung«, murmele ich vor mich hin. Das habe ich neulich in einem Seminar gelernt. Man muss seine Ziele sichtbar machen. Ich springe auf und stürme in mein Büro. Schere, Papier, Kleber, ein aktuelles Passbild von mir – fertig. Ich habe ein Ziel. Eine neue Anja werde ich erschaffen. Eine mit samtweicher Haut, Sixpack, durchtrainiertem Knackpo und keinerlei Wonneröllchen. Ritsch-Ratsch schnipsele ich aus den Magazinen mein Ideal-Ich zusammen und klebe es auf: Die Zukunfts-Anja hat die Oberarme von Madonna, die Beine von Gisele Bündchen, den Hintern der Hollywood-Trainerin Tracy Anderson und den Bauch von Rihanna. Sie ist wunderschön – nur ihr Gesicht ist noch ein bisschen moppelig. Aber das wird sich bald ändern, denke ich hochzufrieden.

Geschafft lasse ich mein müdes Haupt in die Kissenberge meiner Couch sinken. Eine Sekunde später bin ich eingeschlafen und träume davon, dass ich zusammen mit Mariah Carey, Heidi Klum, Christine Neubauer, Karl Lagerfeld, Kirstie Alley und Ottfried Fischer an einem Tisch sitze. Wir unterhalten uns über Diäten, tragen nahtlose Unterwäsche und trinken Säfte, die irgendwie nach Gurken schmecken.

Etwas später …

Hier ist der Anrufbeantworter von Anja Koeseling. Im Moment bin ich leider nicht erreichbar, Sie können mir aber nach dem Signalton eine Nachricht hinterlassen. Dankeschön, auf Wiederhören.

Oma

Kind? Bist du da? Sag doch was! Ich weiß, dass du da bist. Anja, hier ist deine Oma, und ich muss mit dir reden. Wann kommst du denn mal wieder zu Besuch? Du warst schon zwei Wochen nicht da. Bist du krank? Kind, ich koch dir was, hörst du? Kein Wunder, dass du so oft krank bist, wenn du kaum was isst. Eisbein? Oder Pflaumenklöße? Hallo? Anja? Sag doch was …

Piiiiiiep.

Aller Umfang ist schwer –
Benjamin Blümchen im Barbie-Kostüm

Ich sitze im Zug, schaue aus dem Fenster auf die verregnete Landschaft und fühle mich gut. Und schlecht. Und gut. Und schlecht. Immer abwechselnd.

Glücklich bin ich, weil zwischen uns alles so wie früher ist. Weil wir uns immer noch nah sind, trotz der vielen Kilometer, die uns trennen. Wir haben geredet und gelacht, den Kellner angeflirtet und ihm dann zugeblinzelt, damit er das locker nimmt, wir haben mit unseren Gabeln quer über den Tisch geangelt und alles probiert, was auf den Tellern lag, und wir haben auch ein bisschen Prosecco getrunken. Aber nur so viel, bis wir uns geistreich und unsere sackartigen Tuniken elegant fanden. Also zwei Flaschen. Oder drei?

Hätte uns bei diesem Italiener irgendjemand belauscht, wäre er garantiert der Meinung gewesen, wir hätten uns gegenseitig überhaupt nicht zugehört. Meistens haben wir nämlich alle gleichzeitig geredet. Aber das täuscht. Wir können gleichzeitig reden und zuhören. Außerdem mussten wir zwei Jahre aufholen, und dafür reicht ein einziger Abend nicht aus, schon gar nicht, wenn immer nur eine redet.

Wie gut, dass wir bald wieder ein paar Tage gemeinsam verbringen, das hat mir echt gefehlt. In Gedanken drehe ich den Nebelbäumen draußen an den Bahngleisen eine lange Nase und freue mich auf die Reise. Regenwald, ich komme!

Trotzdem fühle ich mich in einer Ecke meines Hinterkopfs richtig mies, und das ist die Stelle, an der mein Gewissen sitzt.

»Wir werden ehrlich und offen sein.« Das haben wir uns versprochen, als wir uns vor drei Stunden getrennt haben. »Wir werden abnehmen und uns dabei helfen und uns die nackte Wahrheit sagen, mit all ihren Runzeln, Fettröllchen und Orangenhautdellen. Wir werden den drallen Tatsachen ins feiste Gesicht grinsen. Und dann weg mit dem Speck.«

Tja, so lautete der Schwur. Und ich habe ihn gebrochen, jetzt schon. Denn ich war nicht ganz ehrlich. Ich habe etwas verschwiegen: Ich stehe nicht wirklich hinter der Sache mit der Diät.

Ich bin zwiegespalten. Einerseits will ich abnehmen, andererseits glaube ich nicht, dass das funktioniert. Warum hab ich das nicht gesagt? Ich starre auf die Landschaft, die an mir vorüberrauscht, und denke nach. Meine Bedenken passten wohl einfach nicht in unsere Wir-machen-zusammen-eine-Diät-und-werden-schlank-und-schön-Stimmung. Ich hätte damit eine Grundsatzdebatte entfacht und wäre für die beiden eine Spaßbremse gewesen. Das wollte ich nicht sein.

Ich seufze tief, und die Mitreisenden in meinem Abteil sehen mich an. Rasch blicke ich mit gerunzelter Stirn weiter aus dem Fenster und tue so, als wäre es das trübe Wetter, das mir aufs Gemüt schlägt. In Wahrheit ist es aber die Erinnerung an den Wäsche- und Bikiniladen.

»Der hat genau deine Farbe«, hatte Anja gesagt und mir ein pinkfarbenes Nichts in die Kabine gereicht. Hatte er nicht. Und meine Größe hatte er auch nicht. Ich sah aus wie Benjamin Blümchen im Barbie-Kostüm, und über diesen Anblick bin ich immer noch nicht hinweg, obwohl der Kabinenvorhang geschlossen war und niemand mich so erwischt hat. Benjamin Blümchen hat wenigstens graue Haut und Ohren, mit denen er einiges kaschieren kann. Ich bin rosa, und das pinkfarbene Teil kaschierte gar nichts. Es betonte alle Problemzonen.

Und plötzlich dachte ich: Diese Frau im Spiegelbild sieht

überhaupt nicht so aus, wie ich früher aussah, und auch nicht so, wie ich mich fühle. Ich bin so nicht. So undynamisch und undiszipliniert und quabbelquallenhaft und obelixförmig. Ich will so nicht sein.

Na und, könnte man fragen, wo ist das Problem? Dann nimm eben ab. Das ist doch jetzt sowieso beschlossene Sache. Mach's wie Lucinde, kauf dir einen Bikini, in den du *nach* der Diät reinpasst, dann hast du einen Ansporn, und dann wird eben gehungert. Wo ein Wille ist, ist auch ein Weg, und wenn du nicht undiszipliniert bist, okay, dann los.

Aber jetzt komme ich zum eigentlichen Problem: Ich glaube nicht an Diäten. Einmal fett, immer fett. So ist das einfach. Basta. Deswegen habe ich mir dann den Tankini gekauft.

Unauffällig lasse ich meinen Blick über die Mitreisenden in meinem Bahnabteil schweifen. Vier Frauen. Eine ist dünn. Die drei anderen sind nicht gerade dick, aber sie haben genau wie ich einen Body-Mass-Index (siehe S. 168), der jenseits des Idealgewichts liegt. Ich wette, würde ich diese drei fragen, ob sie schon einmal eine Diät gemacht haben, dann würden sie das bejahen. Und ich wette, dass die dünne Frau noch keine hinter sich hat. Das zumindest würde sich genau mit den Beobachtungen decken, die ich im Lauf meines Lebens gemacht habe. Etwa ein Viertel aller Frauen, die ich kenne, ist dünn, war immer dünn und wird es weiterhin sein. Ohne Diät. Mindestens drei Viertel haben aber schon mal versucht abzunehmen. Und die sind alle mollig. Immer noch!

Ihre Diäten waren schrecklich! Nicht für die betroffenen Frauen, die Hungerhaken in spe, nein, für alle anderen, für diejenigen, die nebenher wie gewohnt weiterleben und weiteressen wollten.

So eine Diät verläuft meinen privaten Studien zufolge nämlich in drei Phasen:

1. Frau beschließt, dass sie zu fett ist. Kneift sich dauernd in den Bauchspeck. Hat nichts mehr zum Anziehen. Jammert, nörgelt und leidet. Das ist nicht schön.

2. Frau beschließt, ab sofort nur noch Kohlsuppe oder Proteine oder was weiß ich was zu essen. Hat Hunger. Hat mieseste Laune. Ist reizbar und aggressiv. Jammert, nörgelt, leidet. Noch schlimmer!

3. Und jetzt kommt die schlimmste Phase. Frau hat drei bis vier Kilo abgenommen. Hat keinen Hunger mehr. Fühlt sich sooo gut. Fit und voller Energie. Und sie sieht super aus. Männer blicken ihr auf der Straße nach. Sie hat plötzlich ein anderes Leben, ein besseres. Und sie isst quasi nichts mehr. Das hat sie sich abgewöhnt. Für das gesparte Geld kauft sie sich Kleidungsstücke, die noch ein bisschen eng sind, aber spätestens nächste Woche passen werden. Hahaha.

Wenn das alles wahr wäre, würde man selbst auch sofort anfangen mit genau dieser Diät. Aber tatsächlich ist es so, dass Frau blass, zerknittert, müde und pickelig aussieht, auf Partys nicht mehr gern eingeladen wird, weil sie nur noch ein Thema kennt und anderen so gierig auf den Teller starrt. Meistens riecht sie auch noch komisch. Nach Kohlsuppe. Oder nach Chemiefabrik. Alle, die abnehmen, riechen nämlich aus jeder Körperpore so merkwürdig säuerlich nach Aceton.

Es gibt noch eine vierte Phase, aber von der merkt man als Außenstehende nichts, weil sie ganz im Verborgenen abläuft. Frau zieht sich hier komplett aus der Öffentlichkeit zurück, weil sie sich schämt. Sie isst nämlich heimlich wieder, Gewohnheit und Hunger waren stärker als ihr Wille. Und eines Tages taucht sie plötzlich wieder auf. Dicker als vorher, mit einem verlegenen Lächeln im runden Gesicht. Das Wort »Diät« nimmt sie nun nicht mehr in den Mund, aber dafür wieder alles Essbare. In Übermengen. Bis zur nächsten Diät.

Warum sollte ich mir das antun? Ich hab das doch oft genug mit angesehen und mir immer geschworen, dass ich so was nie mache.

Klar gibt es Menschen, die dauerhaft abnehmen und dünn bleiben. Das geht schon. Hollywood-Stars und Supermodels machen es vor. Hungern gehört für sie zum Beruf, und weil der gut bezahlt wird, halten sie durch. Und Menschen, die an Adipositas leiden, können unter ärztlicher Aufsicht Gewicht verlieren. Aber Adipositas ist eine Krankheit – und wir drei, Anja, Lucinde und ich, sind zwar rund, aber gesund. Wir haben keine medizinischen Probleme, wir haben nur Problemzonen. Dafür nimmt kein Mensch eine lebenslange Diät in Kauf, das lehrt die Erfahrung.

Und so viel steht beim Thema Abnehmen fest: Alles, was man nicht ein Leben lang durchhalten kann, muss man gar nicht erst anfangen. Es führt nicht zum Ziel, sondern nach anfänglichen Erfolgen in die entgegengesetzte Richtung. Will man also wirklich abnehmen, muss man eine Methode finden, die man leicht und locker jahrzehntelang durchhalten kann. Und dann muss man das auch tun. Immer.

Der Zug fährt in einen Bahnhof. Die Frau, die mir gegenübersitzt, erhebt sich und verlässt das Abteil. Ich betrachte die Abdrücke, die sie auf dem Polster hinterlassen hat, und denke über Äußerlichkeiten nach. Wie wichtig sind sie? Eigentlich geht's im Leben doch um was anderes, oder?

Und plötzlich weiß ich, warum ich heute mitgemacht und mitgelacht habe, als wir diesen Diätplan fassten. Ich will nämlich was wissen. Ich will herausfinden, ob es irgendeine Methode gibt, die mir unnötige Kalorien erspart und die ich locker und leicht ein Leben lang durchhalten kann. Ja, das ist es. Ich will herausfinden, ob es in meinem Kopf einen Schalter gibt, den ich umlegen kann, damit ich abnehme und nie wieder dick werde. Und wenn's den nicht gibt, dann bleibe ich eben wie ich bin. Aber wenn ich so bleibe, dann will ich wenigstens lernen, dazu zu stehen. Damit ich nicht mehr erschrecke, wenn ich plötzlich eine mollige Frau im Spiegelbild sehe. Dann bin ich die eben. Basta. Der Tankini passt zum Glück schon jetzt.

Ich richte mich in meinem Sitz auf und atme tief durch. Plötzlich fühle ich mich besser. Ich bin sogar froh, dass ich Anja und Lucinde nichts von meinen Zweifeln gesagt habe. Das ist nicht unehrlich, das ist fair. Warum sollte ich die beiden runterziehen? Jede von uns muss schließlich ihren eigenen Weg finden, unbeeinflusst von den anderen. Und meiner wird mit ganz viel Recherche verbunden sein. Ich werde mir meine ganz eigene Mara-Sammlung an Fakten und Wissen zusammenstellen.

> **Mara**
> Seid ihr gut angekommen? Was macht ihr?
> Ich vermiss euch!!! 17:29

> **Anja**
> Ich habe HUNGER.
> HUUUUUUUUUUUUUUUUUUUUNGER. Habe gerade ein Knäckebrot gegessen. Es war so lecker.
> 17:31

> **Lucinde**
> War gerade mit meinem Sohn auf dem Spielplatz. Musste Seilbahn fahren. Saß auf und teilte Rindenmulch mit meinem Hintern wie Jesus das rote Meer. Weine jetzt. 17:44

> **Mara**
> Das war nicht Jesus. Das war Moses. 17:46

Anja
Hat der nicht immer gut gegessen??? 17:55

Lucinde
Nur Manna, glaub ich. 17:56

Anja
Klingt himmlisch. 17:59

Mara
Manna wird definitiv überschätzt. Wisst ihr, was das in Wirklichkeit ist? Schildlauspipi!!! 18:02

Anja
Aha. Und was machst du? 18:05

Mara
Ich philosophiere!!! 18:07

MARAPEDIA – die etwas andere Enzyklopädie

Äußerlichkeiten

Zu den Äußerlichkeiten im Leben eines Menschen zählen nach herrschender Meinung Statussymbole und das Aussehen. Man bezeichnet sie gern als nichtig, weil es auf sie im Leben nicht ankommt. Und ganz besonders nichtig ist Schönheit, denn erstens kommt, wie wir alle wissen, wahre Schönheit von innen, und zweitens ist sie vergänglich. Nur die wenigsten von uns altern wie Senta Berger oder Helen Mirren, die von Tag zu Tag schöner werden.

Man kann sich also an dieser Stelle mit Fug und Recht fragen, warum drei erwachsene Frauen mehrere Monate ihres Lebens damit verbringen wollen, sich intensiv mit einer so nichtigen Äußerlichkeit wie ihrer Figur zu befassen.

Haben die drei sonst keine Probleme? (Doch.)

Besitzen sie weder Bildung noch Charakter? (Öhm, eigentlich hat uns das noch keiner vorgeworfen.)

Oder sind sie sozial und finanziell so gut abgepolstert, dass sie sich aus reiner Langeweile mit Nichtigkeiten befassen? (Gepolstert sind wir schon, aber mehr so in der Körpermitte ...)

Fragen über Fragen. Um Antworten zu finden, darf man dieses auf den ersten Blick oberflächliche Verhalten auf gar keinen Fall oberflächlich betrachten. Man muss in die Tiefe gehen, dazu helfen drei Punkte:

1. Wie nichtig oder wichtig ist Schönheit?

Natürlich ist Schönheit *nicht* wirklich wichtig, siehe oben. Und sie war es auch noch nie. Viele denken das zwar, aber das liegt an den Medien. Und an Heidi Klum.

Blicken wir doch mal zurück: Schon diese Helena, um die einst der Trojanische Krieg geführt wurde, war ja charakterlich so umwerfend, dass alle Männer ihrer Zeit mit ihr ... reden wollten, oder? Und ähnlich war es bei Kleopatra. Cäsar und Marcus Antonius verliebten sich in sie, weil sie ein toller Kumpel war. Und: Kaiserin Elisabeth von Österreich. Greta Garbo. Audrey Hepburn. Marilyn Monroe. Alle sind heute noch berühmt, weil sie so nett waren.

Okay. Das ist Quatsch. Bei genauer Betrachtung muss man wohl zugeben: Äußerlichkeiten wurden schon immer ziemlich stark gewichtet, und Schönheit sowieso, auch vor Heidi Klum.

Warum behaupten dann alle, dass Schönheit gar nicht wichtig ist? Ist das eine Art Selbstbetrug?

Ja und nein. Schönheit ist tatsächlich ein zweischneidiges Schwert. Zu einem gelungenen Leben gehört sie ganz sicher nicht dazu. Studien zeigen zwar, dass schöne Menschen es im Leben oft leichter haben. Lehrer zum Beispiel bevorzugen im Unterricht hübsche Kinder, schöne Menschen können vor Gericht auf mildere Strafen hoffen, und Bundeskanzlerinnen mit schicker Frisur und gut sitzendem Blazer bekommen bessere Wahlergebnisse.

Aber Studien zeigen auch, dass schöne Menschen es im Leben oft schwerer haben als Durchschnittsmenschen, weil man sie zum Beispiel für weniger intelligent hält oder sie als Konkurrenten empfindet. Und für die Liebe gilt: Gut aussehende Menschen haben seltener glückliche Beziehungen als Otto und Ottilie Normalverbraucher.

Natürlich liegt Schönheit nicht zuletzt »im Auge des Betrachters«. Damit ist sie ein harmonisches Zusammenspiel ganz vieler Eigenschaften, und dazu gehören auch Stil, Haltung, Charisma, ein freundliches Wesen, ein fröhliches Gesicht. Selbst ein gutes oder ein schlechtes Leben zeichnet sich irgendwann an Figur und Gesicht ab.

2. Unser Leben als Experiment

Trotzdem soll es uns jetzt drei Monate lang schwerpunktmäßig um ein oberflächliches Thema gehen: um unser Gewicht. Wir wollen die nächsten Wochen als Experiment betrachten und uns als Versuchskaninchen. Und wie bei jedem guten Experiment beobachten wir unseren Forschungsgegenstand isoliert und lassen alles Unwichtige, oder besser: alles Ungewichtige, erst einmal weg.

3. Die gute und die schlechte Nachricht

Zunächst die gute Nachricht: Wir geben dem Thema Körper in unserem Leben normalerweise nicht so viel Gewicht. Und auch bei unserer Nabelschau wissen wir, dass wir nicht der Nabel der Welt sind.

So, und jetzt die schlechte: Beim Lesen kann es manchmal so wirken, als wären wir nicht ganz ernst. Das stimmt. Aber wer mal versucht hat, zu dritt abzunehmen und dabei ernst zu bleiben, weiß, dass das unmöglich ist. Es ist aber so: Das Thema nehmen wir schon wichtig. Nur uns selbst nicht immer.

Zum Weiterlesen

Rebekka Reinhard: *Schön! Schön sein, schön scheinen, schön leben – eine philosophische Gebrauchsanweisung*, München 2013

In Diät-Stimmung kommen wie ein Star – Vier Tage Wellness mit drei Generationen und zwei Hunden

Ich kann es kaum erwarten, endlich wieder zu erschlanken! Sobald meine Fettpolster geschmolzen sind, werde ich mich lebendiger fühlen, jünger, beweglicher, attraktiver, begehrenswerter … und wahrscheinlich auch hungriger.

Denn machen wir uns nichts vor: Eine Diät wirklich durchzuziehen ist kein Zuckerschlecken. Mein armer Körper wird unterversorgt sein und so sehr leiden, dass er schließlich an seine Reserven gehen muss. Und soll. Um das zu erreichen, werde ich mir alle Speisen und Getränke, die Leib und Seele glücklich machen, verkneifen müssen. Und spätestens nach einer Woche entsprechend verkniffen aus der Wäsche gucken.

O je, mein Zukunfts-Ich tut mir jetzt schon leid! Wie schaffen es Heidi, Beyoncé & Co. nur, trotz dieser Quälerei ihr strahlendes Lächeln zu bewahren? Okay, diese Frage ist eher dahergesagt. Denn die Antwort liegt quasi auf der Hand: Sie sind Stars, und in die Kamera zu strahlen ist ihr Job. Sie tun im Grunde nichts anderes. Ich dagegen habe noch ein ordentliches Arbeitspensum zu bewältigen und niemanden, der mir dabei die Wünsche von den Augen abliest. Als echte Promi-Abnehm-Queen dagegen hätte ich so einige Vorteile, von denen ich im wahren Leben nur träumen kann:

Zunächst wäre da die Haushälterin, die sich vom Putzen übers Kochen bis hin zum Einkaufen um alles kümmert, was lästig und anstrengend ist. Allein mit dem Getränkeflaschenschleppen wäre sie gut ausgelastet. Wenn ich nämlich jeden Tag mindestens zwei Liter stilles Wasser trinken soll, wie ich es in einer Fitnesszeitschrift gelesen habe, macht das in neunzig Tagen sage und schreibe hundertachtzig Literflaschen! Ich könnte von Glück sagen, wenn sie da überhaupt noch Zeit fände, mir schmackhafte, aber kalorienarme Menüs zuzubereiten …

Doch die Haushälterin allein wäre natürlich nicht genug. Ich bräuchte außerdem einen Hundesitter, der sich rund um die Uhr um die Bedürfnisse meiner Terrier kümmert, außerdem eine Sekretärin, einen Gärtner, eine persönliche Stylistin und natürlich einen Fitnesscoach. Das müsste für den Anfang genügen.

Dann fällt mir ein, dass ich mir bis auf eine Putzfee nichts davon jemals werde leisten können, und bin ein bisschen niedergeschlagen. Wie in aller Welt soll ich in dieser Stimmung eine Diät planen und durchstehen?

»Du brauchst einen freien Kopf«, sagt meine kluge Tochter.

»Hör auf, dir permanent Sorgen zu machen, davon bekommst du bloß Falten«, ergänzt meine ebenso kluge Großmutter.

»Bingo!«, rufe ich, denn endlich weiß ich, wie ich mich optimal auf die Diät einstimmen und mich dabei fühlen kann wie ein Star. »Wir machen Wellness«, verkünde ich.

Da Spontanität laut wissenschaftlichen Studien glücklich macht, fahren wir schon am nächsten Tag los.

Mit Oma, meiner Tochter Marie, zwei Hunden und reichlich Gepäck (darunter fünf nagelneue Abnehm-Ratgeber) begebe ich mich auf den Weg in den Spreewald. Das zauberhafte Wellnesshotel dort, vor den Toren Berlins, ist mein heimlicher Fluchtort. Dieses Mal werde ich ganze vier Tage bleiben, so lange wie noch nie – und das mit drei Generationen. Das wird bestimmt wundervoll! Auch wenn die Älteste von uns den Standpunkt vertritt, Wellness sei »neumodischer Schnickschnack«. Ich bin wild entschlossen, sie zu bekehren. Spätestens im Hammam wird Oma begeistert sein von meiner Idee!

Wellness als Einstieg ist schön und gut – dennoch werde ich mich auf die kommenden neunzig Tage geistig und körperlich vorbereiten müssen, denn ansonsten schaffe ich es nicht, eine einzige Diät durchzuhalten. Was ja nichts anderes als Verzicht bedeutet. Ich sage mir: Keine Kohlenhydrate, keine Süßigkeiten, kein bunter Cocktail. Und das schon während meiner Wellnesstage. Dafür Sauna, Schwimmen und Yoga.

Eigentlich kein schlechter Tausch, oder?

Tag 1, Donnerstag: Wasser satt, Hungerschwips und eine kleine Trockenpflaume

Als wir im Spreewald ankommen, ist es früher Nachmittag. Ich bin voller Vorfreude und Zuversicht. Hier werde ich es mir so gutgehen lassen, dass mir die Entsagung von Brot, Butter, Cola light, Wein und Sekt nichts ausmachen wird! Mein Speiseplan besteht in den kommenden Tagen aus einem Eiweißshake morgens und mittags. Um Punkt achtzehn Uhr werde ich mir daher ein letztes Mal im Sternerestaurant ein vorzügliches Mahl schmecken lassen – fettarm und ohne Kohlenhydrate, aber dennoch köstlich und sättigend.

Guter Plan, oder?

Um Müdigkeit und Schlappheit prophylaktisch entgegenzuwirken, nehme ich gleich nach der Ankunft Vitamin D. Dann ziehen wir uns rasch um, schnappen uns einen großen, weißen Frotteebademantel und erobern den Wellnessbereich.

Hier dürfte es kein Problem sein, täglich zwei Liter zu trinken, denn überall stehen Wasserkaraffen herum, an denen ich mich einfach bedienen kann, wann immer ich durstig bin. Perfekt!

Sofort fühle ich mich fitter und schlanker. Und irgendwie bedröhnt. Ein bisschen erinnert mich das an den ersten und einzigen Joint meines Lebens, den ich mit sechzehn geraucht habe. Sollte eine Diät tatsächlich ähnlich wirken wie der Konsum von

Drogen? Warum hat sich das noch nicht herumgesprochen? Egal – ich schwebe jedenfalls federleicht und vergnügt durch den Tag.

Am Abend wird Marie im hauseigenen Gourmet-Restaurant ein Steak mit einer Ofenkartoffel und meiner Großmutter ein Perlhuhn mit blanchiertem Gemüse serviert. Meine Laune hingegen bekommt einen kleinen Dämpfer, als der Kellner mit einem Schmunzeln die Cloche von meinem Teller abhebt. Entsetzt blicke ich auf ein Schnapsglas voller Naturjoghurt, liebevoll angemacht mit einer Trockenpflaume und einem Pfefferminzblatt. Bin ich hier bei »Verstehen Sie Spaß?« … Und wo sind die Kameras?

Marie zwinkert mir belustigt zu, und mir wird klar, dass sie sich mit dem Hotelpersonal abgesprochen hat, um mich bei meinem Shaping (laut Marie) zu unterstützen. Das ist also der Dank für zwanzig Jahre aufopferungsvolle Mutterschaft.

Soll das etwa wirklich die Belohnung für meinen ersten konsequenten Diättag sein? Ja!!!

Ich beschließe, die Tafel Schokolade, die ich in meiner Minibar entdeckt habe, heimlich zu entsorgen. Nur für den Fall, dass mich nächtlicher Heißhunger überkommt …

Um erst gar nicht in Versuchung zu geraten, gehe ich früh ins Bett – und schlafe auf der Stelle ein. Wellness schlaucht ganz schön, wenn man es nicht gewohnt ist.

Tag 2, Freitag: Ungesüßter Tee, Futterneid und jede Menge Schaum

Das Frühstücksbuffet ansehen zu müssen ist reinste Folter. Noch schrecklicher ist es nur, mit zwei Frauen an einem Tisch zu sitzen, die weder Kalorien zählen müssen noch ein natürliches Sättigungsgefühl besitzen. Sowohl meine Tochter als auch meine Großmutter schaufeln Brötchen, Croissants, Rühreier, Räucherlachs, Kuchen und Schokocreme in sich hinein, als gäbe es kein

Morgen. Ich beschließe, mich auf einen ungesüßten Kräutertee zu beschränken, der irgendwie nach Hamsterstreu riecht, und mir den ersten Eiweißshake des Tages lieber für später aufzuheben. Vielleicht hält das trügerische Gefühl, satt zu sein, dann etwas länger vor. Damit ich nicht mitten in der Nacht von meinem eigenen Magenknurren erwache.

Dann holt sich Oma als Dessert noch einen wunderbar fluffigen Pfannkuchen mit Sirup, und sofort löst sich meine Selbstbeherrschung in Luft auf. Anstatt bis zum späten Vormittag zu fasten, stürze ich meinen Shake (Geschmacksrichtung Kokos-Schoko-Sahne) herunter wie eine Verdurstende, die tagelang orientierungslos durch die Wüste geirrt ist und nun endlich eine Oase entdeckt hat. Das hat zwar den Nachteil, dass der Genuss ein sehr kurzer ist, andererseits aber den Vorteil, dass ich erst anschließend realisiere, wie wenig das Ganze nach Kokos, Schoko und Sahne geschmeckt hat. Diese Bezeichnung war garantiert nicht wegen irgendwelcher Inhaltsstoffe gewählt worden, sondern wegen des appetitlichen Klangs. So wie auch Haarfärbemittel selten »mittelbraun«, »straßenköterblond« oder »eichhörnchenrötlich« heißen, sondern »Cappuccino«, »Karamell« oder »Haselnuss«.

»Es wird Zeit«, verkündet meine Großmutter, als sie den letzten Bissen ihres Pfannkuchens verputzt hat, und deutet auf die Uhr.

»Wofür? Um rechtzeitig vor dem opulenten Mittagessen noch ein bisschen zu verdauen?«

»Papperlapapp«, erwidert sie hoheitsvoll. »Gleich ist unser Hammam-Termin.«

Eine Viertelstunde später liege ich neben meiner Großmutter und Marie auf einer orientalisch anmutenden Liege und freue mich auf das Dampfbad. Doch eine echte Hammam-Anwendung bedeutet viel mehr als nur simple Entspannung. Das wird mir in dem Moment klar, als uns ein spezielles Handtuch als Lendenschurz angelegt wird. Man sagt uns zwar, wir sollen in den nächsten fünfundvierzig Minuten einfach mal die Seele baumeln lassen, aber darauf falle ich nicht herein. Im Gegenteil, ich bleibe hoch konzentriert, was sich schon wenig später auszahlt, denn wir werden abwechselnd mit lauwarmem und eiskaltem Wasser übergossen. Ich tue zwar, als hielte ich entspannt die Augen geschlossen, blinzele dabei aber so, dass ich die beiden Waschbecken im Blick behalte. Auf diese Weise weiß ich schon vorher, ob gleich eine warme Wohlfühldusche oder eine eisige Abschreckung kommt, und kann mich darauf einstellen. Das macht die Wechselbäder erträglicher.

Meine Großmutter scheint das Ganze erstaunlicherweise zu genießen. Es macht ihr auch nichts aus, dass sie von einem Masseur behandelt wird. Ich dagegen habe darauf bestanden, seiner Kollegin zugeteilt zu werden.

Als Nächstes werden wir mit einem Baumwollsack eingeseift, der zuvor heftig herumgeschwenkt wurde und sich dabei mit Luft gefüllt hat. Dadurch wird er zu einer Art Schaumschleuder. Während man unsere Körper mit dem schaumigen Baumwollsack bearbeitet, verwandeln wir uns in rasantem Tempo in weiße Seifengebirge. Oma ist vor lauter Schaum nicht mehr zu erkennen, nur zu hören – zuerst schnappt sie nach Luft, dann prustet sie los. Man könnte sie für einen kichernden Schaumhaufen halten!

Es folgt das Peeling, bei dem unsere Haut mit einem rauen Handschuh bearbeitet wird. O ja, das ist angenehm! Ich genieße die angenehme Wärme des Steines, auf dem wir liegen, und muss zugeben, dass man sich wohl nirgendwo besser von der Hektik des Alltags entfernen kann als in einem orientalischen Bad. Um zu vergessen, dass wir – von den Lendenschürzen abgesehen – pudelnackt sind, schließe ich die Augen und genieße den weichen Schaum, die wohltemperierten Wassergüsse und die belebende Massage. Hätte ich besser aufgepasst, wäre ich vorgewarnt gewesen, als uns abschließend eiskaltes Wasser übergeschüttet wird. Oma quietscht wie ein junges Mädchen, und Marie bekommt einen Lachanfall. Mir knurrt der Magen.

Tag 3, Sonnabend: Klangschalen, Vitalbecken und ein Spreewaldgürkchen

Der Hunger weckt mich in aller Frühe auf. Ich verbringe eine ganze Stunde im Bad, wo ich mir gleich mehrmals die Zähne putze. Irgendwie habe ich das Gefühl, dass der Geschmack der Zahnpasta meinen Appetit dämpft. Erstaunlich. Ich muss diesen Effekt beobachten. Wäre ja genial, wenn das auf Dauer funktionieren würde: Ich werde schlank sein und strahlend weiße Zähne haben!

Heute verzichte ich darauf, den anderen beim zügellosen Frühstücken zuzuschauen und begebe mich stattdessen zur Klangmassage. Erfreulicherweise darf ich dabei vollständig bekleidet bleiben. Sehr schön. Eine Dame mit unzähligen hüftlangen Zöpfen und einem geblümten Gewand erklärt mir, dass die Vibration der Klangschalen meine Körperzellen gleichsam von innen massieren und auf diese Weise meine feinstofflichen Blockaden lösen werden. Ich wage nicht zu fragen, was feinstoffliche Blockaden sind und vermute, dass es irgendwie um Entspannung geht. »Nur zu«, sage ich laut. Die Zopfdame redet noch ein wenig über meine Aura und meine Chakren, die sie offenbar energetisch anzureichern gedenkt, dann legt sie los.

Als sie die Klangschalen auf meinen Körper aufsetzt und anschlägt, erinnern sie mich an die Reisschalen aus dem tibetanischen Restaurant, in dem ich neulich eingeladen war. Vielleicht sind es ja tatsächlich Reisschalen? Prompt meldet sich abermals mein Hunger. Verflixt! Ich hätte nicht ausgerechnet an eine Sättigungsbeilage denken sollen.

Wie lange dauert das hier eigentlich noch?

Endlich ist die Zopfdame fertig. Ich behaupte, wunderbar entspannt, energetisch aufgeladen und blockadefrei zu sein. Dann stürme ich davon, nur noch meinen Frühstückseiweiß-shake im Kopf – Geschmacksrichtung Kirsch-Joghurt. Hätte ich raten müssen, wäre ich da zwar nie drauf gekommen, aber sei's drum. Fürs Erste ist mein Kohldampf verschwunden.

Im Foyer begegne ich Oma und Marie. Sie sind auf dem Weg zum Wellnessbereich. Gute Idee! Ich flitze aufs Zimmer und ziehe mich um. Dummerweise schaffe ich es nicht, den Ganzkörper-spiegel zu ignorieren und werfe einen Blick hinein. Hätte ich das doch gelassen! Der Badeanzug sitzt verdammt knapp. Ich versuche, den Bauch einzuziehen. Es funktioniert nicht. Außerdem muss der Mensch ja atmen.

Verflixt ...

Okay, dann versuche ich das Gegenteil: Ich strecke den Bauch so weit raus wie ich kann und falte die Hände vor dem Körper. Kein Zweifel: Ich sehe ausgesprochen schwanger aus. Auf diese Weise werde ich mir zwar Rückenprobleme einhandeln, aber ein akzeptables Alibi für meine Wampe ist mir das wert. Merke: Ab sofort darf ich nur noch im Hotelzimmer rauchen! Schade eigentlich – wo die Zigaretten doch fast so gut gegen Hungerattacken wirken wie Zahnpasta.

In den flauschigen Hotel-Bademantel gehüllt, mache ich mich auf den Weg zum Whirlpool.

10.11 Uhr: So ein Mist! Gerade als ich den Bademantel ausziehen will, betritt der einzige wirklich gut aussehende männliche Hotelgast den Whirlpool-Bereich. Schnell werfe ich meine Schutz-hülle aus Frottee wieder über und trete den Rückzug an. So wie ich aussehe, bleibt mir nichts anderes übrig, als mich ausschließlich dort aufzuhalten, wo sonst niemand ist. Jedenfalls niemand außer Oma und meiner Tochter. Wo stecken die überhaupt?

10.13 Uhr: »Vitalbecken« steht auf dem Schild einer geschlossenen Tür. Klingt super! Und ich bin allein hier, wie ich beim Eintreten feststelle. Sehr gut. Verdammt, ist das kalt! Warum gibt es keine Warnhinweise? »Achtung, die Wassertemperatur beträgt minus fünfzehn Grad« – das wäre hilfreich gewesen. Ich sollte besser verschwinden.

11.14 Uhr: Auch das noch: Der junge Gott hat offenbar schon genug vom Whirlpool und stürzt sich ins Vitalbecken. Das nenn ich mal schlechtes Timing! Wäre ich ein klein wenig später gekommen, wäre das wunderbar warme Blubberwasser einzig für mich gewesen.

11.17 Uhr: Hilfe, ich erfriere! Aber ich bin wild entschlossen, das Eisbad erst zu verlassen, wenn der Gutaussehende weg ist. Den Blick auf meine Hinterseite, während ich aus dem Becken klettere, will und werde ich ihm nicht zumuten.

11.18 Uhr: Ich spüre meine Beine nicht mehr. Jetzt hilft nur Selbsthypnose! Ich halte durch, jawohl, eins, zwei drei, ich spüre meine Beine nicht, eins, zwei drei …

11.21 Uhr: Danke, danke, lieber Unbekannter, dass du endlich verschwindest. Ich warte, bis sich die Tür hinter ihm schließt, dann wanke ich aus dem Wasser. Leider ist der Whirlpool schon wieder von einem Mann belegt. Bleibt nur noch das Außenbassin. Oma und Marie kommen mir von dort entgegen. In einer halben Stunde wird das Mittagsbuffet eröffnet, sie sind in Eile. Ich ringe mir ein »Bis später, guten Appetit« ab und springe ins Wasser.

11.25 Uhr: Es gießt wie aus Eimern. Wahrscheinlich habe ich es dieser Laune der Natur zu verdanken, dass ich den Pool für mich habe. Mir macht der Regen nichts aus. Nasser als nass kann man schließlich nicht werden. Und das Wasser ist angenehm temperiert. Ich fühle mich leicht. Das Leben ist schön!

Schwimmen macht bekanntlich Hunger. Auch wenn man nur ein kleines bisschen im Becken hin und her paddelt. Ich genehmige mir den zweiten Eiweißshake des Tages – herzhaft diesmal, Geschmacksrichtung Vanille – und beschließe dann, ein langes Mittagsschläfchen zu halten. Wer schläft, sündigt bekanntlich nicht.

Als ich aufwache, kurz vor dem Abendessen, fühle ich mich gut. In einem Anfall von Übermut stelle ich mich auf die Waage. Sie zeigt 92,2 Kilo an. Hurra, ich habe 1,1 Kilo abgenommen!

Stolz erzähle ich das meiner Familie, die bereits im Speisesaal sitzt, als ich herunterkomme.

»Das ist bloß der Wasserverlust«, behauptet meine Großmutter. Aber ich lasse mir von ihr nicht die Laune verderben. Das schafft schon meine Tochter: Sie verdrückt eine Riesenportion Rumpsteak mit Sahnesauce, Pommes und Buttergemüse. Ich werde blass vor Neid und ertappe mich dabei, wie ich mir die leere Gabel in den Mund stecke.

Am liebsten würde ich mir genau dasselbe bestellen! Warum eigentlich nicht? Vielleicht könnte ich es einfach nur kauen, genießen – und dann statt zu schlucken einfach ausspucken. Schließlich wird das bei Weinverkostungen auch so gemacht.

Andererseits gehöre ich zu denjenigen, die bei Weinverkostungen niemals ausspucken. Ich würde mich auch bei diesem Steak nicht beherrschen können.

Da wird auch schon mein Diätfutter serviert: ein lauwarmes veganes Kartoffelsüppchen – und als Beilage ein Spreewaldgürkchen. Na Mahlzeit.

Tag 4, Sonntag: Gewissensbisse, Leckschokolade und allerhand Theorie

Ob ich über Nacht wohl weiter an Gewicht verloren habe? Stichwort »Abnehmen im Schlaf«. Optimistisch stelle ich mich auf die Waage. Sie zeigt tatsächlich nur noch 91,4 Kilo an. Hurra! Bestimmt hat Oma unrecht und ich habe nur Fett verloren, nicht

Wasser. Schließlich habe ich in den letzten Tagen so gut wie nichts gegessen. Aber immer noch steht eine Neun vorne. Himmel, wie habe ich es nur so weit kommen lassen können? Bestimmt ist der Wein schuld mit seinen versteckten Kalorien. Ich nehme mir vor, meinen Kühlschrank zu Hause ausschließlich mit Wasser und allem, was grün ist, zu füllen: Bohnen, Erbsen, Lauch, Zucchini.

Meine guten Vorsätze geraten ins Wanken, als ich meinen Hunden ihr Futter vorsetze. Feinstes Rindfleisch. Bevor ich vollends die Beherrschung verliere und zugreife, verschwinde ich zu meinem Fußreflexzonenmassagetermin. Ob man sich dabei wohl das Appetitzentrum lahmlegen lassen kann?

Oma und Marie verbringen den Nachmittag beim Aqua-Jogging. Ich fühle mich zu schwach dazu und mache es mir mit den Diätfachbüchern, die ich mitgebracht habe, und meinen Hunden im Bett gemütlich. Okay, ich gebe es zu: mit den Diätfachbüchern, den Hunden und einem Schokoriegel, den ich aus unerfindlichen Gründen noch in der Handtasche hatte. Ich werde ihn jedoch nicht verputzen, sondern höchstens hin und wieder daran lecken. Zur Inspiration und zum Trost.

Die Bücher stecken voller erstaunlicher Informationen. Die wichtigsten markiere ich mit dem Textmarker. Dann erstelle ich mir eine dazugehörige To-do-Liste:

1. Rote Teller kaufen

Denn: Rotes Geschirr bremst den Appetit. Jedenfalls behaupten das Forscher der Oxford University. Am besten besorge ich sehr kleine rote Teller, denn laut Wissenschaftlern der Cornell University in New York hat der Mensch nun mal den Drang, seinen Teller leer zu essen – und je weniger draufpasst, umso weniger kann er in sich hineinstopfen.

2. Rote Tischdecke kaufen

Denn: Wenn Tisch und Teller dieselbe Farbe haben, wirkt der Teller voller und man glaubt trotz kleinerer Portionen, satt zu sein. Das muss wohl stimmen, denn gleich fünf Studien kamen zu diesem Resultat und wurden im *Journal of Consumer Research* zusammengefasst.

3. Essen künftig in winzige Stücke schneiden

Denn: Laut einer Studie der Arizona State University löst der Anblick kleiner Stücke ein stärkeres Sättigungsgefühl aus; man isst bis zu einem Viertel weniger.

4. Diät-Brille besorgen

Denn: Es wird weniger verspeist, wenn das Essen in der Hand – zum Beispiel mein Leck-Schokoriegel – größer erscheint als die Hand selbst. Geniale Erfindung von Typen an der Uni Tokio. Hoffentlich gibt es diese Brille schon im Handel!

5. Öfter Vanillepudding kochen

Denn: Die Aromen stark duftender Desserts machen satt. Wenn die Wissenschaftler der niederländischen Wageningen University mal wieder so was in der Art erforschen, stelle ich mich freiwillig als Testperson zur Verfügung.

6. Nur noch mit der linken Hand naschen

Denn: Ich bin Rechtshänderin. Und die Forscher der University of Southern California empfehlen, Snacks mit der nicht dominanten Hand zu essen, weil man dabei rund ein Drittel weniger isst.

7. Glotze auslassen

Denn: Ich geb's ja zu, ich lasse mich beim Essen gern von meinen Lieblingsserien berieseln. Doch im *American Journal of Clinical*

Nutrition steht, dass man beim Fernsehen etwa 15 Prozent mehr isst als ohne. 15 Prozent! Wenn ich 15 Prozent weniger wiegen würde, könnte ich Größe 40 tragen!

8. Essstäbchen kaufen

Denn: Nach zwanzig Minuten ist man in jedem Fall satt, und je weniger man in dieser Zeit in sich hineinschaufelt, desto besser. Vielleicht sollte ich künftig Suppe mit dem Teelöffel essen? Außerdem nehme ich mir vor, nie wieder mit vollem Mund zu reden. Wer nur spricht, wenn der Mund ganz leer ist, muss beim Essen automatisch immer wieder Pausen einlegen. Umso weniger kann man in den besagten zwanzig Minuten essen …

9. Essens-Tagebuch führen

Denn: Sobald man jeden Bissen aufschreibt, isst man weniger. Die Studie, die im *American Journal of Preventive Medicine* veröffentlicht wurde, berichtet sogar von einer Verdopplung der Gewichtsabnahme nur durch das Tagebuch! Das muss ich unbedingt ausprobieren.

10. Vorräte anlegen

Denn: Freiwillig verzichten kann man nur auf etwas, was zumindest theoretisch zur Verfügung steht. Madonna macht das so. Nennt sich Air-Diät. Sie hat zwar alle Lebensmittel zu Hause, auch die Dickmacher, isst sie aber nicht.

Wobei: Nein, Punkt zehn streiche ich lieber. Wenn ich so diszipliniert wäre wie Madonna, sähe ich dünn, sehnig und strammgeturnt aus. Morgen beginnt zwar meine Star-Diät, doch wir wollen es ja nicht übertreiben. Madonna ist für Fortgeschrittene. Ich fange lieber auf Gwyneth-Paltrow-Level an – mit Detoxing …

Einige Tage später …

Hier ist der Anrufbeantworter von Anja Koeseling. Im Moment bin ich leider nicht erreichbar, Sie können mir aber nach dem Signalton eine Nachricht hinterlassen. Dankeschön, auf Wiederhören.

Oma

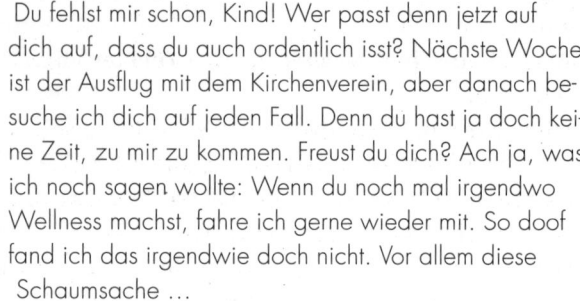

Du fehlst mir schon, Kind! Wer passt denn jetzt auf dich auf, dass du auch ordentlich isst? Nächste Woche ist der Ausflug mit dem Kirchenverein, aber danach besuche ich dich auf jeden Fall. Denn du hast ja doch keine Zeit, zu mir zu kommen. Freust du dich? Ach ja, was ich noch sagen wollte: Wenn du noch mal irgendwo Wellness machst, fahre ich gerne wieder mit. So doof fand ich das irgendwie doch nicht. Vor allem diese Schaumsache …

Piiiiiep.

Bauchberatung –
Wie man sich füttert, so wiegt man

»Ich nehme ab«, sage ich beim Frühstück.

»Hmmm«, brummt mein Mann, ohne den Blick von der Zeitung zu heben.

»Wie denn?«, fragt die ältere meiner Töchter. »Low Carb? Low Fat? Low Cal?«

Mit fester Stimme antworte ich: »Low hunger, low pain, no sports. Ich werde allein durch Willenskraft schlank.«

Jetzt sieht mein Mann auf. Er blickt mich lange nachdenklich an. Aber er schweigt, wofür ich ihm dankbar bin.

Die jüngere meiner Töchter erwacht aus ihrem Halbschlaf. »Funktioniert das wie bei Kalle Wirsch?«, will sie wissen.

Ich beiße in mein Marmeladenbrötchen. »Wer ift Kalle Wirf?«

»Na, der Erdmännchenkönig aus dem Kinderbuch, das du mir früher mal vorgelesen hast.«

Ich erinnere mich nicht. Das ist bestimmt mehr als zehn Jahre her. »Hat der abgenommen?«

»Nein, aber er ist geschrumpft. Er hat seinen Feind Zoppo in einem Schrumpf-Wettbewerb besiegt. Dabei musste jeder den anderen mit Willenskraft dazu bringen, kleiner zu werden. Und Zoppo ist wirklich zusammengeschnurzelt.«

Jetzt ist mein Interesse geweckt. »Aha. Und wie hat Kalle das geschafft?«

»Er hat Zoppo durchdringend angestarrt.« Sie macht die Augen schmal und sieht plötzlich extrem entschlossen aus. »Und dann hat Kalle Zoppo befohlen: ›Du sollst schrumpfen!‹«

»So mache ich das natürlich nicht«, sage ich. »Bei mir gibt's keinen Hokuspokus. Ich werden einfach mein Leben und meine Ernährung umstellen, und dann wiege ich langsam, aber sicher weniger, und zwar ohne Diät und ohne Hunger.«

»Ja, tu das«, sagt mein Mann und blättert wieder in seiner Zeitung.

Irgendwie habe ich den Eindruck, dass er meinem Blick ausweicht. Ganz klar, er glaubt nicht an mein Konzept.

Okay, ich auch nicht so richtig. Aber ich bin da dran. Ich muss den Plan noch verfeinern und ein paar Details ausarbeiten, aber dann wird das schon.

Eine halbe Stunde später stehe ich im Badezimmer und betrachte im Spiegel meine Körpermitte. Mir geht's beim Abnehmen ja nur um diese eine Stelle. Arme, Beine, Po – von mir aus kann das alles bleiben, wie es ist. Meine Güte, ich bin eben nicht mehr zwanzig, ich wiege jetzt einfach mehr als früher. Aber diesen Wabbelbauch hätte ich wirklich gern los, und dafür eine Taille. Ich möchte einfach in der Mitte schmaler sein als oben und unten, damit wäre ich ja schon zufrieden.

»Du sollst schrumpfen«, sage ich mit drohender Stimme zu meinem Bauch. Nichts passiert.

Na, einen Versuch war's wert.

Drei Stimmen rufen »Tschühüss«, und ich höre, wie die Haustür ins Schloss fällt. Sieben Uhr. Jetzt sind sie alle weg, wie jeden Morgen. Nun aber raus aus dem Bad und ran an die Arbeit. Ich muss die wenigen Stunden nutzen, in denen es hier nur noch mich gibt. Und meinen Kühlschrank. Und den Hund natürlich. Eine verhängnisvolle Konstellation.

Eigentlich sind zwischen uns dreien in den nächsten Stunden keine Berührungspunkte vorgesehen. Ich soll an meinem Schreibtisch sitzen und arbeiten, der Hund soll nach seinem

Morgenspaziergang schlafen, und der Kühlschrank soll bis zur Mittagszeit in der Küche unbeachtet vor sich hin brummen.

So ist es geplant, aber die Realität sieht anders aus. Ja, ich schlurfe tatsächlich zum Schreibtisch. Und ja, ich beginne auch wirklich mit meiner Arbeit. Der Hund schläft außerdem brav, und der Kühlschrank brummt ordnungsgemäß, alles ist, wie es sein soll.

Aber nur in der ersten Stunde. Irgendwann habe ich drei Seiten geschrieben, meine Konzentration lässt nach, und damit fangen die Probleme an. Eigentlich sollte mich jetzt jemand loben und motivieren, ich finde, ich habe das verdient. Aber da ist keiner, und dadurch gerät mein emotionales Gleichgewicht in eine Schieflage.

Hastig checke ich meine Mails. Gibt es dort vielleicht Nachrichten, die geeignet sind, mich aufzumuntern?

Nichts.

Ich gehe zum Briefkasten.

Auch nichts.

Dann vielleicht doch eine kleine Belohnung? Nur eine klitzekleine?

Halt! *Nein!* Jetzt ist meine Willenskraft gefragt! Ich werde *nicht* zum Kühlschrank gehen! Ich. Nicht.

Plötzlich erhebt sich mein Hund. Er setzt sich vor mich hin und starrt mich an, als wäre er Kalle Wirsch und ich dieser Zoppo, und er sieht aus, als würde er mir mit all seiner Willenskraft telepathisch Botschaften übersenden. Das zumindest würde die Stimmen in meinem Kopf erklären. »Du sollst zum Kühlschrank gehen«, befehlen sie mir. »Nur mal nachsehen, was da drin ist.« Dann wird ihr Tonfall eindringlicher. »Du willst es doch auch«, raunen sie. »Los! Tu's!«

Und schon bin ich auf dem Weg in die Küche. Der Hund springt auf und begleitet mich.

Zehn Minuten und einen Vanillepudding sowie ein Hundeleckerli später kehre ich voll Reue an meinen Arbeitsplatz zurück und schreibe zur Buße zwei weitere Seiten. Und ein dritte. Und noch eine.

Aber dann stehe ich erneut vor demselben Problem: wieder fleißig gewesen. Wieder keiner da, der es bemerkt hat. Wieder kein Lob. Also Kaffee, und dazu eine Praline. Blöd nur, dass in der Schachtel mehr als eine ist. Wäre ich Kalle Wirsch, dann würden die Schokotrüffel von selbst in meinen Mund fliegen, so sehr will ich sie.

Eine halbe Stunde später sind die Pralinen weg, und mir ist schlecht. Zeit für eine erste Bilanz: Okay, es scheint, als wäre mein Diätkonzept schon am ersten Tag gescheitert. Das Prinzip war zwar klar und einleuchtend: Wer abnehmen will, muss einfach weniger essen als sonst. Und das geht prinzipiell ganz einfach. Mund zu, nix rein. Eine Frage des Willens ist das, und sonst nichts. Nur in der Praxis klappt es nicht. Ich will doch gar nicht naschen, das ist nicht gut für mich. Aber ich tu es trotzdem. Eigentlich seltsam.

Ein bisschen liegt's wohl an meinem Beruf. Wer Romane schreibt, verbringt unzählige Stunden allein zu Hause am Computer, in unmittelbarer Nähe zum Kühlschrank. Da gibt es niemanden, der einen anspornt und zur Not auch mal kräftig in den Hintern tritt. Klar, andere schimpfen auf ihre Chefs und beneiden mich glühend, weil ich freiberuflich arbeite und mich nie jemand antreibt oder nervt. Aber wer so denkt, weiß nichts von den inneren Kämpfen, denen man in einer so selbstbestimmten Arbeitssituation ausgeliefert ist. Wenn einen kein Mensch aus Fleisch und Blut motiviert, sondern nur ein abstrakter Abgabetermin in weiter Ferne, dann wachsen innere Schweinehunde ganz schnell auf Doggengröße an. Dagegen muss man ankämpfen, das weiß ich längst, denn Abgabetermine sind immer viel schneller da, als man denkt. Aber eins wird mir klar, als ich auf die leere Pralinenschachtel starre: Ich brauche all meine Selbstdisziplin und Willenskraft für meine Arbeit und meinen anderen Alltagskram. Da bleibt nichts übrig. Und wenn ich zusätzlich auch noch abnehmen will, benötige ich Hilfe. Die aufmunternden Nachrichten von Anja und Lucinde reichen da nicht aus. Ich wünsche mir eine Art Coach. Jemanden, der mich je nach Bedarf mit Zuckerbrot oder Peitsche anspornt. Nein, nicht mit Zuckerbrot natürlich, pfui, böse Kohlenhydrate. Irgendwie anders eben.

Und plötzlich fällt mir Sibylle ein, eine Ernährungsberaterin, die ich neulich bei einer Freundin kennengelernt habe. Sie war nett, intelligent und witzig. Außerdem war sie erfreulicherweise nicht dünn. Auch nicht dick. Einfach ganz normal. Und beim Buffet hat sie ordentlich zugegriffen, auch das werte ich als Pluspunkt. Ich bin sicher: Mit einer solchen Unterstützung wird eine Ernährungsumstellung garantiert nicht mühsam und freudlos. Hundert Euro kostet eine Sitzung. Soll ich oder soll ich nicht? Das ist ganz schön viel Geld, aber okay, ich versuch's. Anja und Lucinde hungern schon. Ich sollte auch endlich ein Konzept haben.

Drei Tage später sitze ich auf einem unbehandelten Holzstuhl in Sibylles Praxis. Eine Salzkristalllampe verbreitet sanftes Licht. Vor uns auf dem Tisch stehen Gläser mit Wasser, in denen grüne Blättchen schwimmen. »Xiancao«, sagt Sibylle, als sie meinen Blick bemerkt. »Hemmt den Appetit. Und die Chinesen glauben, dass dieses Kraut Unsterblichkeit verleiht.«

Ich nippe an dem Getränk und finde, dass es nach Leitungswasser mit Rasenschnitt schmeckt.

»Du willst also eine Diät machen«, stellt Sibylle fest.

»Nein, ich will abnehmen«, widerspreche ich. »Aber nicht mit einer Diät, denn davon wird man nur noch dicker. Jo-Jo-Effekt und so.«

»Also Sport«, meint Sibylle und macht sich Notizen auf einer großen Karteikarte mit meinem Namen.

»Auch nicht. Das ist doch dasselbe in Grün. Man trainiert eine Weile und nimmt ab, aber dann lässt man es wieder und nimmt zu. Ich will lieber die Gründe für meine Gewichtszunahme finden und sie an der Wurzel ausrotten. Und dann werde ich wie von selbst dünn.«

»Aha«, sagt Sibylle und sieht von der Karteikarte auf. »Die Gründe …« Sie denkt einen Moment lang nach. »Könnte es sein …«, fragt sie, bricht aber ab und runzelt die Stirn. Dann gibt sie sich einen Ruck. »Könnte es sein, dass du vielleicht einfach deswegen zugenommen hast, weil du zu viel gegessen hast? Also, ich meine, kann es sein, dass das der Grund ist?«

Ich nicke. »Ja, klar. Und natürlich muss ich weniger essen, wenn ich abnehmen will, das weiß ich. Aber ich muss doch herausfinden, warum ich so viel gegessen habe, oder? Sonst kann ich doch nicht einfach damit aufhören. Sonst tu ich das doch wieder.«

»Ja, nun«, sagt Sibylle. »Du bist eben genetisch darauf programmiert. Du stammst vom Höhlenmenschen ab, und damals, in der Steinzeit, gab's selten viel Nahrung. Da musste man essen, was man kriegen konnte. Und wenn's mal was Süßes oder Fettiges gab, musste man auf Vorrat essen, der nächste Winter kam bestimmt. So funktioniert dein Gehirn immer noch. Aber heutzutage gibt es sogar im Winter Nahrungsüberfluss. Und wir verbrauchen bei der Futtersuche und der Jagd auch nicht mehr Tausende von Kalorien. Wir müssen unsere Pizza ja nicht stundenlang durch die Steppe hetzen, bevor wir sie essen können. Das ist das eigentliche Problem.«

Ich runzele die Stirn. »Aber warum gibt es dann Leute, die nie dick werden, obwohl sie auch von den Höhlenmenschen abstammen und auch nicht auf die Jagd gehen?«

Sie zuckt mit den Schultern. »Heute sagen wir: gute Gene. In der Steinzeit wären das aber schlechte gewesen. Du bist einfach ein guter Futterbeschaffer und -verwerter, du sorgst zuverlässig für ständigen Energienachschub, und dein Körper holt alles aus jeder Kalorie raus. Andere halten ihren Organismus rein genetisch bedingt dauernd auf Sparflamme. Heute sind die im Vorteil, aber in Krisenzeiten wären sie in einem harten Winter zuerst verhungert.«

»Toll«, sage ich. »Ich wäre also ein prima Steinzeitmensch. Nur für die Zivilisation eigne ich mich nicht so gut. Also zurück in die Höhle? Soll ich mir mein Schnitzel künftig im Wald jagen?«

»Nein«, meint Sibylle. »Das Motto heißt nicht zurück zur Höhle, sondern zurück zu dir. Dein Stoffwechsel ist aus dem Gleichgewicht geraten, und den müssen wir wieder in seine ganz individuelle Balance bringen. Dafür kann ich dir ein Ernährungsprogramm zusammenstellen, das speziell auf dich und deine Bedürfnisse zugeschnitten ist. Aber vorher sag mal: Was hast du eigentlich gegen Sport? Bewegung würde dir doch guttun.«

»Oh, gegen Bewegung habe ich nichts. Deswegen bewege ich mich auch oft und gern. Ich gehe zum Beispiel zwei Stunden täglich in raschem Schritt spazieren. Mit dem Hund nämlich. Aber ich geh nicht walken und nicht joggen und nicht ins Fitnessstudio. Hab ich nie gemacht. Werde ich auch nie tun. Denn alle, die das tun, haben irgendwann etwas mit dem Rücken. Oder der Schulter. Oder Probleme in den Knien. Oder im Ellenbogen. Oder Bänderrisse an den Sprunggelenken. Ich hab nix, und das soll auch so bleiben.«

Sie seufzt, aber sie widerspricht nicht. Ich wette, sie macht Sport und hat Rückenprobleme.

Jetzt wird die Sitzung bei Sibylle wirklich ganz individuell. Sie legt ein Blatt Papier vor mich hin, auf dem mein »Lebensrad« abgebildet ist. Das erkenne ich aber nur, weil's darübersteht. Tatsächlich sehe ich auf dem Blatt einen Kreis, den acht Linien in acht gleichgroße Tortenstücke unterteilen.

Jede Linie ist von der Mitte nach außen mit Zahlen von eins bis zehn versehen. Und jede symbolisiert laut Beschriftung einen Lebensbereich: Karriere, Geld, Gesundheit, Freunde und Familie, Partnerschaft und Beziehung, Weiterentwicklung, Spaß und Erholung, Umwelt und Wohnung. Wenn ich eine Eins ankreuze, also bei mir Defizite sehe, befindet sich das Kreuz in der Nähe der Mitte, bei einer Zehn, dem Optimum, liegt es außen auf der Kreislinie. Sibylle lässt mich nun einige Minuten lang allein, und ich soll bei jeder Lebensbereichslinie eine Punktzahl ankreuzen.

Das ist schnell getan. Ich trinke noch ein Glas Rasenschnitt-Wasser und betrachte minutenlang in meditativer Versenkung die Salzlampe, bevor Sibylle zurückkehrt. »Jetzt musst du all deine Kreuze in diesem Kreis verbinden, und dann sehen wir, ob dabei ein Rad herauskommt, das einigermaßen rundläuft«, erklärt sie.

Rundlaufen? Nö. Ein Achsenbruch ist hier vorprogrammiert. Ich habe zwar fast überall eine Punktzahl im oberen Drittel angekreuzt, und diese Kreuze hätten im Prinzip ein ganz gutes Rad ergeben, wenn da nicht dieser eine Lebensbereich wäre: Spaß und Erholung. Da habe ich mir gerade mal zwei von zehn Punkten gegeben.

»Na, das ist ja ein eindeutiges Bild«, sagt Sibylle und reibt sich die Hände. »Da siehst du jetzt sehr schön, in welchem Lebensbereich du noch Nachholbedarf hast. Für eine ausbalancierte Figur brauchst du auch ein ausbalanciertes Leben.«

Okay, das ist wirklich offensichtlich. Aber wie soll ich daran was ändern? In ein paar Wochen bin ich in Thailand, dann habe ich Spaß und Erholung. Aber vorher wird's nichts. Hallo? Ich will abnehmen! Das ist definitiv kein Spaß.

»Das ist jetzt deine Hausaufgabe«, sagt Sibylle. »Bis zu unserer nächsten Sitzung machst du dir Gedanken, wie du mehr Spaß und Erholung in dein Leben integrieren kannst.«

»Ähm, Sibylle …« Ich zögere. »Ich weiß im Moment noch nicht

mal, wie ich unsere nächste Sitzung in meinen Alltag integrieren kann. Ich habe einen Job, zwei Kinder, einen Hund, einen Haushalt und mehrere Senioren in der Familie, die alle Hilfe brauchen. Ich verbringe viel Zeit in Krankenhäusern, Arztpraxen und Altenheimen. Spaß und Erholung findet man an diesen Orten eher nicht. Und wenn ich da mal nicht bin, schleppe ich Möbel und richte Studentenwohnungen ein oder versuche auf Elternabenden das Punktezählsystem für die Abiturnote zu verstehen. Ich will jetzt wirklich kein Mitleid, aber ich bin das, was Soziologen ein Sandwich nennen: Ich bin wie eine Frikadelle eingeklemmt zwischen den Verpflichtungen durch meine Kinder und durch meine Eltern und Schwiegereltern.«

Schon beim Wort »Sandwich« beginnt mein Magen zu knurren, trotz Rasenschnitt-Wasser. Und der Gedanke an die Frikadelle ist noch fieser. Aber das sage ich nicht. Und was ich auch nicht sage: In meinem Kopf ist plötzlich der Gedanke, dass ich mehr Zeit und Geld für Spaß und Erholung haben könnte, wenn ich für die hundert Euro, die diese Stunde bei Sibylle kostet, mit meinem Mann essen gehen würde. Aber das geht ja nicht. Ich will doch abnehmen, und da ist Essengehen natürlich kontraproduktiv.

Sibylle scheint meine Gedanken zu ahnen. »Wir lassen das jetzt hier einfach mal so stehen und kommen nächstes Mal darauf zu sprechen«, sagt sie. »Zurück zu deiner Diät.«

»Ernährungsumstellung«, verbessere ich sie. »Ich mach doch keine Diät, wegen Jo-Jo-Effekt und so.«

»Ja, stimmt. Also zurück zu deiner Ernährungsumstellung.« Und dann erklärt sie mir das Konzept von Metabolic Balance.

Nach ein paar Minuten schwirrt mir der Kopf. Zuerst Blut abnehmen und eine detaillierte Analyse machen. Kostet ungefähr dreihundert Euro. So erfahre ich, welche Stoffe mir fehlen und welche Nahrungsmittel mir guttun. Und darauf wird dann mein individueller Ernährungsplan abgestimmt.

Sie zeigt mir ein Beispiel – und ich erbleiche. Drei Mahlzeiten am Tag, dazwischen mindestens fünf Stunden Pause, das gilt für alle Personen, unabhängig von der Blutanalyse. »Du darfst keine Mahlzeit ausfallen lassen, sonst wird der Stoffwechsel nicht aktiv«, sagt Sibylle und blickt mich ernst an.

Ähm. Ausfallen lassen? Das kann ich komplett ausschließen. Die Mengen, die ich verzehren darf, bewegen sich nämlich im zweistelligen Grammbereich. Ich würde niemals auf eine Mahlzeit verzichten. Was aber viel schlimmer ist: Ich darf keine hinzufügen. Dafür darf ich Wasser trinken, das muss ich sogar. Und zwar in solchen Mengen, dass ich beim Laufen gluckern werde. Ich soll auch jede Mahlzeit zelebrieren und ganz langsam essen. Das ist schwer bei Portionen, die man mit einem heftigen Atemzug aus Versehen inhalieren könnte. Beginnen muss ich immer mit zwei Bissen Eiweiß. Dann kommt in meinem Körper nämlich die Eiweißverdauung in Gang, und mein Insulin saust nicht in ungewollte Höhen. Und ganz wichtig: Jeden Tag drei verschiedene Sorten Eiweiß, aber bei jeder Mahlzeit jeweils nur eine. Also nur Fisch oder nur Käse oder nur Ei. Und dazu Obst- und Gemüsesorten, die laut Blutanalyse gut für mich sind. Noch Fragen?

»Jau«, sage ich. »Bist du sicher, dass diese Ernährung wie geschaffen für meine Steinzeitgene ist? Ich kann mir nämlich gar nicht vorstellen, dass die Höhlenmenschen zu jeder Tageszeit ein anderes Eiweiß gejagt haben. Und dass sie die Nahrung in Gramm-Portionen gegessen haben. Und ich kann auch nicht glauben, dass irgendwelche Schamanen vorher Blut untersucht haben, um herauszufinden, wer im Stamm was essen darf.«

»Natürlich haben sie das nicht«, sagt Sibylle etwas säuerlich. »Damals haben die Natur und die Jahreszeiten dafür gesorgt, dass jeder automatisch die richtige Ernährung gefunden hat.«

Klar, denke ich. Deswegen sind die damals auch mit Mitte zwanzig an Altersschwäche gestorben.

»Ich spüre Vorbehalte bei dir.« Sibylle runzelt die Stirn.

»Stimmt. Ich sehe nicht ganz, was dieses Konzept zur Ernährungsumstellung macht. Für mich klingt das irgendwie nach Diät. Und nach einer komplizierten noch dazu.«

»Die Kilos müssen eben erst mal weg«, meint Sibylle. »Und du lernst dabei ein ganz anderes Verhältnis zu Nahrungsmitteln. Eine höhere Wertschätzung und Achtsamkeit. Danach siehst du deine Mahlzeiten und deinen Körper mit völlig anderen Augen.«

Ja, das glaube ich. Es muss ein schreckliches Gefühl sein, wenn einem das komplette Mittagessen zwischen den Zähnen stecken bleibt und man plötzlich nichts mehr zum Runterschlucken hat.

»Und wie sieht dabei dein Coaching aus?«, will ich wissen.

»Ich begleite, unterstütze und motiviere dich auf diesem Weg.« Sie schenkt mir noch ein Glas Graswasser ein. Dann deutet sie auf eine Liege, die an der Wand steht. »Beim nächsten Mal fangen wir mit einer Bauchmassage an. Danach hast du ein vollkommen neues Bauchgefühl.«

Ich verschlucke mich an einem Xiancao-Blatt. Wie jetzt? Ich soll da liegen, und sie massiert mir den Bauch?

Garantiert nicht. Niemand massiert meinen Bauch. Pfoten weg von meinen Problemzonen! Ich schwöre: Niemand auf diesem Erdball bringt seine Hände in der Nähe meines Bauchs auch nur in Massagestellung, ohne dass ich ihn oder sie anfalle und zerfleische. In der anschließenden Gerichtsverhandlung werde ich auf Notwehr plädieren und vermutlich auch damit durchkommen, denn ich werde in meiner Argumentation sehr überzeugend sein.

Wieder spürt Sibylle meine Skepsis, was vermutlich nicht schwer ist, denn ich merke selbst, wie ich allein bei dem Gedanken an meinen Bauch die Zähne fletsche. »Lass das mal auf dich wirken und denke darüber nach«, schlägt sie mit sanfter Stimme vor und schaltet die Salzlampe aus. Meine Zeit ist um.

Zeige mir deine Blutwerte, und ich sage dir, was du essen darfst – Metabolic Balance

So lautet das Versprechen: Durch eine Ernährungsumstellung kommt der Stoffwechsel ins Gleichgewicht, und die Pfunde purzeln.

Das Konzept: Nach einer Blutanalyse erhält man von einem Ernährungsberater einen per Computer individuell abgestimmten Ernährungsplan. Auf zwei Entlastungstage mit leichter Ernährung und Abführmitteln folgt Phase zwei, jetzt gibt es drei eiweißreiche Mahlzeiten pro Tag, bei denen die winzigen Lebensmittelmengen sorgfältig abgewogen werden müssen, damit auch kein Gramm zu viel auf Teller und Hüften landet. Nach zwei Wochen darf ein bisschen Öl an die Mahlzeiten, darauf folgen die Phasen drei und vier, in denen die Regeln langsam gelockert werden.

Das sagen Befürworter: Man nimmt rasch ab.

Das sagen Kritiker: Kein Wunder, wenn man nichts isst! Eine Bestimmung der Blutwerte wäre dafür auch nicht zwingend notwendig, so einige Ernährungswissenschaftler.

Das sage ich: Nahrungsmittel abwiegen, Fette und Kohlenhydrate reduzieren – also, das halte ich garantiert nicht mein Leben lang durch. Für mich ist der Jo-Jo-Effekt damit vorprogrammiert.

Durchhaltetipps: Bei Anfechtungen schnell die Augen zumachen und fest ans Geld denken! Das Programm ist schließlich teuer, dafür will man Erfolge sehen. Und: Bei Problemen aller Art immer die professionellen Betreuer von Metabolic Balance kontaktieren, dazu sind sie schließlich da.

Zum Weiterlesen: Dr. med. Wolf Funfack: *Metabolic Balance zum Einsteigen. Die Basics zur Stoffwechselumstellung.* München 2014

Nach dem Besuch bei der Ernährungsberaterin sinke ich enttäuscht in den Sitz meines Autos. Außer Spesen nichts gewesen. Metabolic Balance – das ist nichts für mich. Ich will keine Kalorien zählen und kein Essen abwiegen, ich will nicht tagein, tagaus nur noch an meine Ernährung denken. Ich will ich sein, nur in Dünn. Und was ich überhaupt nicht will, das sind fremde Hände an meinem Speck.

Ich weiß: Sibylle kann ich für meine Enttäuschung nicht verantwortlich machen. Was sollte sie denn tun, um mich vom Kühlschrank fernzuhalten? Einen Bannzauber aussprechen? Oder sich im Flur neben den Hund legen und knurren, wenn ich in die Küche schleiche? Ich habe Menschenunmögliches von ihr verlangt.

Und zum Thema Bauchmassage: Mein Horror davor ist garantiert eine individuelle Marotte von mir. Dafür kann Sibylle auch nichts. Vermutlich gibt es viele Menschen, die solche Massagen mögen und denen sie helfen, sonst würde Sibylle sie ja nicht anbieten. Bei mir könnte eine solche Bauchmassage höchstens als Drohung funktionieren, nach dem Motto: »Wenn du nicht abnimmst, komme ich und massiere dir den Speck.« Ich würde sofort meinen Mund zuklappen und sämtliche Nahrung verweigern. Aber so hat Sibylle das garantiert nicht gemeint.

Nein, Sibylle und ich, wir passen nicht zusammen. Ich brauche ein anderes Abnehmkonzept, und zwar schnell, denn Anja und Lucinde melden schon Erfolge.

Aus meiner Hosentasche ziehe ich mein Handy heraus und schalte es aus, damit ich nicht schon wieder lesen muss, wie *wenig* Anja und Lucinde essen und wie *wenig* Hunger sie trotzdem haben – und wie *gut* sie sich fühlen und wie *unverständlich* sie es finden, dass irgendjemand auf dieser Welt freiwillig süße, fettige Nahrungsmittel in sich hineinstopft, wo man die doch gar nicht braucht.

Okay, denke ich und lasse meinen Kopf aufs Lenkrad sinken. Vielleicht haben die beiden ja recht. Vielleicht sollte auch ich möglichst schnell und radikal abnehmen. Mit einer Diät. Eigentlich klingt es doch ganz gut: ein paar Wochen Disziplin, und das Thema Speck ist im wahrsten Sinne des Wortes vom Tisch. Warum sperre ich mich denn so dagegen? Es gibt wirklich Schlimmeres.

Aber eine miese kleine Stimme in meinem Hinterkopf flüstert mir warnende Worte zu: Jo-Jo-Effekt! Und: Stimmt das denn, was Anja und Lucinde da behaupten? Sind die wirklich fit? Und haben die wirklich keinen Hunger? Ich schalte mein Handy doch wieder ein und lese ihre Nachrichten.

Anja
600 Kilokalorien abgenmmen. Das mcht 1 und 3/4 Brötchen ohne Belag. 65, 65, 65, 65, ich komme. Ich fühl mich guuuuuut!!!   16:15

Lucinde
Wusstet ihr, dass man beim Shoppen Lakorien verbraucht? In fünfzehn Minuten verbrennt man dreißig, also so viel wie in einem Stück Schokolade steckt. Das macht vier Schokostücke in einer Stunde. Also pro Shopping-Tag … ach, rechnet selbst.   16:22

Anja
Schkolade? Brauch ich nicht mehr. Ich kann auch ohne glcklich sein. Ich bin so guuuut drauf. 16:33

Lucinde
Ich muss soweiso shoppen gehen, weil meine Hose rutscht.   16:35

Mara
Bäääääh!!! Ich bin dann mal weg. 16:40

Auffällig sind die vielen Tippfehler in diesen Jubelnachrichten. Entweder sind Anja und Lucinde so schwach, dass sie ihre Finger nicht mehr koordiniert auf dem Display bewegen können, oder ihren Gehirnen fehlen gerade wichtige Nährstoffe. Lebenswichtige. Und was auch auffällig ist: Wenn die beiden tatsächlich keinen Hunger mehr haben, warum schreiben sie dann von nichts anderem als vom Essen? Und wenn die Mädels wirklich fit und leistungsfähig sind, warum kreisen sie pausenlos ums Thema Diät, statt die Welt zu retten oder ein paar Atome zu spalten oder wenigstens eine nette, aufmunternde, freundliche Nachricht an ihre dicke, frustrierte Freundin zu schreiben?

Nee, da ist was faul! Schade, dass bei uns allen zu Hause keine Webcams installiert sind. Ich würde zu gern mal sehen, was die beiden wirklich tun.

Aber dann zwinge ich mich wieder zur Ordnung. Bevor ich darüber nachdenke, was andere tun, sollte ich lieber mal selbst tätig werden. Was ist denn nun mit meinem tollen neuen Abnehmkonzept? »Low hunger, low pain, no sports.« Sieht so aus, als könnte ich jetzt noch dahinter schreiben: »no success«, oder?

Nein! So weit bin ich noch nicht! Bis zu unserer Reise habe ich noch ein paar Wochen Zeit. Ich richte mich auf, starte den Motor und fahre los. Heim. Und um mich vom Kühlschrank fernzuhalten, recherchiere ich, was eigentlich mit meiner Willenskraft und mir los ist. Warum schaffe ich es nicht, die Zähne zusammenzubeißen und mir nichts in den Mund zu schieben, obwohl ich das so dringend will?

Marapedia – die etwas andere Enzyklopädie

Brain-Pull-Inkompetenz

Wow! Ich bin brain-pull-inkompetent, wie ich bei meinen Recherchen erfahre. Klingt fast wie inkontinent, ist aber was anderes: Mit Brain-Pull-Inkompetenz ist die Unfähigkeit des Gehirns gemeint, ganz laut »Hallo« zu schreien, wenn's im Körper um die Verteilung von Energievorräten geht. Mein Gehirn leidet also quasi an Unterernährung, obwohl mein Körper genug zu essen hat, und zwar weil es sich bei der Verteilung der Energierationen nicht richtig durchsetzen kann.

Wer mich kennt, glaubt jetzt vielleicht nicht unbedingt, dass mein Gehirn an mangelnder Durchsetzungskraft leidet, denn es sitzt ja genau da, wo ich meinen Dickkopf habe. Aber solche Zweifel sind hier nicht angebracht. Ich leide garantiert unter Brain-Pull-Inkompetenz, denn alle Übergewichtigen tun das.

1. Wer hat's erfunden?
2. Was ist das genau?
3. Und warum macht das dick?
4. Die gute und die schlechte Nachricht

1. Wer hat's erfunden?
Der Lübecker Medizinprofessor Achim Peters (* 1957) ist Spezialist für Fettleibigkeit, und er hat diesen Begriff entwickelt.

2. Was ist das genau?

Die Brain-Pull-Inkompetenz ist der Grund dafür, warum übergewichtige Menschen immer noch essen, obwohl sie eigentlich rund um Taille und Hüfte genug Nahrungsvorräte für viele, viele Hungerjahre hätten.

Der Energiestoffwechsel des Denkorgans funktioniert ganz stark vereinfacht so: Wenn das Gehirn vor einer Aufgabe steht und dafür Energie benötigt, muss es dies dem Körper durch die Ausschüttung der Stresshormone Adrenalin und Cortisol melden. Und der muss dann eigene Energie aus Speichern in Blut und Leber rausrücken. Er hat nämlich genug davon, und das Gehirn geht im Körper immer vor.

Diesen »Hungerruf« des Gehirns nennt man Brain-Pull. Wenn das Gehirn aber zu leise ruft, bekommt es zu wenig Power vom Körper.

Nun ist es aber nicht so, dass dieses säuselnde Gehirn auch sonst ein willensschwacher Leisetreter wäre. Das sind Gehirne nämlich nie. Sie sind egoistische Diktatoren, und wenn sie Energiemangel haben, werden sie richtig biestig. Das ausgehungerte Säusel-Gehirn greift also zu Plan B: Es verschafft sich die Nahrung, indem es seinen Menschen zum Essen zwingt, und zwar mit aller Gewalt. Denn wenn dieser Mensch sich Kalorien in den Mund schiebt, kursiert kurze Zeit später Glukose in seinem Blut. Und hier kann das hungrige Hirn Energie tanken, ohne mit dem Körper um Reserven zu verhandeln.

Das mit dem Zwingen muss man übrigens wörtlich nehmen. Das Gehirn ist zu schaurigen Zwangsmaßnahmen in der Lage, um seinen Besitzer zum Essen zu drängen: Schlaflosigkeit, Unruhe, Schwäche, Gedankenkreisen, Aggressionen etc. Studien haben gezeigt: Nach dem Wegfall von sechs Mahlzeiten werden Menschen zu Hyänen. Da sind sie nicht mehr sie selbst.

3. Und warum macht das dick?

Das beschreibt Achim Peters anhand eines sehr anschaulichen Beispiels: Isst man zwei Brötchen, müsste bei einem normalen Hirnstoffwechsel gerecht geteilt werden: Der Körper bekommt eins und das Gehirn auch. Bei einer Brain-Pull-Inkompetenz schreit das Gehirn aber nicht laut genug. Also bekommt es nur ein halbes Brötchen, und der Body sackt eineinhalb ein. Und was tut das Gehirn? Es will seine andere Hälfte dennoch haben und terrorisiert aus diesem Grund seinen Menschen so lange, bis er noch zwei weitere Brötchen isst. Zwar bekommt das Hirn davon auch wieder nur ein halbes, aber damit ist es jetzt zufrieden.

Der Körper hat nun drei Brötchen, von denen er zwei eigentlich weder braucht noch wollte, aber so ist es jetzt eben. Er packt sie irgendwohin, wo sie ihn nicht stören, denn wegschmeißen geht leider nicht. Und der Speicherort ist bei jedem von uns genetisch vorprogrammiert. Bei mir ist's der Bauch.

4. Die gute und die schlechte Nachricht

Erst einmal die gute: Ich kann also nichts dafür, wenn ich zu dick bin. Ich bin *nicht* maßlos, disziplinlos, verfressen und faul. Ich bin lediglich ein Sklave meines Gehirns, wie alle Menschen, auch die dünnen.

Und jetzt die schlechte: Wenn man einmal eine Brain-Pull-Inkompetenz hat, wird man sie nur ganz schwer wieder los. Wer abnehmen will, muss sein Gehirn also umprogrammieren. Genau das, was ich vorhatte!

Zum Weiterlesen

Achim Peters: *Das egoistische Gehirn. Warum unser Kopf Diäten sabotiert und gegen den eigenen Körper kämpft.* Berlin 2012

Die hCG-Diät – Glaube daran, dass alles möglich ist, solange du nicht das Gegenteil erfahren hast

Ich will auch Ilona F. oder Susanne G. sein. Selbst Jürgen H. oder Frank P. wären mir recht. Im Ernst. Alle haben etwas gemeinsam – sie nennen ihren Nachnamen nicht. Man könnte meinen, sie hätten schlimme Krankheiten oder werden gar von der Polizei gesucht. Aber nein! Mitnichten!

Diese Menschen haben alle ganz unglaublich viele Kilos abgenommen und sind jetzt das Aushängeschild von Diät-Storys oder Werbeanzeigen für sogenannte »Wohlfühl-Produkte«.

Leider bin ich noch meilenweit entfernt davon, Lucinde H. zu sein, dafür aber süchtig nach Vorher-nachher-Bildern und Geschichten von anderen. All diese glücklichen, schlanken Nachher-Ichs strahlen so viel Selbstbewusstsein und Stolz aus – das will ich auch. Unbedingt und sofort. Warum sie aber alle ohne Nachnamen auftreten, verstehe ich nicht – da sollte man doch mega-glücklich sein, oder?

Dank Anja weiß ich, dass man sich den Erfolg auch schon mal bildlich vorstellen soll. Visualisieren, wie das superschlanke Erfolgs-Ich nachher aussieht. Klappt bedingt, auch wenn ich es tausendmal probiere:

Ich bin Lucinde H.

Ich bin Lucinde H.

Ich bin … leider im Moment noch im Vorher-Modus.

Schon gut. Es müssen auch nicht unbedingt minus fünfzehn Kilo sein, Hauptsache, ich sehe vor unserem Urlaub genauso glücklich und erfolgreich aus wie all die Menschen, die Metabolic Balance oder alle anderen super trendy Hardcore-Quälkuren gemacht haben und nicht gescheitert sind. Im Scheitern bin ich nämlich leider sehr gut. Jedenfalls besser als im Abnehmen.

Wer auch immer für meinen Körperbau zuständig war, hat es eigentlich ganz gut gemacht. Ich bin vermutlich das, was andere Menschen als »normal« bezeichnen würden. Ich selbst weiß aber trotzdem, dass ich schon mal achtundsechzig Kilo gewogen habe und damit sehr zufrieden war. Das sind (wohlwollend abgerundet) elf Kilo weniger als jetzt. Und leider war das auch im letzten Jahrtausend. Aber das ist mir egal. Es ist schließlich immer noch derselbe Körper! Nur weil ich ein paar Jahre älter geworden bin, vier Kinder bekommen habe, seit diesem Zeitpunkt unzählbare Mahlzeiten gekocht und heimlich die Reste gegessen habe, heißt das doch noch lange nicht, dass ich nicht bestimmen kann, wie ich aussehe. Oder?

Vermutlich ist es an der Zeit, trotzig zu werden. Mir selbst Motivationssätze zuzurufen à la: »ICH WILL! ICH KANN! ICH WERDE!« und mir gleichzeitig klarzumachen, dass ich, wenn ich etwas erreichen möchte, was ich noch nie erreicht habe, etwas dafür tun muss, was ich noch nie getan habe. Ja, mein Körper soll so schlank sein wie früher. Einerseits. Aber er soll auch straff sein, wie er noch nie in meinem Leben war. Und da reicht es einfach nicht aus, nur die Schokolade wegzulassen. Schade eigentlich.

Ich will ehrlich sein: Zu behaupten, ich hätte noch nie eine Diät gemacht, wäre eine glatte Lüge.

Ich habe schon viele Diäten hinter mir – allerdings sehr kurze. Wir sprechen hier von einem Zeitraum zwischen zwei Stunden (Heilfasten) und zwei Tagen (F. X.-Mayr-Kur; entgiften mit Brötchen und Milch). Jawohl. Das heißt, ich bin zwar Diät-erfahren, aber meine bisherige Bilanz ist miserabel. Ich bin null diszipliniert und bekomme sofort Hunger, wenn ich etwas zu Essen sehe. Im »Nein-Sagen« bin ich eine Katastrophe, also sage ich

»ja«. Ja zu Schokolade und Milchkaffee, ja zu Käse und Wein, zu Nudeln und zu Gummibären. Ich halte es diesbezüglich wie die Engländer mit ihrer Seefood-Diät (nein, das ist kein Schreibfehler und es handelt sich dabei auch nicht wirklich um Seafood – also um Meeresfrüchte). Die Diät geht nämlich ganz einfach so: »Eat all the food you can see.« Das ist meine Ernährungsform. Leider.

Jetzt aber, da wir drei das Ganze gemeinsam durchziehen wollen, kann ich schlecht einknicken. Wie sähe denn das aus?

Und womöglich schreiben Mara A. und Anja K. schon Vorher-nachher-Erfolgsgeschichten, während ich noch auf meine Schokolade heule und »Ich kann nicht! Ich kann nicht!« rufe. Nein. Einen gewissen Ehrgeiz habe sogar ich.

Also, Augen zu und durch.

Mara empfiehlt mir Metabolic Balance. Diejenigen, die es gemacht haben, waren hinterher alle begeistert (und auch schlanker). Mich hat das Konzept trotzdem nicht gänzlich überzeugt. Zu kompliziert, zu teuer und zu geheim.

Ich will wissen, was passiert und warum. Und dann auch noch Blut abnehmen – lieber nicht. Als Heilpraktikerin habe ich außerdem schon selbst viele Ernährungsumstellungen empfohlen, und ehrlich gesagt, bin ich lieber am anderen Ende der Spritze. Im Grunde weiß ich, wie man sich ernähren sollte. Aber es ist tausendmal einfacher, anderen Menschen zu sagen, was sie alles nicht mehr essen dürfen, als bei der eigenen Person irgendeine ungesunde, aber heiß geliebte Ernährungssünde sein zu lassen. Ich persönlich könnte zum Beispiel problemlos auf Chips, Flips und Eis verzichten. Auch fettes Fleisch und Wurst brauche ich überhaupt nicht. Ein Glas Prosecco mag ich zwar, aber ich kann auch ohne Alkohol lustig sein (es sei denn, man fragt meine Kinder – die finden mich mit und ohne *peinlich!*).

Wenn aber einer an meine Schokovorräte geht, wird es

schwierig. Schokolade ist mein Trost, mein Antrieb, mein Glück und mein Verderben. Allerdings habe ich gelesen (und glaube felsenfest daran), dass dunkle Schokolade gesund ist. Senkt sie nicht den Blutdruck? Macht sie nicht schlank und schön? Heidi Klum isst jeden Tag zwei. Na gut: Im Gegensatz zu mir Stückchen, nicht Tafeln. Aber immerhin. Es ist ein Anfang.

Metabolic scheidet jedenfalls für mich aus.

Schade, dass es keinen Diättest im Internet gibt, bei dem ich ein paar Fragen beantworten muss, und hinterher empfiehlt man mir eine Diät, die perfekt zu mir passt. Aber in dem Fitnessstudio meines Vertrauens wird gerade ein begleitetes Abnehmen mit der hCG-Diät angeboten.

Ob das was für mich ist?

Beim Info-Abend erfahre ich, dass es sich dabei um eine ganz tolle, innovative und neuartige Diät handelt, bei der das Fett individuell da schmilzt, wo es schmelzen soll (in meinem Fall am Hintern), und nicht da, wo es eh nichts zu holen gibt (bei mir: Gesicht und Busen). Während der Diät muss man homöopathische Kügelchen zu sich nehmen, die durch das Schwangerschaftshormon hCG (Humanes Choriongonadotropin; daher auch der Name der Diät) dafür sorgen sollen, dass man keinen Hunger hat und super gut drauf ist.

Äh – Moment. Denkfehler: Ich war oft genug schwanger, um zu wissen, dass ich da in keinster Weise immer gut drauf war. Ganz im Gegenteil, um ehrlich zu sein. Fragt man meinen Mann, so sagt er, dass er mich damals jedes Mal gern verlassen hätte. Aber das macht man schließlich nicht mit einer Schwangeren. Bin froh, dass er geblieben ist. Herzlichen Dank. Will ich jetzt das Risiko wirklich noch einmal eingehen? Wirklich?

Ich habe es versprochen. Und ja: Ich will.

Ich fange an zu recherchieren. Je nach Körpergröße und Muskelmasse verbraucht eine Frau rund 1900 Kilokalorien pro Tag, ein Mann 2400. Voll unfair, wenn ihr mich fragt. Männer müssen dadurch viel weniger machen, um abzunehmen. Außerdem vertragen sie mehr Alkohol, weil der männliche Körper besser damit zurechtkommt. Und das hat nichts mit der Körpergröße zu tun, das hab ich selbst bei verschiedenen Gelegenheiten ausprobiert – und büßen müssen. Das liegt einzig am effektiveren Stoffwechsel der Männer. Mit meiner Körpergröße von einem Meter und dreiundachtzig Zentimetern bin oft genug sogar größer als die Männer in meinem Umfeld, und doch bin *immer* ich diejenige, die am nächsten Tag nach einem netten Abendessen mit Freunden Kopfschmerzen hat. Dabei habe ich meistens deutlich weniger getrunken.

Aber was bei Männern und Frauen immerhin gleich ist: Eine geringere Kalorienzufuhr bewirkt, dass der Körper auf eigene Ressourcen zurückgreift und wir somit abnehmen. Also: Je weniger Kalorien, desto höher die Gewichtsabnahme. Logisch. Und nichts Neues.

Aber so einfach ist es dann wieder doch nicht. Ganz im Gegenteil. Das, was unser Stoffwechsel tut, hat sich – im Gegensatz zum Nahrungsmittelangebot und der Beschaffungsmethode – seit der Steinzeit nicht verändert. Bedeutet: Wenn wir ganz plötzlich und drastisch die Kalorienzufuhr reduzieren, denkt unser System noch heute, dass wir in einer Notsituation sind. Sofort drosselt es den Energieverbrauch. Woher soll unser Steinzeitkörper auch wissen, dass es nicht viele Wochen dauern wird, bis wir wieder ein Mammut erlegen, sondern dass der Supermarkt gleich um die Ecke alles hat, was das Herz begehrt? Ach, wenn der Stoffwechsel nur Augen hätte!

Ob damals oder heute, wenn die Energie knapp wird, ist der Körper geizig mit seinen Ressourcen. Sprich: mit dem Fett, das er abbauen kann, um Energie zu erzeugen. Selbst wenn das mit den Mammuts nicht mehr den Tatsachen entspricht.

Was wir verlieren, wenn wir kaum noch Kalorien zu uns nehmen, ist natürlich schon Fett, aber in erster Linie sind es Wasser und leider auch Muskelmasse. Von der wollen wir aber gar nichts hergeben. Denn je mehr Muskeln wir haben, desto mehr Energie verbrauchen wir – und desto mehr schmilzt das Fett. Sogar im Ruhezustand.

Wie können wir jetzt aber den Körper dazu bringen, dass er die lästigen Igitt-Fett-Kilos tatsächlich loslässt, noch am besten da, wo wir sie nicht haben wollen? Na?

Ich habe keine Ahnung.

Die hCG-Diät-Info-Seite aber schon.

Der Körper, vielmehr der Stoffwechsel, will überlistet werden. Laut der hCG-Diät geht das so:

Angeblich ist der Körper doch bereit, auf seine Fettreserven zurückzugreifen und Wasser und Muskeln zu verschonen. Aber nur unter einer Bedingung: Schwangerschaft.

Bei einer Schwangeren setzt der Stoffwechsel nämlich schon seit Urzeiten das Fett um, das sie sich in guten Zeiten angefuttert hat. Um das ungeborene Kind zu schützen, hat der Körper alles gegeben. Vor allem sein Fett. Die Muskeln und das Wasser darf die Schwangere behalten. Auch dies dient schließlich dem Schutz und der Entwicklung des Ungeborenen. Fast unglaublich: Dieses Prinzip funktioniert angeblich auch bei Männern. So schlau ist der Körper dann wohl doch wieder nicht …

Jedenfalls ist das Kernstück der hCG-Diät die Zufuhr von Schwangerschaftshormonen. Hmm. Je mehr ich darüber nachdenke, um so weniger ist mir das geheuer. Denn man kann nicht unbedingt abschätzen, was Hormone im Körper bewirken. Man kann sich schließlich nicht die Wirkweisen aus einem Medikament herauspicken, die einem gerade in den Kram passen, ohne die Nebenwirkungen in Kauf nehmen zu müssen. Obwohl – oder gerade weil – es homöopathisch ist.

Homöopathische hCG-Hormone gibt es in Spritzenform, als Sprays, Kügelchen oder Tropfen. Egal für welche Form man sich entscheidet, laut Hersteller (und laut Homöopathie generell) ist immer nur die Information von einem Stoff enthalten und niemals der Stoff selbst.

Nach reiflicher Überlegung lasse ich mich trotzdem darauf ein. Ich beschließe, keine Vorurteile zu haben, auch wenn es mir schwerfällt. Aber genügend Menschen vor mir haben die Diät ausprobiert und sind begeistert. Wieso sollte es bei mir anders sein?

Tadaaa – die viel gerühmte und brandaktuelle hCG-Diät

So lautet das Versprechen: Einundzwanzig Tage, die Ihren Stoffwechsel und Ihr Leben verändern.

Das Konzept: Maximal 500 Kalorien pro Tag plus Nahrungsergänzungsmittel und dazu das Schwangerschaftshormon hCG homöopathisch aufbereitet in Tropfen-, Spritzen- oder Globuliform.

Das sagen Befürworter: Man verliert nicht nur Gewicht, auch der Stoffwechsel wird komplett neu eingestellt, der Säure-Basen-Haushalt ausbalanciert und der Darm saniert.

Das sagen Kritiker: Mit Hormonen sollte man nicht experimentieren – auch nicht in homöopathischer Form.
Und: Wer nur 500 Kalorien zu sich nimmt, verliert immer an Gewicht. Hinzu kommt, dass die Nahrungsergänzungsmittel sehr teuer sind.

Das sage ich: Drei Wochen nur 500 Kalorien? Keine Kohlenhydrate? Selbst auf ölige Cremes verzichten? Hört sich für mich nach ausreichend Hardcore an. Außerdem ist die hCG-Diät momentan absolut in. Ein Grund mehr, sie sofort auszuprobieren.

Durchhaltetipps: Wurde der Hunger zu groß, ging ich spazieren, statt um den Kühlschrank zu kreisen. Sobald man draußen ist, denkt man nicht mehr ans Essen und verbrennt dabei auch noch Kalorien. Natürlich konnte ich nicht bei jeder Heißhungerattacke den Schreibtisch verlassen, sonst wäre ich vermutlich die ganzen drei Wochen während dieser Diät nur draußen anzutreffen gewesen. Aber ab und zu war das schon möglich und tat total gut.

Bei Müdigkeit empfiehlt sich: schlafen. Super Trick! Natürlich ist auch dieser Rat nicht gerade leicht ins Berufsleben zu integrieren, aber nach den ersten Tagen wird die Erschöpfung besser. Versprochen. Bis dahin sollte man gut zu sich und seinem Körper sein, immer mal wieder eine kurze Siesta halten und früh ins Bett gehen. Wer sich die Pausen nicht gönnt, bekommt Kopfschmerzen, schlechte Laune und Hunger. Und muss dann wieder spazieren gehen. Prima.

Auch wichtig: Man muss bei dieser Diät gut planen, denn die Mahlzeiten müssen genau abgewogen werden und eine ganz bestimmte Zusammensetzung haben. Mal in der Mittagspause irgendwo eine Kleinigkeit essen, fällt komplett weg.

Wer sich für die hCG-Kur entscheidet, sollte sich außerdem unbedingt eine Gruppe suchen. Für die Motivation, die Ratschläge und die Antworten auf all die vielen Fragen, die garantiert auftauchen (und mit denen man vorher niemals gerechnet hat), ist das sinnvoll.

Bei anhaltenden Beschwerden wie Schmerzen, Übelkeit oder Erbrechen sollte man sich unbedingt an den Hausarzt wenden.

Und nein: *Hunger* ist keine Beschwerde!

Zum Weiterlesen: Arno Schikowsky, Dr. med. Rudolf Binder, Christian Mörwald: *Die 21-Tage-Stoffwechselkur.* Reutlingen 2014; Anne Hild: *Das hCG-Kochbuch.* Bielefeld 2014; Anne Hild: *Die hCG-Diät. Das geheime Wissen, der Reichen, Schönen & Prominenten* Bielefeld 2011; siehe auch: www.die-hcg-diaet.de

Die ersten beiden Tage der hCG-Diät sind Vorbereitungstage. Während dieser Zeit nimmt man schon die hCG-Kügelchen, um dem Köper zu signalisieren, dass es bald ans Eingemachte geht. Diese achtundvierzig Stunden heißen Ladetage, und der Name ist Programm. Denn gleichzeitig darf man seine Fettspeicher noch einmal so richtig auffüllen und essen, was das Herz begehrt. Genau so habe ich mir das vorgestellt. Ich mag diese Diät jetzt schon!

Übrigens habe ich mich davor von meiner Hausärztin durchchecken lassen. Herz, Lunge, Kreislauf, Blutdruck – alles okay. Das ist wichtig, denn der Körper wird, wie gesagt, bei einer solchen Diät ganz schön gefordert. Die Leber muss mit all den Giftstoffen klarkommen, die vermehrt aus dem Körper ausgeleitet werden. Der Kreislauf kann einbrechen, man fühlt sich womöglich schlapp oder bekommt Kopfschmerzen. Selbst wenn das bei einer Diät, bei der man aufgrund der geringen Nahrungsaufnahme Mineralien, Vitamine und Nährstoffe extrem reduziert, nicht außergewöhnlich ist, so sollte man auf gar keinen Fall seine Gesundheit riskieren. Keiner will Herzrhythmusstörungen bekommen, Nierensteine oder Koliken. Ich jedenfalls nicht.

Zum Glück gibt es sämtliche Vitalstoffe auch in Kapselform, und Biggi, die Betreuerin der hCG-Kur in meinem Fitnessstudio, stellt mir einen Plan zusammen, wann ich was und wie viel davon nehmen soll. Meine Hoffnung ist: Vielleicht geht dann das Abnehmen schneller, und die lästigen Symptome sind nicht so heftig – oder tauchen am besten erst gar nicht auf. Ich spüre eine latente Nervosität beim Lesen meines Ernährungsplans für die kommenden einundzwanzig Tage:

Morgens: Ein Shake mit Ballaststoffen, angerührt mit Wasser. Ein Teelöffel Leinöl soll ich in das Getränk hineinrühren, der Körper braucht dieses Öl, um die Vitamine aus den Kapseln aufnehmen zu können. Mineralstoffe. Auch in Kapselform.

Mittags: Eiweiß entweder in Form von Fisch (jedoch kein Aal, Lachs oder Hering), Fleisch oder Tofu, davon aber maximal hundert Gramm, gewogen in rohem Zustand. Bei Salat oder Gemüse darf ich jeweils nur eine Sorte wählen, aber so viel, wie ich möchte. Wenigstens das. Am nächsten Tag muss es aber ein anderer Salat sein oder eine andere Gemüsesorte. Alles ziemlich spaßfrei, denn Fett in jeder Form (auch in der Salatsauce) ist bei Höchststrafe verboten. Außerdem darf man keine Mahlzeit auslassen oder Bestandteile davon bis zur nächsten aufsparen.

Abends: Das gleiche Spiel wie mittags. Abwiegen nicht vergessen. Ist das kompliziert! Die Küchenwaage und ich werden wohl in den nächsten drei Wochen innigeren Kontakt haben als je zuvor.

Grundsätzlich gilt: Kein Alkohol, kein Zucker, keine Kohlenhydrate, keine Milchprodukte, kein Eigelb und keine Kohlensäure. Kaffee schwarz ist aber okay. Was seltsam ist, denn die Homöopathie verträgt sich normalerweise partout nicht mit Kaffee, aber mir soll's recht sein. Irgendetwas brauche ich, was mich moralisch am Leben hält. Und manchmal hilft ein Espresso glücklicherweise ja auch gegen die zu erwartenden Kopfschmerzen.

Ölhaltige Kosmetika stehen übrigens auch noch auf der Liste mit den vielen Verboten. Meine Güte, sind die streng!

Ich habe Hunger. Dabei habe ich noch nicht einmal angefangen. Wie gut, dass ich mich noch in der Phase der Ladetage befinde. Angeblich hilft die Völlerei vor der eigentlichen Diät-Phase übrigens auch, schlimme Gelüste während der Diät zu verhindern. Da bin ich aber mal gespannt.

Am ersten Tag verspeise ich zum Frühstück ein Omelett und zwei Laugenbrötchen mit Schinken und Avocado (lecker! Avocado ist während der nächsten drei Wochen leider auch untersagt). Abends genieße ich den einen oder anderen Teller mit Rigatoni in Sahnesauce, dazu trinke ich viel zu viel Aperol Spritz und Rotwein (es soll sich ja lohnen). Den Abend beschließe ich mit einer Tafel Schokolade. Einer ganzen. Dann ist mir schlecht. Ich kann mich nicht erinnern, jemals so viel gegessen zu haben.

Am nächsten Tag fühle ich mich wie eine Tonne und habe gut acht Jahre nach der Geburt meines Sohnes William zum ersten Mal das dringende Bedürfnis, meine Umstandshosen hervorzukramen. Offensichtlich wirkt das Schwangerschaftshormon mental einwandfrei.

Am nächsten Tag, Tag 2, frühstücke ich trotzdem ähnlich, lege abends aber noch mit einem Schnitzel, Pommes und ganz viel Knoblauchdip nach, begleitet von der einen oder anderen Weinschorle. Eine Packung schokolierte Mandeln und eine Tüte Erdnussflips runden die ökotrophologische Katastrophe geradezu ideal ab. Erdnussflips? Geht's noch? Ich bin mir nicht mal sicher, ob Flips überhaupt als Nahrungsmittel oder eher als Verpackungsmaterial durchgehen.

Wie auch immer, diese zwei Tage haben erfolgreich dazu geführt, dass ich jegliche Nahrungsaufnahme als Bedrohung empfinde und mich sogar darauf freue, ab morgen nichts mehr essen zu müssen.

Meine Waage teilt mir mit, dass ich es tatsächlich geschafft habe, in diesen zwei Tagen 2,8 Kilo zuzunehmen. Ich möchte weinen. Was, wenn das so bleibt? Was, wenn ich scheitere und anstatt abzunehmen einfach mit 2,8 Kilo mehr auf den Rippen herumlaufen muss? Die Gefahr ist jedoch gering, denn der erste echte Diättag fängt mit einer großen Herausforderung an: dem Shake.

Das Anrühren ist einfach, denn ich habe einen Shaker mitbekommen, in den ich nur Wasser, Pulver und Leinöl geben muss. Dann ein paar Sekunden schütteln und fertig. Dank einer Metallspirale im Becher vermischen sich die Zutaten einwandfrei.

Jetzt muss ich es nur noch trinken. Aber das ist schwieriger als gedacht. Würg! So etwas Schlimmes hatte ich ja noch nie im Mund! Wenn das so weitergeht, bin ich überhaupt nicht mehr an irgendeiner Form von Nahrungsaufnahme interessiert. Der Shake hat die Farbe von Frischbeton, auch seine Konsistenz ist fast vergleichbar, nur ein wenig glibberiger. Immerhin riecht er nach nichts. Und er schmeckt nach … nach … Ja, nach was eigentlich? Wenn ich so recht darüber nachdenke, ist die Geschmacklosigkeit mein Hauptproblem. Ja, ich weiß, es hätte diesbezüglich schlimmer kommen können, aber mir reicht es. Schließlich handelt es sich hier um einen halben Liter Flüssigkeit, den man sehr schnell trinken muss, denn die Masse wird rasch dicker und zudem immer mehr. Uh, kann das bitte erst im Magen passieren? Denn dann habe ich bestimmt nie wieder Hunger. Und das wäre ja wohl top! Na gut, ich bin auch schon zufrieden, wenn das »nie wieder« bis heute Abend hält, denn dann kommen bei mir immer die hinterlistigen Gelüste nach den richtig »schlimmen« Sachen hoch. Süß. Salzig. Fettig. Egal. Mein Belohnungszentrum (oder was auch immer es ist) schreit nach Kalorien. Insbesondere vor dem Fernseher. Also auch kein Tatort & Co. mehr. Gemein.

Morgen will ich probieren, ob der Shake mit Schoko-Eiweiß-Pulver besser schmeckt. Auf einer der hCG-Diät-Facebook-Seiten habe ich diesen Tip gelesen. Schoko? Erlaubt? Ich kann es kaum glauben.

Außerdem stand dort, dass man am besten nicht gleichzeitig mit der Diät und einem anspruchsvollen Sportprogramm beginnen soll. Empfehlenswert seien eher sanftes Yoga, lange Spaziergänge oder Kleiderschrankausmisten. Das verbrauche ebenfalls Kalorien und mache Platz für all die schönen, bunten und zwei Größen kleineren Klamotten, die man sich danach garantiert kaufen kann. Da ich ja der ungeduldige Typ bin, verlasse ich mich lieber nicht aufs Ausmisten. Sport muss sein. Theoretisch. Praktisch habe ich an diesem dritten Tag meiner Diät die Erfahrung gemacht, dass sich gleichsam über Nacht die leichtesten Erhebungen im Wald zu fast unbezwingbaren Bergen aufwerfen und überschaubare Joggingrunden zweihundert Kilometer länger sein können als am Tag davor. Boah. Wenn ich den erwische, der das zu verantworten hat! Unglaublich, wie schlapp ich bin.

Ich schleppe mich also nach meinem sonst leicht zu absolvierendem Laufpensum mit letzter Kraft nach Hause und lege mich sofort auf die Couch. Da bleibe ich, ganz ohne Sport, bis alles vorbei ist. Drei Wochen oder länger. Darauf gebe ich mein Diät-Ehrenwort. Oder so lange, bis jemand aus meiner Familie Hunger bekommt. Und das bin wie immer ich.

In weiser Voraussicht habe ich in der Woche schon vorausgearbeitet, so dass ich es jetzt ein paar Tage etwas langsamer angehen lassen kann. Das ist gut. So kann ich in Ruhe über das Essen im allgemeinen und die völlig absurde Idee, drei Wochen mit nur fünfhundert Kalorien täglich durchhalten zu wollen im Besonderen, nachdenken. Daran kann man zweifelsfrei erkennen, dass der Betonshake leider nicht bis zum Abendessen satt macht.

Da ich mich trotz Erschöpfung gedanklich die ganze Zeit sowieso nur mit der nächsten Mahlzeit beschäftige, kann ich genauso gut kochen, selbst wenn ich dafür die Couch verlassen muss. Und schließlich gibt es auf diese Weise etwas zu essen. Den Zutaten nach könnte es sogar schmecken! Auf alle Fälle besser als der Shake. Das Kochen ist zum Glück unkomplizierter, als ich erwartet habe, denn im Grunde essen die Kinder dasselbe wie ich: gegrilltes Hühnchen mit Tomaten. Für mich, im Gegensatz zu den anderen, nur ohne Nudeln und Käse. Und ohne Ketchup. Die Ernährungssünde Nummer eins meiner Kinder.

Kaum habe ich angefangen, mich diszipliniert zu ernähren, lese ich auch die Inhaltsstoffe diverser Nahrungsmittel auf deren Verpackung: Es ist zwar keine bahnbrechend neue Erkenntnis, aber so hat zum Beispiel Ketchup mit Tomaten so wenig zu tun wie die hCG-Diät mit einem Wellness-Programm. Also weg damit! Mit dem Ketchup, natürlich. Mit der Diät habe ich ja gerade erst angefangen.

Wenn sich das Ernährungsverhalten meiner Kinder durch sie wenigstens ein bisschen verändert, so ist immerhin etwas gewonnen. Bei dem Gerangel um die Ketchupflasche ziehe ich trotzdem den Kürzeren. Ich bin heute nicht ganz in Form, wie mir scheint. Na ja. Muss ja auch nicht alles gleich sofort umgesetzt werden.

Meine Miniportion Hühnerfleisch zum Mittagessen wiege ich sorgfältig ab, liebevoll arrangiere ich noch zwei Salatblätter (ohne Dressing!) auf meinem Teller, lege mir eine Stoffserviette um und fühle mich wie eine Diva.

Nach dem Essen ist dementsprechend ein Diva-Schönheitsschlaf erlaubt, wie ich finde. Dabei höre ich, wie meine Kinder hinter der Couch tuscheln:

William(8): »Mama!« (Sehr laut geflüstert)

Maria (15): »William, lass Mama schlafen, sie macht eine Diät.«

William: »Ist das so anstrengend, dass man da schlafen muss?«

Maria: »Nein, aber es macht schlechte Laune. Und wenn wir sie jetzt wecken, hält sie uns wieder einen Vortrag über die ganzen Süßigkeiten und das blöde Ketchup und alle anderen Sachen, die wir ab jetzt nicht mehr essen sollen.«

William: »Ach so. Dann können wir sie ruhig wecken. Die Süßigkeiten sind schon alle weg.«

Gedankenpause

William: »Maria? Warum macht Mama eigentlich Diät?«

Maria: »Weil sie schlank und schön sein will.«

William: »Ich finde sie schön.«

Maria: »Und schlank?«

William: »Nö. Aber weich. Das ist ja auch viel wichtiger.«

Die Hälfte der Ladekilos war nach dem ersten »echten« Tag übrigens wieder weg. Aber ich hatte einen schlimmen Albtraum. Ich habe nämlich in einen Keks gebissen. Skandal! Schweißgebadet und mit einem extrem schlechten Gewissen bin ich aufgewacht. Da merkt man, wie man unter Strom steht. In meiner Begleitbroschüre steht nämlich, dass es mich zwei Diättage zurückwirft, wenn ich mich nicht zu hundert Prozent an meinen Plan halte. Zwei Tage für einen einzigen Keks! So toll ist diese Kur dann auch wieder nicht, dass ich sie verlängern müsste – auch wenn ich mittlerweile mit Leuten gesprochen habe, die nach den einundzwanzig Tagen noch mal so viele drangehängt haben! Eine von den Wiederholungstäterinnen hat mir ihre Hose gezeigt. Die Vorher-Hose. Sie hat sie extra ins Fitnessstudio mitgebracht und für mich angezogen, damit ich sehen kann, dass da jetzt mindestens ein Sofakissen zusätzlich hineinpasst. Boah. Ich war beeindruckt. Jetzt will ich auch ein Sofakissen abnehmen. Abgenommen haben.

Ab und zu wiege ich mich im Fitnessstudio, denn die Waage dort zeigt mir genau an, wie sich der Körperfettanteil verändert, wie die Muskelmasse wächst und wie mein sogenanntes Körperalter sich verjüngt. Im Moment bin ich sechsunddreißig Jahre alt. Ein sehr gutes Alter für eine weitere Schwangerschaft – und sei sie auch nur vorgetäuscht.

Morgens ertappe ich mich beim Zähneputzen, wie ich auf der Zahnpastatube nachschaue, ob auch ja keine Kalorien enthalten sind. Ist das noch normal oder schon besessen?

Dafür war der Shake erträglich. Aber nur, weil ich Stracciatella-Eiweißpulver reingemischt habe. Zuckerfreies, selbstverständlich. Schoko gab's in meinem Fitnessstudio nicht. Ich hoffe, Stracciatella ist auch erlaubt.

Meine allergrößte Sehnsucht ist jedoch der Milchschaum für meinen Espresso. Irgendwie ist Kaffee schwarz nicht mein Ding. Ich habe das Gefühl, er ätzt sich komplett durch meine Eingeweide. Und ausgerechnet dabei soll sich mein Säure-Basen-Haushalt ausgleichen? So lautet zwar das Versprechen der Diät, aber das kann ich mir beim besten Willen nicht vorstellen.

Meine Tochter Lilli (14) fragt mich, ob ich mit ihr schmusen würde – oder ob Küsse etwa auch Kalorien haben. Hmm. Haben sie? Süß sind sie jedenfalls. Und fast so gut wie Schokolade. Aber nur fast.

Am vierten Tag wiege ich mich. Und, oh Freude, ich habe abgenommen! Mittlerweile sind es schon 3,5 Kilo. In Wirklichkeit sind es natürlich nur 700 Gramm, denn die 2,8 Kilo von den Ladetagen mussten ja erst wieder weg, aber wenigstens sind die tatsächlich verschwunden. Und sogar noch ein bisschen mehr. Stattdessen habe ich aber akute Wortfindungsstörungen und kann mich an nichts erinnern. Am wenigsten daran, warum ich mich für diese Diät entschieden habe. Ja, es ist schön, Gewicht zu verlieren, und ich fühle mich leicht und grazil wie eine Feder. Äh, nicht wirklich. Aber bestimmt bald. Dafür beschäftige ich mich mit nichts anderem, als fettfreies Eiweiß abzuwiegen, ein schlechtes Gewissen wegen möglicher Ernährungsfehler zu haben oder erfolglos so zu tun, als hätte die Diät keinerlei Einfluss auf meine Laune. Ja, Spaß ist anders. Aber wer erwartet den auch schon bei einer Diät? Eben.

Und ich frage mich, ob man in meinen Alter nicht mal langsam anfangen kann, seinen Körper so zu lieben, wie er ist. Kann man? Die Antwort ist: schwierig.

Ich finde nicht, dass Muffintop ein süßer Name für Hüftspeck ist, und nein, ich finde auch nicht, dass man unbedingt etwas zum Anfassen haben muss als Mann. Hallo?

Um wen geht's hier eigentlich?

Ach, ich möchte gern wieder in meine Hosen von früher passen und demnächst in einen roten Bikini, aber mir fällt das Durchhalten so extrem schwer. Glücklicherweise darf man sich bei einem hCG-Diät-Schwächeanfall ausnahmsweise auch mal eine Zwischenmahlzeit gönnen in Form von einem Marme-ladencroissant und einem Latte macchiato.

Spaß! Natürlich sind Croissants und Kaffeegetränke mit Milch strengstens verboten. Aber man darf Obst essen. Nur eine kleine Handvoll zwar und auch nur von einer Sorte und nur an diesem einen Tag, aber man darf. Wenn man am nächsten Tag das gleiche Problem hat, muss man eine andere Obstart wählen.

Wortwörtlich steht in meinem Plan, ich dürfe ein paar kleine, saure Früchte zu mir nehmen. Und damit sind keine Gummibärchen mit Apfel-, Kirsch- oder Zitrusgeschmack gemeint. Sehr schade finde ich das.

Dafür spüre ich, dass der Fruchtzucker in meinem Miniapfel dafür sorgt, dass ich noch mehr davon möchte und viel schneller wieder Hunger bekomme. Wie gut, dass ich Vitaminkapseln zu mir nehme, dann kann ich auf den Verzehr von echtem Obst ja getrost verzichten. Auweia. Was hab ich mir da nur eingebrockt?

Doch meine bisherige Ausdauer hat sich gelohnt, denn seit dem Beginn der Diät vor einer knappen Woche habe ich jeden Tag mindestens 500 Gramm weniger auf der Waage und dazu seit vorgestern den Eindruck, mit viel weniger Schlaf auszukommen. Ich bin nicht mehr müde. Ganz im Gegenteil. Ich kann wieder besser denken, was den Texten, an denen ich gerade arbeite, sehr zugute kommt. Selbst meine Beine fühlen sich abends nicht mehr so schwer an, obwohl ich viel Zeit am Schreibtisch verbringe. Hunger habe ich kaum noch. Und, oh Wunder, selbst an den Shake habe ich mich mittlerweile gewöhnt. Das Einzige, was mir weiterhin extrem schwerfällt, ist joggen. Ach, was schreibe ich denn da: joggen? Das, was ich zurzeit leiste, ist bestenfalls ein etwas strafferer Spaziergang. Aber egal. Hat sich mein Körper erst an die wenigen Kalorien gewöhnt, kehrt bestimmt auch der Rest meiner Kraft zurück. Heute fühlt es sich jedenfalls so an, als ob ich ewig weitermachen könnte. Oder wenigstens bis morgen.

Morgen bekommt mein Mann Holger nämlich Besuch von

früheren Studienkollegen. Drei Männer mit ihren Frauen und Kindern, zum Wandern und zum Übernachten. Aber vor allem auch zum Essen. Das ist die ultimative Herausforderung für mich.

Jetzt, am Abend davor, stehe ich in der Küche und rühre in riesigen Töpfen mit Béchamel- und Hackfleischsauce für insgesamt fünf große Lasagneformen. Ich darf noch nicht mal abschmecken. Knoblauch und Zwiebeln für eine Sauce anzubraten, das krieg ich zwar auch so hin, aber wie das duftet! Hach, ich muss mich am Kochlöffel festhalten, damit meine Beine nicht schwach werden. Oder schlimmer noch, meine Hände. Speziell die eine, die den Löffel hält. Wenn ich vielleicht nur einen winziges bisschen probiere? Oder wenigstens einmal lecken?

Ich schließe die Augen und hebe langsam den Löffel zum Mund. Fast fühle ich mich wie vor meinem ersten Kuss, damals mit vierzehn. Mit Michael. O Gott, Michael! Warum muss ich gerade jetzt an ihn denken? Doch nicht etwa, weil unser erster Kuss in meiner Erinnerung vor allem davon geprägt war, dass wir uns auf dem alljährlichen Pfadfinderlager befanden und Michael das Buletten-Wettessen eindeutig für sich entschieden hatte? Ja, gut, er roch und schmeckte damals vermutlich ganz ähnlich wie meine Lasagnesauce, aber das ist doch noch lange kein Grund! (Um ehrlich zu sein, doch. Alles ist zurzeit ein Grund, an Essen zu denken.)

Nein, diese kurze Liaison war nicht vom Glück beschienen, und nach vierzehn Tagen Pfadfinderlager war Schluss mit Buletten-Michael. Ich musste an meine gemeinsamen Tage mit ihm nicht noch zwei Straftage hinten dranhängen, wie es jetzt und hier mit der hCG-Diät der Fall wäre, wenn ich verbotenerweise Sauce probieren würde.

Ich lasse den Löffel dann doch besser wieder sinken, öffne die Augen und schaue direkt in Williams besorgtes Gesicht. »Mama?« Er schaut mich fragend an. Ich bin noch in der Erholungsphase nach meinem Flashback und deshalb ein wenig benommen.

»Ja?«, sage ich und kneife ein paarmal die Augen zusammen. Fort mit dir, Buletten-Michael! Fort Saucenlust! Führe mich ja nicht noch einmal in Versuchung!

»Geht's dir gut? Oder fällst du gleich in Ohnmacht?« Er legt seinen Kopf schräg und sieht dabei eher interessiert als mitleidig aus.

»Äh nein, das habe ich nicht vor«, sage ich. Da meine Beine immer noch ein wenig weich sind, bin ich mir allerdings nicht ganz sicher.

»Bevor du in Ohnmacht fällst, kannst du mir noch erlauben fernzusehen? Bitte? Nachher geht es ja nicht mehr, oder?« Augenaufschlag.

Was habe ich nur für einen fürsorglichen Sohn. Ich habe damit gerechnet, dass er mir ein Glas Wasser anbietet oder vorschlägt, für mich zu kochen (ist schon vorgekommen, hätte ich jedoch abgelehnt). Aber das nun? Was sagt man dazu? Und wie soll aus so jemandem später ein fürsorglicher Ehemann und Vater werden? Ich bin entsetzt. Und erlaube das Fernsehen. Offensichtlich bin ich noch immer nicht ganz bei mir.

Zum Nachtisch mache ich eine Crème brûlée mit Himbeersauce. Mein Lieblingsnachtisch, wohlgemerkt. Ja ja, für die Gäste nur das Beste. Das ist wirklich eine Deluxe-Herausforderung für mich, und ich will sofort einen Orden. Einen Durchhalteorden am Band mit Urkunde und allem Drum und Dran. Der ist spätestens jetzt wohl fällig.

Lilli probiert währenddessen alles und findet, dass es super schmeckt. Und ich widerstehe tapfer. Nach vier Stunden Vorbereitungszeit für das Abendessen am nächsten Tag falle ich halb tot, aber stolz, weil ich nicht schwach geworden bin, ins Bett. Ich träume von geschmolzenem Käse, der herrliche Fäden zieht, und von einem cremigen Nachtisch. Nachts stößt mich Holger mit seinem Ellenbogen an und sagt: »Hey! Es ist mitten in der Nacht. Schmatz nicht so!« Peinlich!

Nachdem der Wanderbesuch wieder fort ist, zeigt mir die Waage am folgenden Morgen trotzdem an, dass ich 800 Gramm zugenommen habe. 800 Gramm! Das ist so was von unfair. Ich habe nicht gesündigt, habe sogar die Obstportionen weggelassen, ich war den ganzen Tag mit Holgers Freunden unterwegs gewesen, habe am Damenprosecco noch nicht mal gerochen und nur zugeschaut, als alle anderen Würstchen gegrillt und später Lasagne gegessen haben. Und dabei war ich echt gut gelaunt. Ist das der Dank?

Mein Mann sagt zu allem Übel, ich würde komisch riechen. Der Diätplan sagt, so was kommt vor. Ich sage: besser nichts. Es würde vermutlich nicht besonders freundlich klingen und könnte bei weiteren Diätversuchen gegen mich verwendet werden.

Und es wird immer schlimmer. Ich habe es schon geahnt, weil sich mein Bauch so seltsam unschlank angefühlt hat: Am Tag darauf habe ich noch einmal 200 Gramm zugenommen. Das ist jetzt insgesamt ein ganzes Kilo. Was ist denn das für eine Diät? Erst purzeln die Pfunde wie verrückt – und dann das? Bei den 500 Kalorien, die ich pro Tag zu mir nehmen darf, kann ich mir gar nicht vorstellen, wie das überhaupt geht. Woher kommen diese vermaledeiten Kilos bloß? Vom Einatmen? Oder haben sich mein Körper und mein Stoffwechsel derart an dieses Energie-Notprogramm gewöhnt, dass sie ein paar Verbrennungsstufen zurückgeschaltet haben? Ich weiß es nicht. Aber es nervt.

Laut der Waage im Fitnessstudio hat sich zwar mein Muskelanteil erhöht und der Fettanteil verringert (minimal, also kein Grund für ein Freudenfest), aber nach außen hin ist alles gleich. Nein, halt, ich vergaß: Meine Laune ist miserabel. Jetzt mal ganz unter uns: Wenn die Diät schon nicht mehr funktioniert, dann will ich wenigstens essen dürfen. SCHOOOOKOOOOLAAAAAA-DEEEEE! Tröste mich!

Ich bin wirklich sauer. Da hilft es wenig, dass die Waage mein neues Körperalter ein Jahr nach unten korrigiert (also auf fünfunddreißig). Alte Schmeichlerin. Selbst, wenn ich demnächst wieder siebenundzwanzig bin, ist mir dennoch die Motivation komplett abhandengekommen. Ich frage mich ernsthaft, ob ich aufgeben soll. Warum weitermachen, wenn es eh nichts bringt?

Aber dann habe ich eine Woche mehr oder weniger gefastet und kann wahrscheinlich zugucken, wie mein Gewicht in die Höhe schnellt. Jo-Jo-Effekt, here I come. Prima.

Ich beschließe, noch bis morgen zu warten. So mache ich das. Einfach aufgeben geht nicht. Das habe ich mir geschworen. Einen Tag halte ich noch aus, und bis dahin kämpfe ich mit meinem inneren Schweinehund:

Liebster Schweinehund!

Wir müssen reden. Du und ich. Ich und du. Wir beide. Das Dreamteam der letzten Jahrzehnte.

Ja, ich gebe es offen zu: Du bist der Stärkere in unserer Beziehung. Dein Charme, deine Überzeugungskraft, dein Selbstbewusstsein – all das hat mich immer und immer wieder überzeugt. Ich war dir verfallen mit Haut und Haar, mit Körper und Seele. Mit Hüftspeck und Esslust. Ein Blick in deine hypnotischen Augen – und ich war jedes Mal verloren.

Wir verstanden uns prima, und ich hätte niemals gedacht, dass ich je unsere Beziehung infrage stellen würde. Ich hing an deinen Lippen und ließ mich jederzeit bereitwillig von deinen Argumenten einlullen. Die Nachmittage mit dir auf der Couch werden unvergesslich bleiben, auch die vielen zweiten Kuchenstücke mit Sahne, mit denen wir uns gegenseitig fütterten.

Du bist ein großartiger Verführer, ein treuer Begleiter und ein überzeugender Berater. Und ich bin schwach. Gewesen.

Unsere endlosen Diskussionen, bei denen am Ende immer du als Sieger hervorgingst, klingen immer noch in meinen Ohren.

Ich sagte zum Beispiel: „Ich achte ab jetzt auf meine Ernährung."

Und du sagtest: „Ich finde dich schön, so wie du bist. Du bist gesund. Du bist stark. Sei doch lieber endlich mal zufrieden mit dem, was du hast."

Ich ließ mich einlullen. Vorübergehend.

Doch dann sagte ich womöglich: „Ab jetzt mache ich regelmäßig Sport."

Und du sagtest: „Ist dein Leben nicht anstrengend genug? Brauchst du nicht eher einen Moment der Ruhe? Ein gutes Buch? Ein Stück Schokolade? Und schau mal, da draußen ist alles grau. Also, wenn du da jetzt rausgehst, bist du morgen krank! Das willst du doch nicht, oder?"

Okay. Ja. Nein. Und du hast recht.

Ach, verzeih mir, liebster, bester, einzigartiger Schweinehund: Damit ist jetzt Schluss! Ja, du hast richtig gelesen: Ich trenne mich. Von dir. Von meinen bequemen Ausflüchten und der Schokolade. Von meinen kuscheligen Hausschuhen und der Fernbedienung. Ich ändere mich, und zwar genau jetzt.

Es stimmt, es kriselt schon seit ein paar Wochen zwischen uns. Genau gesagt seit dem Tag, an dem ich mit Mara und Anja diesen Beschluss gefasst habe. Aber erst heute bin ich bereit für den finalen Cut. Denn gestern stelltest du mich vor die entscheidende Frage, mit der du mir die Entscheidung leicht gemacht hast: ein Leben auf der Couch mit schlechtem Gewissen oder ein roter Bikini in Größe 38?

Die Antwort liegt auf der Hand: Adieu, Schweine-

hund! Lebe wohl und geh! Geh weit weg. Ich möchte nicht mehr mit dir zusammen sein – und nein, auf gar keinen Fall können wir Freunde bleiben.

Deine Lucinde

Ha! Ich habe den Kampf gewonnen! Und was noch viel besser ist, ich habe auch nicht weiter zugenommen, wie ich am nächsten Morgen feststelle. Leider allerdings auch nicht ab. Trotzdem ist mein Ehrgeiz wieder erwacht. Ja, jetzt will ich es wissen. Ich habe den Schweinehund niedergerungen und bin voller Energie. Schon gestern war Yoga überhaupt kein Problem, heute ebenso wenig; ich kann sogar eine Runde mit kleinen Gehpausen joggen.

»Und mein Kopf ist auch wieder völlig klar«, sage ich zu Holger.

»Echt?«, fragt er und grinst. »An was merkt man das genau?«

Grrr, denke ich und starre demonstrativ auf seine Körpermitte. »So eine Diät hat noch niemandem geschadet«, sage ich und grinse auch. Er beißt in sein Honigbrot und schließt genießerisch die Augen. »Mmmmh!«, macht er begeistert. Mir läuft das Wasser im Mund zusammen. Okay. Mist. Dieses Mal hat er eindeutig gewonnen. Aber nächstes Mal bin ich besser vorbereitet.

Woher die Energie kommt, kann ich nicht sagen. Genauso wenig, warum das mit dem Gewicht nicht vorwärtsgeht. Seltsam. Aber genau für solche Fragen gibt es bei meiner Diätversion ja die Gruppentreffen im Fitnessstudio und Biggi, die Expertin. Außer mir sind noch ein paar weitere Stoffwechselkämpfer da, die die Diät seit mehreren Tagen oder sogar Wochen machen, sowie hoch motivierte Beginner, die es kaum abwarten können loszulegen. Mich versteckt man wohl besser mit meinem stagnierenden Ergebnis vor ihnen. Schließlich hoffen sie vermutlich noch, gleich morgen zehn Kilo leichter zu sein.

Später werden Rezepte und Einkaufstipps ausgetauscht. Zum Beispiel, wo es fettfreie Gemüsebrühe, geeigneten Balsamico oder Senf und Zuckerersatz zu kaufen gibt (jeweils mit so wenig Kohlenhydraten wie möglich), und was man gegen den fiesen Mundgeruch machen kann (es gibt Mundsprays, die helfen).

Die meisten, die da sind, haben viel Gewicht verloren. Mindestens fünf Kilo. Außer mir. Wenigstens kann mir Biggi sagen, warum das manchmal passiert.

Erstens: Je näher man an einem gesunden und normalen Körpergewicht ist, umso schwieriger gestaltet sich der Gramm-Verlust. Die letzten Kilos verschwinden sogar extrem langsam. Will man also die verlieren, darf man sich auf gar keinen Fall mit jemanden messen, der vierzig Kilo loswerden will.

Zweitens: Es gibt tatsächlich Menschen, die auf diese Globuli nicht ansprechen. Dann muss man eine andere Zusammensetzung wählen.

Drittens: Man hat Mineralwasser getrunken (Skandal!), das blockiert nämlich den Stoffwechsel.

Und viertens: Man hat seine Periode. Tja, Frauen, lasst euch nicht aus der Ruhe bringen. Hormonelle Schwankungen sind normal und können auch während einer solchen Kur bis zu zwei Kilo ausmachen. Unglaublich. Und unglaublich lästig! Zwei Kilo!

Am nächsten Tag, also am Tag zehn, ist endlich auch bei mir wieder ein Kilo weg. Juhu! Warum es plötzlich wieder läuft? Ich habe keinen blassen Schimmer. Mineralwasser habe ich nicht getrunken. Nah an meinem Zielgewicht bin ich nicht, und am Zyklus kann es ebenso wenig liegen. Ach, mir soll es recht sein: Weg ist weg und kommt hoffentlich nicht wieder. Anstrengend ist das. Kann man dieses Auf und Ab nicht irgendwo ausschalten?

Apropos Auf und Ab: Das gilt ebenfalls für die Stimmung. Jetzt, da ich endlich wieder ein Kilo verloren habe, fühle ich mich geradezu euphorisch. Der Körper funktioniert, meine Kraft ist phänomenal. Ich fühle mich grandios und gesund, bin total gut drauf. Probleme? Stimmungstiefs? Frust? Ich? Kann ich mir noch nicht einmal mehr vorstellen.

Ich will am liebsten, dass jeder diese Kur macht. Mein Mann zum Beispiel. Weil es so toll ist, sich mal so richtig zu disziplinieren, und weil er wie ich ein Schokojunkie ist. Damit er sieht, dass man diese völlig ungesunden, unglaublich süßen und vorzugsweise auch noch fettigen Zwischensnacks gar nicht braucht, sondern selbst bestimmen kann, wann man was isst und wie viel davon. Wieder zu lernen, Hunger von anderen Bedürfnissen zu trennen, ist eine wertvolle Challenge für uns alle.

Ich zum Beispiel esse gerne aus Langeweile, bei Müdigkeit und Stress oder wenn ich am Schreibtisch sitze. Manchmal habe ich das Gefühl, ohne einen Cappuccino und eine Butterbrezel gar nicht denken zu können. Selbst Durst löst bei mir die Vorstellung aus, schnell mal was essen zu müssen. Genau: Mein Durst fühlt sich wie Hunger an. Klingt verrückt? Ist es auch.

Holger weigert sich allerdings standhaft, die hCG-Kur zu machen. »Wenigstens einer sollte gefühlsmäßig ausgeglichen bleiben, oder etwa nicht?« Er zwinkert mir zu und schiebt sich dabei wieder einmal ein großes Stück Schokolade in den Mund. Na warte! Diesmal kriegst du mich nicht dran!

»Ich bin sehr wohl ausgeglichen«, erwidere ich, zugegebenermaßen ein wenig zickig. »Ich habe sehr gute Laune. Vor allem, wenn ich mich so schlank fühle wie gerade, und ein liebevoller und fürsorglicher Ehemann mich verwöhnt und mich heute Abend ins Kino einlädt.« Ich zwinkere ihm ebenfalls zu, dabei voller Tatendrang. Kino ist eine klasse Idee, finde ich. Zumindest wenn wir uns einen Film ansehen, in dem nicht gegessen wird. Das halte ich ohne eigenes Popcorn sonst nicht aus.

Oder bin ich vielleicht doch müde? Jetzt, da ich darüber nachdenke, könnte ich auf der Stelle einschlafen. Wann habe ich eigentlich das letzte Mal eine Mittagspause gemacht? Ein Buch gelesen? Mich entspannt? Ich erinnere mich nicht. Wie schon erwähnt, brechen körperliche und emotionale Bedürfnisse immer wieder sehr plötzlich über mich herein, und ich muss ihnen sofort nachgeben. Dabei kann ich mir dann überhaupt nicht vorstellen, mich je anders gefühlt zu haben. Ich gähne. Holger lacht.

Müde wanke ich ins Schlafzimmer und lasse mich aufs Bett fallen. Mein Blick fällt auf meinen Kleiderschrank, an dessen Seite seit vielen Wochen der rote Bikini als Ansporn, Belohnung und Mahnmal hängt. Boah, bin ich gerade platt. Warum habe ich nur Schlaf durch Sport ersetzt? Und warum noch mal verzichte ich auf Schokolade?

Bald, denke ich, bald. Dann sind wir endlich eins. Der rote Bikini und ich. Wie schön. Jetzt weiß ich auch wieder, warum ich das alles auf mich nehme. Die Augen fallen mir zu. Kurz bevor ich einschlafe, schreibe ich in Gedanken ein Brief. Die Diät scheint weitläufige Areale meines Gehirns umnebelt zu haben, denn ja, ich gebe es zu, ich schreibe tatsächlich einen Brief an meinen Bikini:

Hallo, du lieber, schöner roter Bikini in Größe 38!

Da hängst du nun verführerisch und sexy auf deinem Bügel, als wärst du eine Zirkusprinzessin und der Bügel dein Trapez.
Zierlich und gleichzeitig mit so viel Anziehungskraft, dass ich kaum meine Augen von dir wenden kann. Anmutig hast du deine Bänder über die Querstange drapiert, und dieses winzig kleine rote Dreieck blitzt zwischen deinen federleichten Stoffbahnen hindurch, als wolle es mich locken, mir zurufen: „Komm! Probiere mich an! Ich bin wie für dich geschaffen!" Ach, wie gerne würde ich diesem Lockruf folgen. Aber unsere Zeit ist noch nicht reif.

Ja, ich gebe es zu: Ich bin dir verfallen, mit Haut und Haar. Ich möchte dich berühren. Mit meinen Fingern über deine weichen Körbchen streichen. Ich möchte dich vorsichtig von deiner erhabenen Position herunternehmen und an mich drücken. Meine Nase in deinem Stoff vergraben und mich dir ganz hingeben. Doch noch muss ich mich beherrschen.

Jedoch: Du, roter Bikini in Größe 38, bist mein Traum, meine Fantasie und mein Ziel.

Nahezu unerreichbar, wenn ich an mir herunterschaue. Aber das versuche ich zu vermeiden. Lieber hänge ich mit meinem Blick an dir und kann mich gar nicht sattsehen an deiner Schönheit. Dabei versprichst du mir nichts. Ja, du gibst mir noch nicht einmal ein Zeichen, dass aus uns je etwas werden könnte.

Ach, wie soll ich meine Sehnsucht bezähmen, sag es mir roter Bikini in Größe 38 ... Wirst du mich jemals erhören? Ich bin ein wenig verzweifelt. Ich gebe es zu. Aber ich werde dich nicht aufgeben, mich nicht – uns nicht. Doch halt, was höre ich da?

Ein weit entfernter Ruf erreicht mein Ohr.

„Mama? Wann gibt's Essen?"

Oh. Roter Bikini in Größe 38, ich muss los, aber unsere Zeit wird kommen. Wenn nicht jetzt, dann später. Ja, vielleicht sogar viel später. Ich liebe dich. Und werde nie aufhören, dich zu begehren.

Sehnsuchtsvoll,
deine Lucinde

Anja

Habt ihr gewusst, dass die Japaner mit Detox-Pflastern an den Fußsohlen entgiften? Verrückt, oder? 12:11

Mara

Hahaha! Weil das Gift im Körper nach unten sinkt, oder was? 12:14

Anja

Kann man sich die Pflaster auch komplett auf den Bauch kleben? Ich brauche dann – Moment mal – 36 Stück:). 12:16

Lucinde

… jetzt wissen wir auch, warum Sportsocken immer so schlimm riechen! Vermutlich ist das »stinknormal«! Hihi. Ich brauche so ein Entgiftungspflaster für mein Gehirn. Dauerhaft. 12:19

Detoxing – Wenn der Postmann alle zwei Tage klingelt

Früh bin ich aufgestanden und habe halbherzig etwas Gymnastik gemacht. Jetzt stelle ich eine Lasagne für meine Tochter mit sehr viel Käse in den Backofen und erfreue mich einfach nur an dem wundervollen Geruch. Ich sollte Duftöle mit Burger-, Wurst- und Schmelzkäsearoma erfinden! Das würde mich reich und schlank zugleich machen ...

Aber ich werde es auch ohne verlockende Essensdüfte schaffen. Denn heute starte ich mit dem Umprogrammieren meines Gehirns. Als Vorbereitung habe ich in der letzten Woche während unseres Wellnessurlaubes schon meine liebsten Genussmittel weggelassen – jeden Tag ein weiteres: zuerst Alkohol und Koffein, dann Süßigkeiten, Weißmehl, Fleisch und Käse, am Ende sogar Nikotin.

Gestern habe ich mir ausnahmsweise einen grünen Salat mit viel Dressing als Henkersmahlzeit genehmigt, danach – sorry, jetzt wird's ein bisschen unappetitlich – einen Einlauf gemacht. Die Darmentleerung ist wirklich wichtig vor dem Detoxing, sonst bekommt man üble Kopfschmerzen und schreckliche Heißhungerattacken. Habe ich jedenfalls gelesen. Und das Risiko wollte ich nicht eingehen. Alternativ zum Einlauf hätte ich übrigens auch absolut widerlich schmeckendes Bittersalz einnehmen oder mir in einer Naturheilpraxis eine Hydro-Colon-Behandlung verpassen lassen können. Wie genau diese angeblich »wohltuende« Art von Darmspülung abläuft, erzähle ich lieber nicht. Nur so viel: Es ist nicht gerade die angenehmste Erfahrung.

Jeden Moment wird der Kurier klingeln und mir die bestellten Detox-Mahlzeiten für die nächsten zwei Tage liefern. Ich werde reinigende Süppchen genießen, gesunde Säfte schlürfen, meinen Körper konsequent entgiften und bald so hübsch und schlank aussehen wie Jennifer Aniston, Gwyneth Paltrow und Claudia Schiffer! Ob die wohl ohne regelmäßige Detox-Kuren auch über neunzig Kilo wiegen würden?

Detoxing – Saft, Suppe und noch mehr Saft …

So lautet das Versprechen: Innerhalb kurzer Zeit wird nicht nur viel Gewicht reduziert, sondern der Körper zudem von Schlacken befreit. Das Resultat: reine Haut und allgemeines Wohlbefinden – ganz ohne Hungergefühl.

Das Konzept: Industriell gefertigte Lebensmittel mit chemischen Zusätzen sind tabu. Stattdessen gibt es während der Detox-Kur Säfte, Smoothies oder Suppen ohne tierische Fette und Eiweiße, die den Stoffwechsel pushen.

Das sagen Befürworter: Mit konsequentem Detoxing kann man rund fünf Kilo in nur einer Woche abnehmen. Zugleich werden Rückstände von Medikamenten, Umweltgiften und ungesunden Lebensmitteln aus dem Körper geschwemmt.

Das sagen Kritiker: Schlacken gibt es nur in der Metallproduktion, nicht im menschlichen Körper. An »böse Körpersäfte« zu glauben ist pures Mittelalter! Der Körper entgiftet auch ohne Saftkur – über Lunge, Darm, Leber und Nieren.

Das sage ich: Zwar ist mit Kopfschmerzen und Abgeschlagenheit zu rechnen, aber es lohnt sich: Bei so wenigen Kalorien am Tag kann man einfach nur abnehmen. Vorsicht bei der Rückkehr zu normalem Essen: Jo-Jo-Gefahr!

Durchhaltetipps: Bei Hunger: Zähne putzen – oder Ordnung schaffen. Mindestens zwei Liter Wasser pro Tag trinken. Sich belohnen! Wichtig: Die Säfte und Suppen nicht einfach schlucken, sondern kauen. Das fühlt sich mehr nach Essen an.

Zum Weiterlesen: Marion Grillparzer: *Simple Detox. Das 7-Tage-Entgiftungsprogramm.* München 2013; Kimberly Snyder: *Der Beauty Detox Plan. Iss dich schön, schlank und glücklich und gib deinem Körper alles, was er braucht.* München 2014

Und so funktioniert's:
Bevor man eine Detox-Kur starten kann, muss man sich entscheiden, ob man alle Säfte und Suppen selbst zubereitet oder fix und fertig bestellt. Das ist natürlich eine Frage des Geldes und des Aufwands. Wie viel ist man bereit für seinen inneren Schweinehund auszugeben? Einkaufen, Küche vollsauen oder doch einfach bequem online bestellen?

Ich habe mich für den bequemen Weg entschieden und lasse sämtliche Mahlzeiten von Detox Delight liefern. Ganz ehrlich: Nur so kann ich das Ganze wirklich durchziehen. Schließlich muss ich nebenbei noch arbeiten, mein Kind bedienen und die Hunde bespaßen.

Was steht auf dem Speiseplan?
In der ersten Woche gibt es täglich drei Säfte und zwei Suppen, in der zweiten Woche sind es vier Säfte und eine Suppe pro Tag. Zwischen den »Mahlzeiten« sollten vier Stunden liegen,

zwischen Suppe und Saft zirka zwei Stunden, ebenso zwischen der letzten Mahlzeit und dem Schlafengehen. Nach 19 Uhr gibt es nur noch Detox-Tee (der übrigens wirklich sehr lecker schmeckt).

Darf's ein bisschen weniger sein?

Um sich vor Heißhungerattacken zu wappnen, sollte man keine Mahlzeit auslassen. Andererseits soll der Magen beim Detoxing nie komplett gefüllt werden. Sobald man ein Sättigungsgefühl verspürt, sollte man daher aufhören zu essen oder zu trinken, auch wenn Saft oder Suppe noch vorhanden sind.

Darf's ein bisschen mehr sein?

Hunger ist dagegen kontraproduktiv für die Entgiftung. Mein Lieferant hat angeboten, dass ich mich melden darf, wenn ich nicht satt werde – dann würden die Portionsgrößen angepasst. Idealerweise kommt man mit den Suppen und Säften des Detox-Programms aus, doch bevor man die Kur aus Verzweiflung abbricht, darf man ausnahmsweise Avocado, Mandeln oder Mohrrüben knabbern. Wenn das nicht genügt, hilft nur noch ein Sprung in den eiskalten Pool …

Und was gibt's zu trinken?

Kaffee, schwarzer Tee, Limonaden, Alkohol und andere ungesunde Getränke sind natürlich verboten. Der ideale Start in den Tag ist ein Glas heißes Wasser mit einer Scheibe Zitrone oder frischem Ingwer. Zu den Detox-Mahlzeiten wird je ein Glas Wasser empfohlen – still und nicht zu kalt. Die Flüssigkeit hilft den Enzymen, die Nährstoffe besser aufzuspalten, aufzunehmen und zu verdauen.

So weit die Theorie. Und nun die Praxis.

Tag 1, Freitag: Lasagne-Halluzinationen und Brunnenkressesaft

Um Punkt neun klingelt der Postbote. Am Adressaufkleber erkenne ich, dass das Paket von meinem Detox-Lieferanten kommt. Hurra!

Ich bin sehr erleichtert, dass die Lieferung so zuverlässig und pünktlich eintrifft. Hoffentlich bleibt das so, denn in den nächsten zwei Wochen erwarte ich jeweils montags, mittwochs und freitags ein Futterpaket.

Ich reiße das Klebeband des weißen Styroporkastens ab und blicke erwartungsvoll auf meine Mahlzeiten fürs Wochenende in umweltfreundlichen Einwegverpackungen: kaltgepresste, enzym- und vitaminreiche Säfte für morgens und zwischendurch, vegane Suppen für mittags und abends.

Zum Frühstück gibt es einen Apfel-Zucchini-Orangen-Zitronensaft. Ich genieße ihn Schluck für Schluck. Gar nicht schlecht. Und vor allem nicht wenig – ein halber Liter Flüssigkeit macht richtig satt. Auch die Säfte um zehn und um vierzehn Uhr sind lecker. Sie enthalten unter anderem so gesunde Zutaten wie Karotte, Ingwer, Aloe Vera, Kiwi, Gurke, Mangold … Doch das Highlight des Tages sind definitiv die Suppen. Mittags gibt es eine Brunnenkresse-Cashew-Suppe. Ich zelebriere die Mahlzeit mit gutem Geschirr, Stoffserviette und einer Kerze im Esszimmer. Warum nur rieche ich Pasta? Werde ich etwa verrückt? Dann setzt sich das Tochterkind zu mir, um einen gigantischen Teller mit der Duft-Lasagne von heute früh zu vertilgen. Sehr gut – ich halluziniere also (noch) nicht.

Von den Detox-Mahlzeiten bin ich rundum begeistert und sehe daher keine Probleme, diese Kur zwei lächerliche Wochen lang durchzuhalten. Im Gegenteil, ich überlege schon, auf drei oder vier Wochen zu verlängern.

Nach der abendlichen Wirsing-Kurkuma-Suppe beende ich meinen ersten Detoxing-Tag mit einer Trockenbürstenmassage, um die Poren zu öffnen und das Lymphsystem anzuregen. Schließlich verlassen überflüssige Stoffe den Körper gerne über unser größtes Organ – die Haut. Also bürste ich fleißig, und das immer zum Herzen hin: also von Hals und Rumpf aus abwärts, von Armen, Beinen und Po aus aufwärts. Nur das Gesicht bleibt verschont.

Anschließend gönne ich mir noch ein warmes Bad mit entschlackenden Salzen aus der Apotheke, die die Giftstoffe aus dem Blut ziehen und damit Leber und Nieren entlasten sollen, und einem Esslöffel Kokosöl, denn was damals meinem Schnitzel das gewisse Etwas verliehen hat, soll nun meine Haut geschmeidig machen. Mit Erfolg! Zwanzig Minuten später bin ich wunderbar entspannt und gehe direkt ins Bett. Ich schaffe es nur noch, mich kurz darüber zu wundern, dass ich überhaupt keinen Hunger habe. Danach falle ich sofort in einen tiefen, traumlosen Schlaf.

Tag 2, Samstag: Dschungelträume und ein Hausputz-Anfall

Ich erwache mit hämmernden Kopfschmerzen. Man könnte glauben, ich hätte einen Schnapstag hinter mir, keinen Safttag. Habe ich etwa nicht gründlich genug abgeführt? Oder sind die Kopfschmerzen etwa ein Symptom für die Entgiftung?

Ich schwebe in die Küche und bereite mir eine Tasse heißes Ingwerwasser zu. Dann wähle ich zum Frühstück einen Apfel-Zitronen-Chili-Saft.

Gerade probiere ich den ersten Schluck (ungewöhnlich, aber gut), als das Telefon klingelt.

»Kind, kommst du zum Mittagessen? Es gibt Piroggen mit Butter«, dröhnt es an mein Ohr.

»Aber Oma, ich mache doch meine Entgiftungskur.«

»Hör mal zu. Das ist Unsinn. Als wärst du vergiftet. Du musst ordentlich essen, sonst wirst du mir noch zu dünn!«

»Ich wiege mehr als neunzig Kilo, Oma, bevor ich zu dünn bin, fließt noch viel Wasser die Spree runter.«

»Die Frauen in unserer Familie haben alle einen stabilen Knochenbau«, behauptet meine Großmutter, und ich wünschte, sie hätte recht. Leider ist es medizinisch erwiesen, dass alle Menschen ungefähr gleich schwere Knochen haben. Unterschiede gibt es höchstens beim Fettanteil …

Ich lasse mich nicht erweichen. Obwohl meine Großmutter köstliche Mehlspeisen wie keine Zweite zubereitet, werde ich mein Detoxing-Programm durchziehen.

Oma kündigt noch ihren Besuch für nächste Woche an, um nach dem Rechten zu sehen, und ich wünsche ihr ein schönes Wochenende.

Den Gedanken an ihre Kochkünste werde ich leider nicht so schnell los. Deshalb beschließe ich, erst mal mit meinen Hunden eine Runde durch den Wald zu drehen. Auf den Wiesen liegt Tau, die Luft ist wunderbar frisch. Ich fühle mich gestärkt. Am besten gefällt mir, dass kein verführerisches Essen in Reichweite ist. Plötzlich kann ich gut verstehen, warum C-Promis freiwillig ins Dschungelcamp einziehen. Wäre ich berühmt, würde ich das womöglich auch ausprobieren. Es wäre angenehm warm. Es gäbe Reis, Wasser und Toilettenpapier. Was braucht der Mensch mehr? Ich hätte eine Hängematte, auf der ich den ganzen Tag in Ruhe chillen könnte. Ich bekäme viel Schlaf und würde dabei immer schlanker, denn ich wäre abseits jeder Versuchung und quasi gezwungen zu fasten. Selbst wenn ich sündigen wollte, es ginge gar nicht.

Doch die Realität sieht anders aus. Hier, in dem kleinen Ort, in dem ich lebe, gibt es sage und schreibe fünf Einkaufszentren voller verführerischer Leckereien.

Ich gehe nach Hause, um mir einen Apfel-Kiwi-Gurken-Orangen-Mangold-Chlorella-Saft einzuverleiben. Danach putze ich das ganze Haus, bis es überall blitzt und glänzt, nur um mich davon abzulenken, dass mein Magen knurrt. Auch nach dem abendlichen Süppchen verspüre ich, im Gegensatz zu gestern, noch den Drang, mir etwas in den Mund zu stecken – und das, obwohl ich jeden Bissen wie empfohlen vor dem Runterschlucken zwanzigmal gekaut habe. Ich gebe dem Drang nach, stecke mir jedoch nichts Essbares in den Mund, sondern nur die Zahnbürste. Nach mehrmaligem Zähneputzen und einem großen Glas Wasser gehe ich früh schlafen. Vielleicht schaffe ich es ja, zwei Wochen lang durchzuschlafen?

Tag 3, Sonntag: Lust auf Süßes und bleierne Müdigkeit
Zum Glück muss ich heute nicht arbeiten, denn irgendwie werde ich gar nicht richtig wach. Ich beschließe, einfach einen Im-Bett-Sonntag einzulegen und nur zu den Mahlzeiten kurz aufzustehen. Zum Frühstück überkommt mich in der Küche die Gier nach einem Kaffee. Keine Regel ohne Ausnahmen, denke ich, und bereite mir einen verbotenen Espresso zu. Er schmeckt nach Maschinenöl. Ich kippe ihn aus, gähne herzhaft und koche mir eine große Kanne Kräutertee. Dann genieße ich meinen Apfel-Trauben-Gurken-Rotkohl-Zitronen-Rosenwasser-Rote-Bete-Saft und lege mich wieder hin. Den ganzen Tag fühle ich mich schlapp und schwach. Ich nehme alles wie durch Nebelschwaden wahr. Gegen Nachmittag überfällt mich eine unbändige Lust auf etwas Süßes. Zum Glück habe ich meine Vorräte beseitigt, so kann ich meiner Versuchung nicht nachgeben.

Nachdem ich die abendliche Gurken-Miso-Suppe mit schwarzem Sesam ausgelöffelt habe, schlurfe ich zurück zum Bett. Ich bin sogar zu müde zum Lesen. Bevor ich einschlummere, fällt mir ein, dass für morgen jede Menge Arbeit auf meiner To-do-Liste steht. Hilfe! Lieber gar nicht dran denken …

Tag 4, Montag: Wie verwandelt und extrem optimistisch

Als der Postbote klingelt und mir die zweite Detox-Lieferung überreicht, habe ich schon drei Stunden am Schreibtisch hinter mir. Drei ausgesprochen produktive Stunden, wohlgemerkt! Was auch immer gestern mit mir los war, heute ist nichts mehr davon zu spüren. Ich fühle mich hellwach, fit, hoch konzentriert! Heute ist ein Supertag. Ich unterbreche die Arbeit nur für meine Mahlzeiten und einen sehr langen, sehr flotten Spaziergang mit den Hunden. Ich schwitze wie ein Iltis und fühle mich hervorragend dabei – so dynamisch, so gesund, so schlank! Als ich nach dem Duschen die köstliche Thai-Spargel-Suppe mit Kokos, Zitronengras und Pinienkernen genieße, tut es mir fast leid, dass nur noch zehn weitere Detox-Tage vor mir liegen.

Tag 5, Dienstag: Ich schmelze – und bleibe standhaft

Ob mir das Hungern schwerfällt, will meine Tochter wissen.

»Nö, alles easy«, erkläre ich. Es geht mir wirklich gut – ich tanze durch den Tag, bin weiterhin sehr fleißig, genieße meine entgiftenden Mahlzeiten und habe fast das Gefühl, mein Körperfett schmelzen zu hören. Es knistert regelrecht!

»Dann ist es ja klasse«, meint Marie. »Du denkst doch an unsere Verabredung zum Essengehen?«

Ooops. Die habe ich ja völlig vergessen. Ich lasse mir nichts anmerken und nehme die Herausforderung an. Wenn es einen ultimativen Test für meine Standhaftigkeit gibt, dann ist es der Besuch in meinem liebsten indischen Restaurant.

Zu meiner allergrößten Überraschung habe ich keinerlei Gelüste. Während meine Tochter nach Herzenslust schlemmt, trinke ich bloß ein großes stilles Wasser – und gönne ihr den Genuss. Kein Zweifel: Ich bin eine Heilige.

Tag 6, Mittwoch: Flüssiger Nachschub und Anti-Aging-Trinken
Und wieder klingelt der Postbote, um mir Flüssigfutter-Nach-
schub zu bringen. Ich habe ihm neulich erzählt, welch lebens-
wichtige Fracht er mir da regelmäßig liefert. Heute macht er mir
ein Kompliment – ich sehe schon richtig schlank aus, findet er.
Das ist natürlich maßlos übertrieben, aber ich habe tatsächlich
deutlich abgenommen. Das verrät mir jedenfalls der Spiegel.
Wiegen will ich mich erst, wenn die erste Woche vorbei ist. Zehn
Kilo verliert man im Durchschnitt bei vierzehn Tagen Detoxing.
Ob ich das auch schaffe?

Was ich leider nicht so gut schaffe, ist die empfohlene Trink-
menge. Obwohl das so wichtig ist. Wenn man erst dann trinkt,
wenn man bereits einen trockenen Mund hat, ist es eigentlich schon zu spät. Durst ist ein Warnsignal dafür, dass im Körper Wassermangel herrscht. Zu diesem Zeitpunkt haben einige
empfindliche Stoffwechselfunktionen ihren Betrieb längst eingestellt – was den Alterungsprozess vorantreibt. Weil mich dieser
Punkt extrem beunruhigt, gewöhne ich mir ein paar Tricks an. In
jedem Zimmer stelle ich eine Wasserflasche auf. Immer, wenn
ich das Zimmer wechsele, nehme ich einen riesigen Schluck.
Und immer, wenn ich auf Toilette war, leere ich anschließend ein
zusätzliches Glas Wasser. Wollen wir doch mal sehen, ob ich mich
nicht jung und schlank trinken kann!

Tag 8, Freitag: Juhuuu und Igitt liegen dicht beieinander
Ich erwache voller Tatendrang. Die erste Detoxing-Woche ist geschafft. Ohne vorher etwas zu trinken (was mir schwerfällt, denn
an die empfohlene Wassermenge habe ich mich inzwischen gewöhnt), stelle ich mich auf die Waage.

Zuerst traue ich mich gar nicht hinzuschauen. Was, wenn das
Ganze bei mir nicht funktioniert? Wenn das Fettschmelz-Bitzel-
gefühl pure Einbildung war? Doch dann denke ich an Anne Hat-

haway, Sienna Miller und Demi Moore. Wenn die dank Detoxing dünn bleiben können, kann ich es auch. Oder jedenfalls werden.

Okay, Stunde der Wahrheit.

Juhuuu! Ich bin 2,4 Kilo leichter als vor einer Woche! Das kann nicht nur Wasser sein … Wow, ich bin begeistert. Damit liege ich sogar etwas über dem Durchschnitt. Sehr cool!

Die Ernüchterung folgt schon wenig später, als ich mein Flüssig-Frühstück trinke. Zum ersten Mal verspüre ich einen gewissen Widerwillen. Was ist nur los? Gestern fand ich die Säfte doch alle noch so lecker. Jetzt stößt mich der Geschmack regelrecht ab.

Statt sich zu verflüchtigen, nimmt dieses Gefühl im Lauf des Tages noch zu. Nur die Tomaten-Orangen-Suppe schmeckt mir. Leider gibt es ab heute nur noch ein Süppchen pro Tag und dafür einen Saft mehr. Wie soll ich die nächste Woche bloß überstehen? Wie schaffen das all die Hollywood-Stars? Wahrscheinlich konzentrieren sie sich voll auf die Millionengagen, die ihnen winken. Ich muss mir nur vorstellen, mit jedem Kilo, das ich verliere, würde ich reicher. Will mir leider nicht so ganz gelingen. Wer in aller Welt sollte mich fürs Dünnsein bezahlen?

Tag 10, Sonntag: Heimsuchung versus Flucht
»Kann ich dein Auto haben?«, fragt mich Marie, während ich meinen Frühstückssaft herunterwürge.

»Klar, gerne«, antworte ich arglos. Ich frage nicht, was sie vorhat, schließlich ist sie erwachsen.

Hätte ich aber vielleicht tun sollen, das wird mir eine Stunde später klar, als sie zurück ist. Denn sie kommt nicht allein, sondern samt meiner Großmutter. Die beiden schleppen einen riesigen Einkaufskorb voller für mich verbotener Lebensmittel.

»Was soll denn das werden?«, frage ich völlig entgeistert.

»Sonntagsbraten«, erklärt Oma strahlend. »Mit Knödeln, Rotkohl und Soße. Als Vorspeise gibt's Markklößchensuppe, als Dessert Schokoladenkuchen. Almut und Hildegard kommen auch. Freust du dich?«

Das muss ein böser Traum sein.

Irgendwie überlebe ich die Mahlzeit. Trotzig löffele ich meine Lauch-Minze-Suppe und ignoriere die Bemerkungen der Unverbesserlichen an meinem Tisch. Als Oma behauptet, ihr Arzt habe ihr empfohlen, ausschließlich tierische Produkte zu essen, weil das für ältere Menschen einfach gesünder sei, flüchte ich mit den Hunden nach draußen.

Tag 13, Mittwoch: Endspurt mit Luxus

Der Kurier kommt, wie immer pünktlich. Trotz seiner Freundlichkeit kann ich es kaum erwarten, ihn nicht mehr alle zwei Tage sehen zu müssen. Ich mag nicht mehr. Alles schmeckt nach Gurke und Erde. Zum Glück ist heute der vorletzte Detoxing-Tag! Mit Todesverachtung trinke ich die vier Säfte, die auf dem Speiseplan stehen, und muss hysterisch lachen, als mir klar wird, wie unpassend das Wort »Speiseplan« in diesem Zusammenhang ist.

Den Nachmittag gebe ich mir selbst frei und gönne mir ein bisschen Wellness: Ich sauniere, lasse dabei eine Haarkur einwirken. Meine Hautreinigungsmaske trage ich so dick auf, dass kein Gesichtserkennungsprogramm der Welt mich identifizieren könnte. Dann bürste ich mir die alten Hautzellen vom Körper und nehme mir richtig viel Zeit für Maniküre und Pediküre. Sollte ich öfter machen – auch ohne Detox-Kur!

Tag 14, Donnerstag: Frisch, neu und in doppeltem Sinne erleichtert

Ich stehe vor dem Spiegel und mache Bestandsaufnahme. Vor zwei Wochen hatte ich noch einen kurzen, zylindrischen Hals, einen quadratischen Oberkörper, eine kugelförmige Mitte, eine rechteckige Hüfte und Kegelbeine. Jetzt dagegen … Na ja, ganz so geometrisch sehe ich nicht mehr aus, bin aber auch noch lange nicht das junge, blonde Model, das ich früher einmal war – vor einem halben Leben. Damals ernährte ich mich fast ausschließlich von Äpfeln und Unmengen von Wasser, um gertenschlank zu bleiben. Dennoch fühlte ich mich damals dick. Über vierzig Kilo und zwanzig Jahre später sieht die Sache anders aus. Bis vor Kurzem passten mir ausschließlich Jogginghosen. Inzwischen kann ich wieder einige meiner Jeans tragen, ganz bequem.

Eins ist sicher: Ohne das Treffen mit Mara und Lucinde hätte ich den Neuanfang nicht geschafft. Doch jetzt bin ich nicht mehr zu bremsen. Ich fühle mich hoch motiviert, frisch, jung und erleichtert, weil die zwei Detox-Wochen vorbei sind. Gleich stelle ich mich auf die Waage, um zu sehen, wie groß die Erleichterung in Kilo gemessen ist. Die Spannung steigt!

Gewichts-Check: 88,5 Kilo

Fazit:
Ob ich die Detox-Kur empfehlen kann? Auf jeden Fall. Ich würde sie wieder machen. Na ja, nur nicht gleich nächste Woche … Die Säfte hatte ich nach einer Woche zwar über, aber immerhin habe ich 7,8 Kilo an Körpergewicht verloren. Meine Haut sieht frischer aus, und ich fühle mich großartig.

Mir ist klar, dass ich einiges ändern muss, um nicht in die Jo-Jo-Falle zu tappen und um noch schlanker zu werden: Ich werde weiterhin viel Wasser trinken und mir auch im beruflichen Alltag mehr Zeit für vernünftige, ausgewogene und vegetarische Mahlzeiten nehmen, statt am Schreibtisch zwischendurch einfach irgendwas in mich hineinzustopfen.

Noch sehe ich nicht aus wie Jennifer, Sienna, Claudia & Co., aber nach der nächsten Promi-Diät wird eine Sieben vorne stehen statt einer Acht. Das muss doch zu schaffen sein!

Etwas später …

Hier ist der Anrufbeantworter von Anja Koeseling. Im Moment bin ich leider nicht erreichbar, Sie können mir aber nach dem Signalton eine Nachricht hinterlassen. Dankeschön, auf Wiederhören.

Oma

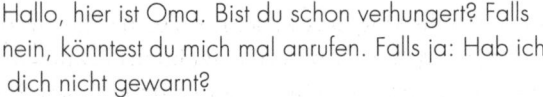

Hallo, hier ist Oma. Bist du schon verhungert? Falls nein, könntest du mich mal anrufen. Falls ja: Hab ich dich nicht gewarnt?

Wie Omas so sind, gibt sie keine Ruhe und nötigt eine Freundin, sie bei mir vorbei zu fahren. Wenigstens ruft sie von unterwegs an, sodass ich noch eine halbe Stunde Zeit habe, um aufzuräumen. Dann fährt der Wagen vor, und ich hole Oma am Gartentor ab. Neben ihrem Koffer stehen da noch ungefähr ein halbes Dutzend Tüten. Ich muss mehrmals laufen, bis alles – inklusive Oma – im Haus ist. Erschrocken fällt ihr Blick auf die eine Tüte, die ich ganz zu Anfang hereingebracht habe. Sie ist umgefallen und sieht auch sonst irgendwie beschädigt aus. Sofort fällt mir auf, dass was fehlt. Normalerweise sind meine Hunde immer zur Stelle, wenn sich an der Haustür etwas tut, diesmal nicht. Im Wohnzimmer sehe ich dann die Bescherung: Monsieur Kleff und seine Mutter sitzen auf dem Boden, und jeder ist mit den Resten einer großen Schlackwurst beschäftigt. Korrekterweise müsste es heißen »ehemals großen Schlackwurst«, denn sie haben schon wesentliche Teile der Würste vertilgt. Wie können kleine Hunde nur derartig verfressen sein! In weniger als zwei Minuten haben sie den Beutel durchsucht, die Würste verschleppt und zur Hälfte verinnerlicht. Ein Unrechtsbewusstsein ist nicht zu erkennen, ihre Mienen wirken unschuldig. (Wieso, waren die Würste etwa nicht für uns?) Als ich etwas lauter werde, verstehen sie wohl das Problem und verziehen sich ins jeweilige Körbchen – mit den Wurstrudimenten. Auch Oma flucht wegen der »unerzogenen Köters«.

Auf meine Frage, welche Überraschungen bezüglich der zahlreichen Taschen außerdem zu erwarten sind, kommt dann: »Ich habe noch etwas gefrorenes Gemüse aus dem Garten dabei, und der Nachbar gab mir noch eine selbst gezogene Flugente mit. Du weißt ja, dass die viiiel besser schmecken als die aus dem Supermarkt. Na ja, ein paar (hundert?) Eier habe ich auch mitgebracht und die gute Räucherwurst – oder sollte ich die etwa schlecht werden lassen?«

Wenn ich mir die gewaltigen Tüten so anschaue, hat Oma ihre Mitbringsel nur zum Teil erwähnt. Die geräucherte Ente, die beim Auspacken auftaucht, ist eines meiner Lieblingsessen – vermutlich mit dem Energiegehalt eines Reaktor-Brennstabs. Ganz offensichtlich verfolgt Oma das Ziel, meine Diät zu sabotieren. Es ist auch nicht ganz so einfach zu erklären, dass vegetarisch nur pflanzliches Essen bedeutet.

Während ich mit ihr weiter den Inhalt der Tüten ausräume, gelange ich zu der Vermutung, dass sie sich auf den Dritten Weltkrieg vorbereiten will. Zumindest würde sie mehrere Wochen ohne Lebensmittelnachschub auskommen, so viel ist sicher. Auf meine Bemerkung hin, dass die Mengen an Nahrungsmitteln nicht gerade eine tolle Unterstützung bei meiner Diät sind, kontert sie mit der durchaus zutreffenden Bemerkung, dass sie ja früher die Tierproduktion in einer LPG, einer Landwirtschaftlichen Produktionsgenossenschaft zuzeiten der DDR, geleitet habe und sich daher gut mit Ernährung auskenne. Das stimmt, im Turbo-Mästen war sie ein Profi gewesen. Ich versuche zu argumentieren, dass sie ohne Zweifel Bescheid wisse, wie man Fett auf die

Rippen bekommt, das Gegenteil aber deutlich schwieriger sei. Und außerdem hätten wir jetzt nicht den Hungerwinter 1946, selbst das traditionelle und jährlich stattfindende Koeseling'sche Weihnachtsmästen sei bereits lange vorbei.

Meine Entgegnung bleibt ergebnislos, Oma weiß ohnehin immer alles besser. Als sie dann mit meiner Tochter »etwas zum Abendbrot« vorbereiten will, verschwinde ich aus der Küche und verstecke mich mit meinen beiden Hunden im oberen Teil des Hauses. Den Wuffs missfällt das offenkundig, denn in ihrem Fressgedächtnis hat sich der Zusammenhang zwischen dem Auftauchen von Oma und dem Angebot an Wurst, geräucherter Entenbrust und anderen Leckerbissen fest eingebrannt.

Der nächste Morgen. Liebevoll hat Oma um 6.30 Uhr Frühstück gemacht und dabei sogar an mich und meine Diät gedacht. Guter Wille ist ihr wichtig! Sie hat ein Müsli vorbereitet, das sogar teilweise meiner Nach-Detox-Diät entspricht. Auf dem großen Teller mit Vanillepuddingcreme ist ein kleiner Berg von eingekochten Früchten aufgestapelt. Gut, Früchte gehören zu einer Diät, aber keine eingeweckten Kirschen mit achtzig Prozent Zucker. Wie zum Hohn sind ein paar Haferflocken darübergestreut. Ich esse einen Löffel – lecker! Ich entscheide mich, Oma nicht zu enttäuschen, und nehme das Essen mit in mein Schlafzimmer. Da meine Hunde auch noch müde sind, beschließe ich, ebenfalls noch ein paar Stündchen zu schlafen. Gegen zehn kommt meine Großmutter hoch und weckt mich.

»Aha, wie man sieht, hat es dir geschmeckt.«

Im ersten Moment verstehe ich sie nicht ganz, dann sehe ich auf den Teller – leer. Weiterhin fallen mir die Puddingreste an den Hundeschnauzen auf sowie die Tatsache, dass die beiden Vierbeiner noch ruhen. Offensichtlich müssen sie ein Verdauungsschläfchen abhalten. Mir wird jetzt auch klar, dass ich so keinerlei Chancen habe, in Anwesenheit von Oma nur ans Abspecken zu denken. Oma muss weg!

Wer schläft, hungert nicht – Schlank im Schlaf

Haha! Ich hab sie! Die Lösung all meiner Probleme. Ich sehe sie in der Buchhandlung, als ich vor dem Regal mit der Aufschrift »Ernährung« stehe. Und sie ist – natürlich ein Buch. *Schlank im Schlaf*, steht auf dem Titel, und das ist doch genau das, was ich gesucht habe. Schluss mit der Brain-Pull-Inkontinenz – äh – Inkompetenz. Ich programmiere mein Gehirn um. Über Nacht.

»Guckt mal«, sage ich zu Hause zu Mann und Töchtern und zeige ihnen den Buchtitel. »Ich schlafe meinen Speck jetzt einfach weg. Das funktioniert ähnlich wie bei einem Bär im Winterschlaf: Man beachtet ein paar Essens- und Schlafregeln, dann zieht man sich in seine Höhle zurück, schlummert viele Stunden lang und erwacht schlank und schön im Frühlingssonnenschein.« Ich sehe meinen Mann herausfordernd an. »Na? Was sagste? Dieses Programm halte ich locker mein Leben lang durch.«

Mein Mann wirft mir einen langen Blick zu – und sagt nichts. Egal. Er muss jetzt sowieso leise sein. Ich schlafe gleich.

Ich lege mich schon mal auf mein Bett, denn es wird in den nächsten Wochen der Ort meiner Bestimmung sein. Und dann schlage ich das Buch auf.

Es beginnt mit einem theoretischen Teil, den ich am liebsten überblättern würde, um gleich loszuschlafen. Aber da steht, dass ich erst einmal mehr über meinen Stoffwechsel und meine Hormone wissen sollte. Na gut.

Auf den folgenden Seiten geht es um die Hormone Serotonin und Melatonin, meine Zirbeldrüse, mein limbisches System und meine Bio-Uhr, und immer wieder ums Insulin. Alles hängt mit allem zusammen, und ganz wichtig ist es offenbar, den Insulinspiegel im Griff zu haben. So richtig kann ich mit diesem Wissenswulst nichts anfangen, obwohl ich ja sonst wirklich auf Wissenshäppchen stehe. Aber diese sind ziemlich zusammenhanglos. Gähn. Wann geht's denn los?

Und dann kommt ein Test: Um herauszufinden, wie ich optimal abnehmen kann, muss ich erst einmal bestimmen, welcher Typ Mensch ich bin. Am Anfang ist das leicht. Mann oder Frau? Ganz klar: Frau.

Die Männer müssen jetzt in einem Test herausfinden, ob ihre Vorfahren einst Ackerbauern oder Nomaden waren, aber das kann ich überblättern. Schließlich folgt der Test für Frauen. Die kann man jedoch nicht einfach in zwei Gruppen einteilen, die sind »feiner abgestimmt«, wie ich nun erfahre. Es gibt bei uns nämlich zwei Besonderheiten: Erstens durchwandern wir immer mal wieder Lebensphasen, in denen wir zu schleichender Gewichtszunahme neigen: Pubertät, Menstruation, PMS, Schwangerschaft, Stillzeit, Wechseljahre, Menopause. Hmmm, also neigen wir eigentlich fast ständig zu einer Gewichtszunahme, das erklärt einiges. Und dann hängt es, zweitens, auch noch vom Hormontyp ab, wo, wodurch und wie wir zunehmen. Ich muss jetzt also herausfinden, ob ich ein Östrogentyp (»Die Fürsorgliche«), ein Gestagentyp (»Die Ehrgeizige«) oder ein Testosterontyp (»Die Unabhängige«) bin. Achtzig Fragen und Aussagen sollen mir dabei helfen.

Nach ein paar Minuten bin ich verzweifelt: Die Fragen sind schwammig formuliert und schwer zu beantworten. Entweder ich nehme es nicht allzu genau und achte nicht auf jede Nuance der Formulierungen, dann trifft eigentlich fast alles auf mich zu. Oder ich bin ganz genau, und dann kann ich kaum noch eine Antwort ankreuzen. Was macht man zum Beispiel mit einer solchen Aussage: »Eine solide Ausbildung ist wichtig, ohne Zweifel. Wenn Kinder da sind, möchte ich aber lieber zu Hause bleiben und diese Aufgabe verantwortungsbewusst erfüllen. Dafür gehört für mich auch, dass ich dem Partner den Rücken freihalte.«

Hallo? Klar will ich meine Aufgabe verantwortungsbewusst erfüllen. Meinetwegen arbeite ich auch von zu Hause aus, falls es nötig ist, aber einen zwingenden Zusammenhang zwischen »verantwortungsbewusst« und »zu Hause bleiben« sehe ich nicht. Und wieso soll ich deswegen meinem Partner den Rücken freihalten? Was hat das denn damit zu tun? Oder was ist mit dieser Behauptung: »Ich schlafe schnell ein und bin morgens in der Regel gut gelaunt.« Ich schlafe zwar überaus schnell ein, bin aber morgens in der Regel schlecht gelaunt. Und diese Variante gibt es bei den Antworten nicht.

Ich mache den Test zweimal. Beim ersten Mal bin ich penibel, beim zweiten Mal kreuze ich spontan nach Gefühl an. Bei beiden Versuchen fällt das Ergebnis unbefriedigend aus: Gleichstand, und zwar bei allen drei Hormontypen. Ich bin also die Fürsorglich-Ehrgeizig-Unabhängige. Mein Blut muss ja vor lauter Hormonen förmlich überschwappen. Doch was mach ich jetzt mit diesem Ergebnis? Welche Ernährungsweise ist für ein solches Hormonwunder richtig? Na toll, das steht da nicht.

Als sich die erste Verzweiflung gelegt hat, wähle ich das Standardprogramm, das für die meisten Stoffwechseltypen passt.

Nun weiter im Text. Jetzt will ich wissen: Wie schlafen diese Standardtypen denn richtig? Hektisch blättere ich vor und zurück, aber zu diesem Thema finde ich nichts. Nur ein paar Seiten des Buchs befassen sich überhaupt mit Schlaf. Und da steht eigentlich nur, dass er wichtig ist. Auf den restlichen Seiten geht's ums Essen – oder besser: ums Nichtessen. Und um Sport.

Mist. »Schlank im Schlaf« ist auch wieder eine Diät. Und ich wollte doch nicht hungern. Im ersten Impuls will ich das Buch in die Ecke feuern, aber dann fällt mir ein, dass Anja und Lucinde schon richtig dünn sind. Und in ein paar Wochen liegen sie im Bikini am Pool und sehen toll aus, und ich traue mich nicht einmal, meinen Tankini anzuziehen, sondern sitze im langen Strandkleid schwitzend im Schatten und behaupte, dass ich mir aus Sonne und Wasser und bewundernden Blicken überhaupt nichts mache. Nee, das will ich nicht. Das glaubt mir sowieso keiner!

Soll ich das Programm vielleicht doch mal ausprobieren? Immerhin steht da, dass »Schlank im Schlaf« keine Diät ist, sondern eine »kulinarische Wohlfühlwelt«. Ich muss angeblich nicht hungern, sondern mich nur bewusst ernähren. Und statt Sport kann ich mich auch einfach im Alltag mehr bewegen. Okay, das könnte ich ein Leben lang schaffen. Also los!

Ich vertiefe mich in Ernährungspläne, berechne meinen Body-Mass-Index (siehe S. 168), stelle mir aus den Ernährungsbaukästen Mahlzeiten zusammen, was ich ziemlich kompliziert finde. Morgens soll es nur Kohlenhydrate geben, mittags kann ich wählen, ob ich nur Kohlenhydrate oder Mischkost essen will, und abends gibt es einzig Proteine. Ich beginne den ersten Tag mit einem Müslifrühstück plus Kaffee. Milch ist tabu, denn Eiweiß ist morgens schließlich verboten. Weil verdünnte Sahne aber nur ganz wenig Eiweiß enthält und deswegen erlaubt ist, kommt sie in den Kaffee. Rein geschmacklich ist alles okay, es gibt nur ein Problem: Ich muss bei meinem Body-Mass-Index insgesamt 75 Gramm Kohlenhydrate essen. Muss! Sonst halte ich nicht bis zur nächsten Mahlzeit durch. Und das ist ganz schön viel. Acht Esslöffel ungezuckertes Müsli plus Obst, und das morgens um sieben. Die Menge passt nicht einmal in meine Müslischale, und ich muss alles in einen Suppenteller füllen.

Ich esse und esse und esse. Danach ist mir schlecht. Ich freue mich richtig auf die Essenspause, die ich jetzt einlegen muss, und die fünf Stunden kommen mir kurz vor.

Das sind sie wirklich. Um zwölf ist mir immer noch übel, aber die nächste Mahlzeit ruft. Es gibt Vollkornspagetti mit Tomatensauce. Wieder verzichte ich auf Eiweiß, um so, wie ich gelesen habe, schneller an Gewicht zu verlieren. Satt werde ich allemal, aber nachmittags ist mir weiterhin übel, und ich bin gereizt wie ein Hooligan. Als mein Mann mich anspricht, will ich ihn am liebsten filetieren, vielleicht, um ihn zu verspeisen, weil er Eiweiß enthält. Dabei hab ich gar keinen Hunger. Mir ist nur schlecht.

Der arme Kerl! Er hat mich nur gefragt, was er einkaufen soll. Ich will nämlich nicht in den Supermarkt gehen, wo so viele verbotene Sachen offen herumliegen. Das war nett von ihm, ich weiß das. Trotzdem soll er mich nicht einfach ansprechen. Und das sage ich ihm auch.

Mein Mann sieht mich lange an. Gut, dass er schweigt. Ich hätte ihn sonst vielleicht angenagt, obwohl mein Magen grummelt.

Puh, wie lange geht das noch so? Meine ganze Hoffnung gilt dem Abendessen, denn da darf ich endlich Eiweiß zu mir nehmen. Zum Glück soll ich das früh essen, auf jeden Fall vor acht. Ein Schnitzel mit Pilzen. Nichts dagegen.

Danach habe ich tatsächlich keinen Hunger. Ich gehe früh ins Bett, denn ich will ja über Nacht abnehmen. Aber an Schlaf ist nicht zu denken. Mir ist nach wie vor speiübel, und meine Füße sind eiskalt; trotz Wärmflasche werden sie nicht warm.

Am zweiten Tag wiederholt sich das Frühstück vom gestrigen Morgen. Mit der Menge komme ich schon besser klar, denn ich habe richtig Hunger. Doch um zehn wird mir abermals schlecht. Ich bin aggressiv. Mein Kopf ist leer, und ich kann mich nicht konzentrieren. Zum Glück bin ich allein, ich wäre jetzt keine gute Gesellschaft. Ich trinke einen Schwarztee mit einem Hauch von (verbotener) Milch, aber es hilft nichts. Muss ich da durch, oder soll ich das Ganze lassen? Ich denke nur noch ans Essen, dabei habe ich kein bisschen Hunger. Mir ist, wenig überraschend, wieder mal schlecht.

An Arbeit ist gar nicht zu denken. Mist, der Abgabetermin für meinen Roman naht. Was tun?

Am dritten Tag variiere ich beim Frühstück, es gibt ein Marmeladenbrötchen, trotzdem fühle ich mich nicht gut. Aber – hurra! – ich habe abgenommen. Ein Kilo. Das ist doch was, oder?

Am vierten Tag ist mir flau im Magen. Und wie. Ich ändere die Zusammensetzung meiner Mahlzeit und esse mittags schon Proteine, aber das ändert nichts an meinem Unwohlsein. Außerdem finde ich die Rezepte kompliziert, und das Herumrechnen, wie viel ich von was essen darf, nervt mich. Ich freu mich auch nicht mehr aufs Abendessen. Proteine, bäh! Von Tofu bekomme ich Sodbrennen, und dauernd Fleisch oder Fisch – brrr. Und diese vermaledeite Übelkeit. Nachts stelle ich mir vorsichtshalber eine Schüssel ans Bett, aber zum Glück brauche ich sie nicht.

Am nächsten Morgen entdecke ich Internetforen, in denen von ähnlichen Erfahrungen die Rede ist. Und Trost gibt es auch: Nach zwei Wochen soll sich die Übelkeit legen.

Uff. Zwei Wochen? Wenn ich noch weitere vierzehn Tage so drauf bin wie jetzt, habe ich keinen Job mehr, meine Ehe hat keine Chance mehr, und die Kinder rufen beim Jugendamt an.

Träume nicht vom Schlanksein – verschlanke dich im Traum

So lautet das Versprechen: Wenn man zu jeder Tageszeit genau das Richtige isst, kann man seine Hormone in eine günstige Balance bringen und nimmt ohne Diät im Schlaf ab.

Das Konzept: Bei der Insulin-Trennkost nimmt man morgens einzig Kohlenhydrate, mittags Mischkost und abends nur Proteine zu sich.

Die Mengen werden abgewogen. Dazwischen gibt es nichts außer jede Menge Wasser oder Tee, viel Bewegung, Entspannung und viel Schlaf. Damit sollen Hormone aktiviert werden, die nachts Fett verbrennen.

Das sagen Befürworter: Die Ernährung ist gesund und ausgewogen, und man muss keine Kalorien zählen.

Das sagen Kritiker: Wer Essensmengen berechnet und auf Zwischenmahlzeiten verzichtet, nimmt auf jeden Fall ab. Aber das wissenschaftliche Drumherum ist bei einer Trennkost nicht belegt. Aus ernährungswissenschaftlicher Sicht gibt es keinen Grund, Kohlenhydrate und Proteine getrennt zu essen, das macht die Sache nur unnötig kompliziert. Und es ist auch nicht besser, drei statt fünf Mahlzeiten zu sich zu nehmen, so fördert man allein Heißhungerattacken.

Das sage ich: Man zählt zwar keine Kalorien, aber dafür wiegt man alles, was man isst. Ich finde das kompliziert. Außerdem ging es mir bei dieser Ernährung nicht gut. Vielleicht ist mir bei der Typ-Einteilung ein Fehler unterlaufen, dabei habe ich den Test zweimal gemacht. Für mich ist die Methode »Schlank im Schlaf« nichts, das ich länger durchhalten kann und will.

Durchhaltetipps: Es gibt Schlank-im-Schlaf-Bücher speziell für Vegetarier und Berufstätige. Manche Bäckereien führen auch ein »Schlank im Schlaf«-Brot, das so eiweißhaltig ist, dass man es sogar abends essen darf.

Zum Weiterlesen: Dr. med. Detlef Pape: *Schlank im Schlaf. Das Basisbuch. Die revolutionäre Formel: So nutzen Sie Ihre Bio-Uhr zum Abnehmen.* München 2014

Am sechsten Tag von »Schlank im Schlaf« ist mir nach dem Früh-stück erneut schlecht, und ich frage mich, ob es wirklich sinnvoll und gesund sein kann, jeden Morgen so viel zu essen, bis einem übel ist. Ich finde das plötzlich mir selbst gegenüber respektlos. Ja, genau, respektlos. Wie geh ich denn da mit mir um? Mein Kör-per sendet mir ein Warnsignal nach dem anderen und gibt mir damit zu verstehen: »Mir geht es nicht gut«, und ich sage nichts weiter als: »Mund auf, Augen zu und durch.«

Doch wenn ich morgens weniger esse als vorgeschrieben, schaffe ich es nicht mit drei Mahlzeiten pro Tag. Und abgesehen davon: wie ich aussehe! Nicht sehr gesund. Mein Gesicht ist ganz schlaff. Noch zwei Kilo, und ich habe Lefzen wie mein Hund. Nee, echt nicht. Das ist nicht mein Weg.

Am sechsten Tag und zwei Kilo leichter breche ich die Sache ab. Also, wenn das keine Diät ist – was ist dann eine?

Den Schalter im Kopf habe ich mit »Schlank im Schlaf« leider nicht gefunden. Wo ist der nur? Ich recherchiere weiter.

Marapedia – die etwas andere Enzyklopädie

Das dicke Warum

Der Adipositas-Forscher Achim Peters hat herausgefunden: Bei Stress benötigt jedes Gehirn mehr Energie als sonst. Manche Menschen werden davon dicker, andere dünner. Bei denen, die abnehmen, »futtert« das Gehirn Vorräte des Köpers weg, weil ihr Brain-Pull stark ist. Bei den anderen ist er schwach, und sie essen mehr, um das Gehirn zufriedenzustellen. Ich bin die zweite Variante. Na toll.

Was ist los mit meinem Brain-Pull? Warum schwächelt er? Kann ich ihn vielleicht ins Fitnessstudio schicken, zur Brain Gym? Das würde uns doch beiden helfen!

1. Warum schwächelt mein Brain-Pull?
2. Was ist Stress?
3. Die gute und die schlechte Nachricht

1. Warum schwächelt mein Brain-Pull?
Studien haben gezeigt: Es gibt Menschen, deren Organismus bei Belastung viele Stresshormone wie Adrenalin und Cortisol ausschüttet. Diese Mega-Stresser bleiben dünn, denn dank der Hormone kommt ihr Gehirn an Körpervorräte ran. Daneben existieren aber auch die »cooleren Stresser«, die trotz Überbeanspruchung kaum entsprechende Hormone produzieren. Und die werden bei Stress hungrig.

Die verringerte Ausschüttung hat auch einen Grund: Der Organismus der »Coolen« hat sich an den Stress gewöhnt, sein Stresssystem ist mehr oder weniger ausgeleiert. Das liegt daran, dass solche Menschen irgendwann in ihrem Leben entweder Dauerstress hatten oder einen kurzen, sehr starken Stress.

2. Was ist Stress?

Viele bezeichnen alles, was sie nervt oder unter Zeitdruck setzt, als Stress. Aber medizinisch betrachtet ist nicht jede Aufregung Stress. Anstrengende Situationen haben für einen Organismus dann Konsequenzen, wenn er sie als bedrohlich empfindet. Der Organismus, wohlgemerkt, nicht der Mensch. So kann man sich zum Beispiel über einen Umzug und einen Neubeginn in einer anderen Stadt freuen, aber dabei auch Ängste entwickeln, die der Körper als Stress empfindet. Und beim Stress im Job sind kaum die Führungskräfte gefährdet, viel eher die Fließbandarbeiter. Geringe Kontroll- und Einflussmöglichkeiten sind nämlich wesentlich belastender als hohe Leistungsanforderungen. Und es gibt auch sozialen Stress. Wer sich ungeliebt, ausgegrenzt oder einsam fühlt, wer sich langweilt oder um seinen Job bangt, ist von Stress bedroht. Selbst ein gutes Familienleben kann ein Stressfaktor sein, weil es gerade Müttern oft wenig Spielraum für eigene Entscheidungen lässt. Das belastet den Organismus, da kann man seine Lieben noch so sehr als Glück empfinden.

3. Die gute und die schlechte Nachricht

Stünde ich vor der Wahl, ob ich lieber ein cooler Stresser mit Neigung zum Dicksein wäre, oder ein hochtouriger, dünner Stresser, würde ich mich spontan für die dünne Variante entscheiden. Aber die schlechte Nachricht ist: Man kann es sich nicht aussuchen, es ist genetisch festgelegt.

Und jetzt die gute Nachricht: Die cooleren Dickerchen sind meistens die gesünderen Menschen. Achim Peters sagt, dass sie sogar länger leben. Dünnsein ist nicht unbedingt gesünder als Dicksein!

Zum Weiterlesen

Achim Peters: *Mythos Übergewicht. Warum dicke Menschen länger leben. Was das Gewicht mit Stress zu tun hat. Überraschende Erkenntnisse der Hirnforschung.* München 2014

Lucinde

Ich habe gesündigt. So fühlt es sich auf jeden Fall an, obwohl es eigentlich erlaubt ist. Aber trotzdem. Ich habe es getan, und jetzt fühle ich mich schlecht. Stellt euch vor: Ich habe einen ganzen Teelöffel Milch in meinen Kaffee getan. MILCH! Morgen wiege ich bestimmt wieder drei Kilo mehr. Ich weiß es genau.
9:45

Mara

Allen physikalischen Gesetzen nach kannst du morgen definitiv nur einen Teelöffel mehr wiegen. Das sind 15 Gramm. Die kannst du leicht ausgleichen, indem du vorm Wiegen ein paar Tränen weinst.
9:51

Anja

Oder wie wär's mit Brazilian Waxing? Haare weg, 15 Gramm. Und dabei weinst du garantiert auch. Macht zusammen 30 Gramm. Hihihi.
9:55

Lucinde

Ich finde ja, Waagen sollten sprechen. Diese kalten, gemeinen Zahlen sind so lieblos und demotivierend! Es wäre doch netter, wenn eine Waage sagen würde: »Hey, schon hundert Gramm weniger. In 37 Jahren hast du so vermutlich dein Wunschgewicht erreicht.«
10:00

Master Cleanse – Was hat Beyoncé, was ich nicht habe?

Nach der Diät ist vor der Diät. Schließlich schleppe ich noch jede Menge Kilos zu viel mit mir herum, die ich dringend loswerden will – mit weiteren Promi-Abspeckkuren.

Morgen werde ich also mit einem Programm durchstarten, auf das Stars wie Demi Moore, Beyoncé und sogar Jared Leto schwören. Jedenfalls stand das neulich in der *inTouch*. Die Kur mit dem schicken Namen »Master Cleanse« verspricht, dass der Körper dabei gründlich entgiftet wird und die Kilos nur so purzeln …

Allein beim Gedanken daran wird mir warm ums Herz und um die Hüfte – die körpereigene Fettverbrennungsanlage hat sich wohl schon mal prophylaktisch auf höchste Stufe eingestellt. Ich bin ein wandelnder Hochofen!

Was mir außerdem an Master Cleanse gefällt: der wunderbar einfache Ernährungsplan. Ich muss nichts abwiegen, nichts klein schnippeln, nichts kochen – darf aber auch nichts essen. Nur trinken. Und zwar Zitronenlimonade. Natürlich nach einer ganz besonderen Rezeptur.

Angeblich kann man das Ganze bis zu vierzig Tage lang durchziehen. Vierzig Tage nur Zitronenlimo? Man muss wohl eine Heilige (oder ein Superstar) sein, um das zu schaffen. Ich beschließe, dass zehn Tage genug sind, und fahre los, um alles zu besorgen, was ich für den Zaubertrunk brauche.

Auf dem Weg entsorge ich sämtliche Lebensmittelreste, die ich zu Hause gefunden habe: Brot, Kartoffeln, Schokoladenreste – das Tochterkind freut sich sehr, als ich die Sachen vorbeibringe.

Ich freue mich auch. Bald bin ich schlank und schön wie Beyoncé! Und völlig entgiftet. Außerdem vor Magengeschwüren sicher – denn dagegen hat der amerikanische Heilpraktiker Stanley Burroughs in den Vierzigerjahren diese Diät erfunden. Dass man dabei ordentlich abspeckt, ist sozusagen eine erfreuliche Nebenwirkung.

Master Cleanse – Abnehmen mit der etwas anderen Limonade

So lautet das Versprechen: Zehn Kilo in zehn Tagen – das klingt fast zu schön, um wahr zu sein. Erscheint aber angesichts der extrem reduzierten Kalorienaufnahme durchaus machbar.

Das Konzept: Die Kombination von süß (Ahornsirup), sauer (Zitronen) und scharf (Cayennepfeffer) bringt den Stoffwechsel in Schwung. Pro Glas Limonade nimmt man nur 100 Kalorien zu sich – wer da nicht abnimmt, muss wohl schummeln.

Das sagen Befürworter: Bei Master Cleanse lösen sich nicht nur Giftstoffe auf und werden beseitigt, sondern auch Blutstauungen. Die Kur reinigt die Nieren, den Verdauungstrakt, das gesamte Gefäßsystem sowie sämtliche Drüsen und Zellen. So bleibt man in jedem Alter jung und elastisch.

Das sagen Kritiker: Dem Körper fehlen bei dieser Kur Proteine, Vitamine, Mineralien und andere wichtige Nährstoffe. Das kann zu Kopfschmerzen, Mattheit, Konzentrationsstörungen und Schwächeanfällen führen. Wer es übertreibt, kann sich sogar Langzeitschäden und Mangelerscheinungen einhandeln.

Das sage ich: Zehn Tage nichts essen, nur trinken? Ob ich das schaffe? Das letzte Mal, als mir das gelang, hatte ich eine fiese Grippe …

Durchhaltetipps: Am besten kann man diese Entschlackungskur im Sommerurlaub durchhalten, da man während dieser Zeit so stark friert, als würde man nackt bei minus zwanzig Grad Celsius im Garten stehen. Ansonsten viel warmen Tee trinken und eine Auszeit vom täglichen Alltag einlegen. Stattdessen ab ins Bett mit einer Winterdecke und die Stille genießen.

Zum Weiterlesen: Tom Woloshyn: *Die Zitronensaft-Kur. Das DETOX-Programm für maximale Entgiftung.* Rottenburg a. N. 2015

Und so funktioniert's

Auf dem Speiseplan steht … nichts! Es wird keine feste Nahrung zu sich genommen, sondern ausschließlich die Master-Cleanse-Limonade. Wer abnehmen möchte, darf sechs Gläser am Tag davon trinken – wer nur entgiften will, bis zu zwölf Gläser.

Das Rezept

Zutaten:
2 TL Zitronensaft (oder Limettensaft)
2 TL Ahornsirup (auf keinen Fall durch Honig ersetzen)
1 Messerspitze Cayennepfeffer
300 ml Mineralwasser oder Wasser

Zubereitung:
Saft, Sirup und Pfeffer mischen, dann mit heißem Wasser übergießen. Abkühlen lassen – und fertig!

Noch mehr zu trinken …

Jeden Abend gibt es eine Tasse abführenden Kräutertee, jeden Morgen ein Glas lauwarmes Wasser (250 ml) mit zwei Teelöffeln Meersalz. Pfefferminztee ist übrigens immer erlaubt.

Was außerdem tabu ist

Nicht nur sämtliche Speisen und Nahrungsergänzungsmittel sind verboten, sondern auch Zigaretten, Alkohol und Drogen. (Lästermodus: Ob das wohl alle Promis durchhalten?)

Und dann?

Nach zehn Tagen Limonadendiät muss der Körper langsam wieder an eine normale Ernährung gewöhnt werden. Die Umstellung dauert ungefähr vier Tage. Es wird empfohlen, über den ersten Tag »danach« verteilt mehrere Gläser Orangensaft zu trinken. An den beiden Folgetagen kommt eine leichte Gemüsesuppe hinzu. Fleisch, Fisch, Eier und Brot sollten erst am vierten Tag nach der Diät genossen werden. Und das auch nur in Maßen.

Aber noch habe ich gar nicht angefangen.

Tag 0, Freitag: Absolute Leere

Das Limonadenrezept klingt gar nicht so übel, der Diätdrink ist bestimmt lecker. Ich habe zehn genussreiche Tage vor mir, nach denen ich – wenn alles gut läuft – zehn Kilo leichter bin als jetzt. Hurra!

Los geht es allerdings mit etwas weniger Erfreulichem: der Einnahme des Abführmittels, das leider zum Master Cleanse gehört. Es ist ein Must. Nicht verhandelbar. Was mich tröstet, ist der Gedanke an Beyoncé & Co., wie sie sich vorm Schlafengehen Abführtee reinziehen. So wie ich gerade. Zwei Tassen sogar. Dabei stelle ich mir vor, ich wäre sie, und summe leise »If I Were A Boy«. Meine Hunde fallen jaulend mit ein. Ob Beyoncé auch Hunde hat?

Vielleicht hätte ich es doch bei einer Tasse belassen sollen. Aber wer hätte denn mit einer dermaßen durchschlagenden Wirkung gerechnet? Schon kurz nach dem Einschlafen schrecke ich hoch. Grummel, grummel! Irgendwie schaffe ich es gerade noch rechtzeitig zur Toilette …

Es bleibt nicht der letzte Sprint für heute Nacht. Grummel, grummel! Mir kommen erste Zweifel an diesem Ernährungsprogramm. Aber jetzt ist nicht der Zeitpunkt, einen Rückzieher zu machen. Grummel, grummel. Schließlich mache ich das Ganze für einen guten Zweck: meine Figur.

Mit diesem Mantra im Hinterkopf wanke ich gefühlte Stunden – vielleicht waren es tatsächlich nur Minuten? – später wieder ins Bett. Frisch gereinigt von innen wie außen. Grummel, grummel. Ich habe das Gefühl, komplett leer zu sein – vom Kopf bis zum Darm. Nur im Herzen bin ich voller Vorfreude auf die Limonade.

Tag 1, Samstag: Eigentlich ganz lecker …
Die große Leere in meinem Inneren ist noch da. Nur ist mir jetzt zusätzlich übel. Das ist natürlich der typische Hunger der ersten Diättage – das kenne ich ja inzwischen. Ob Beyoncé jetzt wohl schwach werden würde? Tja, ich werde es jedenfalls, und obwohl essen strengstens verboten ist, stopfe ich mir einen Zwieback in den Mund. Die Packung muss ich wohl übersehen haben, als ich alles Essbare aus dem Haus verbannt habe …

Eine Minute später umarme ich die Toilettenkeramik und spucke alles wieder aus. Okay, die Übelkeit ist also doch kein Symptom des Hungers, sondern ein Schutzmechanismus, mit dem mein starker Geist das schwache Fleisch daran hindern will, dem Essreflex nachzugeben. Ich werfe also die Zwiebackpackung weg und mixe mir die Nahrung für diesen Tag. Während ich Zitronensaft, Ahornsirup, Wasser und Cayennepfeffer verrühre, frage ich mich, was in aller Welt dieses Gewürz in der Limonade verloren hat. Das muss ich bei Gelegenheit unbedingt recherchieren.

Dann kommt der große Augenblick: Ich nehme den ersten Schluck des Getränks, das mich in den kommenden zehn Tagen ernähren wird. Es schmeckt … na ja, süß-sauer. Fast lecker.

Auf jeden Fall löscht die Limonade meinen Durst. Aber wie soll sie auf Dauer meinen Hunger stillen? Immerhin ist mir jetzt nicht mehr schlecht – ich werte das schon mal als Erfolg.

Am späten Vormittag drehe ich mit den Hunden eine große Gassirunde. Auf dem Rückweg führt sie mich durch den Ort, was sich als großer Fehler entpuppt. Ganz offensichtlich sind meine Sinne geschärft, allerdings einseitig: Überall sehe ich nur Restaurants, Dönerbuden, Currywurststände. Harmlose Passanten mutieren vor meinem geistige Auge zu Brathähnchen und Ladenzeilen zu gewaltigen Hotdogs. Als wir am Probierstand des Metzgers vorbeikommen, geht es mir wie meinen Hunden: Wir können kaum widerstehen. Doch dann siegt mein Wille. Ich denke an die Traumfigur, die ich bald haben werde, ignoriere das empörte Bellen der Hunde und dirigiere sie in Richtung Heimat.

Dort genehmige ich mir erst mal einen »fetten« Pfefferdrink. Yam, yam! Wirklich erfrischend und lecker. Schade nur, dass er es nicht schafft, meinen Magen zu überlisten. Grummel, grummel. Der Klang der großen Leere in meinem Inneren.

Um mich abzulenken, schalte ich am frühen Nachmittag den Fernseher ein – und wenig später wieder aus. Denn alle Sender scheinen sich gegen mich verschworen zu haben. Überall laufen Restauranttests und Kochshows. Einzige Ausnahme: ein Krimi, bei dem sich alle Verdächtigen gerade um einen üppig gedeckten Tisch versammelt haben. Nein, Fernsehen ist keine gute Idee!

Bestimmt ist Sport eine bessere. Schließlich ist Bewegung die perfekte Ergänzung jeder Diät. Ich krame meine Hanteln hervor und versuche, ein paar Übungen zu machen. Verflixt, ist das anstrengend. Fast kommt es mir vor, als wären die Hanteln schwerer geworden. Haben die etwa zugenommen? Oder bin ich so viel schwächer geworden?

Sei's drum. Ich gehe einfach früh ins Bett heute. Dann spüre ich wenigstens meinen Hunger nicht und gerate auch nicht in Zwieback-Versuchung.

Als ich schon im Bett liege, fällt mir ein, dass ich meinen abendlichen Abführtee noch nicht getrunken habe. Ach, egal. Mein Schlaf ist mir eh wichtiger. Und mir ist eiskalt. Ich friere.

Wie zum Hohn werde ich von Fressträumen geplagt, in denen ich mich mit den Delikatessen eines exotischen Buffets vollstopfe. Fast bin ich froh, als ich hochschrecke. Aber was war das nur für ein Geräusch, von dem ich aufgewacht bin? Der Wecker war es jedenfalls nicht, der klingt anders.

Da ist es wieder!

Es kommt ganz aus der Nähe. Genauer gesagt: aus meinem Inneren. Die Geräuschquelle ist keine andere als mein Magen. Knurrrrr! Selbst meine Hunde rücken ein Stück von mir ab. Pah, sollen sie doch.

Tag 2, Sonntag: Kleine Zwiebelsünde

Als ich vergeblich versuche, mich zu erheben, wird mir klar, dass der Begriff »Morgengrauen« dank Master Cleanse eine völlig neue Bedeutung erhält. Ich fühle mich hundeelend und überhaupt nicht ausgeschlafen. Kein Wunder, schließlich war ich letzte Nacht noch mindestens fünfmal wach. Diese Diät scheint nicht nur zu entschlacken, sondern auch extrem zu entwässern.

Irgendwann gelingt es mir doch aufzustehen und mich in die Küche zu schleppen. Den ersten Cayenne-Drink an diesem Tag trinke ich in einem Zug leer.

Ich verspüre hinterher keine Übelkeit mehr. Trotzdem ist meine Gesamtsituation keinen Deut besser als gestern. Im Gegenteil, da sind immer noch das Gegrummel, die innere Leere und die allgemeine Schwäche. Andererseits habe ich seit vorgestern anderthalb Kilo verloren. Und das ist das Einzige, das zählt! Habe ich eben noch über den Sinn und Unsinn dieser Diät gegrübelt? Tsss. Natürlich mache ich weiter. Anderthalb Kilo, Wahnsinn ...

Weil ich nach den gestrigen Fress-Halluzinationen meine Außenaufenthalte lieber einschränken will, beschließe ich, einen Arbeitssonntag einzulegen, und setze mich an den PC. Gegen Mittag fängt mein Magen wieder an zu knurren. Ich mache Musik an, doch sie schafft es nicht, den Radau meines Leibes zu übertönen. Also gönne ich mir ein weiteres Glas Pfeffersaft und fange wirklich an zu glauben, dass ich nie etwas Besseres getrunken habe.

Als ich in die Küche gehe, um meinen Nachmittagsdrink zu mir zu nehmen, entdecke ich rein zufällig eine halbe Packung Knäckebrot und ein paar Zwiebeln, die ich beim Lebensmittelentsorgen wohl ebenfalls übersehen habe. Okay, eigentlich dürfte ich nichts essen, aber ich kann mich einfach nicht beherrschen und gönne mir eine kulinarische Innovation: Zwiebelknäcke. Es schmeckt erstaunlich gut und ist ab sofort mein neues Lieblingsgericht.

Den Rest des Tages verbringe ich am Schreibtisch. Nachdem ich die letzte Limonade für heute intus habe, lege ich mich schlafen. Wieder mit fast leerem Magen und wieder ohne Abführtee. Was sollte mein Körper schließlich auch abführen? Das mickrige Zwiebelknäcke vielleicht?

Die Nacht verläuft unspektakulär – von ein paar Pinkelpausen einmal abgesehen.

Tag 3, Montag: Knusper, knusper Entchen
Bei der Detox-Diät war der dritte Tag der schlimmste gewesen. Danach war ich fit wie ein Turnschuh. Bestimmt ist das beim Master Cleanse genauso. Dieser Gedanke spendet mir Trost. Entschlossen leere ich meinen morgendlichen Pfeffersaft und warte, bis der Zucker mein Blut erreicht. Dann schleppe ich mich zur

Waage. Sofort steigt meine Laune, denn seit Beginn dieser Tortur habe ich tatsächlich fast zwei Kilo abgenommen.

Rechne ich das hoch, kommen mir zehn Kilo in zehn Tagen durchaus machbar vor. Allerdings sind zehn Tage auch irrsinnig lang … Ganz zu schweigen von den »bis zu vierzig Tagen«, die laut Anleitung erlaubt sind.

Wie schaffen das die Stars? Ob Beyoncé einen persönlichen Diätassistenten hat, der sie von den Nebenwirkungen des Hungerns ablenkt? Oder reicht die Aussicht auf Ruhm, um durchzuhalten?

Ich habe leider keinen Assistenten, wenn man von meinen vierbeinigen Mitbewohnern absieht. Also muss ich mich selbst ablenken, indem ich mit den Hunden an die frische Luft gehe. Diesmal plane ich unseren Weg bewusst so, dass wir an keinen Fressbuden, Dönerständen oder Metzgereien vorbeikommen, was nicht ganz einfach ist. Am sichersten ist in dieser Hinsicht der Weg am See, den ich jetzt entlangschlendere. Hier gibt es keine Restaurants, aber ein paar Spaziergänger, die gerade dabei sind, Enten zu füttern. Ich erstarre. Das Wasser läuft mir im Munde zusammen, als ich das herrliche Brot sehe, das diese Verschwender einfach so ins Wasser werfen. Urplötzlich fange ich wieder an zu halluzinieren: Die munter nach dem Brot schnappenden Wasservögel verwandeln sich in saftige Entenbraten. Hilfe! Wie soll das nur weitergehen? Womöglich werde ich schon morgen mein Schwedenhäuschen für ein Knusperhaus halten und hemmungslos daran nagen …

Fluchtartig eile ich nach Hause, wo ich ein großes Glas Master-Cleanse-Limo herunterstürze. Leider fühle ich mich danach immer noch hungrig, weshalb ich ein Zwiebelknäcke hinterherschiebe. Sieht ja keiner.

Tag 4, Dienstag: Hilfe, Schnapspraline!

Der Tag beginnt erfreulich, denn die Waage zeigt rund drei Kilo Gewichtsverlust an. Und das ohne abendlichen Abführtee. Wie gut, dass ich diese Anweisung ignoriert habe. Mal ganz ehrlich: Wer hat sich diesen Unfug bloß ausgedacht?

Leider hat sich meine Hoffnung, die Schlappheit mit der Zeit zu überwinden, nicht erfüllt. Im Gegenteil. Ich fühle mich ungefähr so dynamisch wie ein nasser Waschlappen. Mit Pfefferlimonade und Zwiebelknäcke komme ich zwar einigermaßen durch den Arbeitstag, doch leider hat meine Produktivität vor lauter Hunger deutlich nachgelassen. Ich schaffe gerade mal halb so viele Seiten wie sonst. Ob wohl Beyoncé während des Abspeckens nur halb so schön singt?

Ich versuche, ein bisschen zu arbeiten, kann mich aber nicht so recht konzentrieren. Stattdessen googele ich »Cayennepfeffer« und »Abnehmen« und erfahre, dass es das Capsaicin im Chili ist, das nicht nur für Schärfe sorgt, sondern auch das Blut verdünnt, den Magen schützt, den Blutzucker senkt und als Fatburner gilt.

Mein Magen knurrt. Ich trinke ein weiteres Glas Fatburner-Limonade. Es macht kein bisschen satt, aber danach gibt mein Magen keinen Ton mehr von sich. Was mich aber noch viel mehr beunruhigt als der nagende Hunger. Treten meine Organe aus purer Erschöpfung etwa langsam in den Streik?

Ziellos streife ich durch die Wohnung und entdecke völlig zufällig – ich schwöre! – im Schrank ein Stück Konfekt. Wie elektrisiert starre ich es an. Dann stecke ich es, ohne lange zu überlegen, einfach in den Mund. Die unerwartete Genussattacke übermannt mich, und ich muss mich setzen. So gut hat mir schon seit Ewigkeiten nichts mehr geschmeckt … Hmmm. Ich begehe damit einen Doppelverstoß gegen die Diätregeln, denn nicht nur Essen ist verboten, sondern auch Alkohol. Und die Praline ist eindeutig mit Brandy gefüllt, der mir sofort zu Kopf steigt und den Rest eines Willens in Luft auflöst. Ich will unbedingt mehr davon! Doch so hysterisch ich auch alles durchwühle, es gibt kein Konfekt mehr.

Ich muss mich hinlegen. Nur ganz kurz ...

Es ist schon fast Mitternacht, als ich aufwache. So ein Mist – diese Diät bringt sowohl meinen Körper als auch meinen kompletten Tagesablauf heillos durcheinander. Eigentlich hätte ich heute noch ein paar Stunden arbeiten wollen. Ach, was soll's? Dann schlafe ich eben weiter.

Tag 5, Mittwoch: Die Sieben!

Ich kann nicht mehr. Heute Morgen ist mein gefühlter Zustand noch schlimmer als gestern. Kraftlos quäle ich mich aus dem Bett, aber nur, um mich gleich wieder hinzusetzen. Anscheinend wirkt sich die Diät nun auch auf meinen Gleichgewichtssinn aus. Na großartig: erst Halluzinationen, dann stellt der Magen sein Knurren ein, jetzt auch noch Schwindelgefühl. Was kommt als Nächstes? Lähmungserscheinungen? Da vergeht bestimmt selbst Beyoncé ihr zwitscherndes »Halo«!

Eine halbe Stunde später bin ich so weit, dass ich es ins Bad schaffe, um mich dort mit zittrigen Beinchen auf die Waage zu stellen. Was sie anzeigt, gibt mir einen Kick: 3,1 Kilo weniger seit Beginn der Master-Cleanse-Diät. Tschakka!

Ein wichtiges Teilziel habe ich erreicht – ich wiege jetzt fast achtzig Kilo. Die Sieben steht bald vorne und macht mich glücklich. Ich hätte nie gedacht, das so schnell zu schaffen. Der Gedanke daran, in weiteren fünf Tagen noch mal so viel abzuspecken, ist verlockend. Noch verlockender ist aber die Idee, Schluss zu machen mit dem Master Cleanse. Und zwar heute! Ganz ehrlich: Noch einen Tag länger, und ich käme morgens gar nicht mehr aus dem Bett ...

Manchmal beneide ich Promis für ihre Disziplin. Sie nehmen unendliche Qualen auf sich, um dem Publikum ein perfektes Bild ihrer selbst zu liefern. Mein Publikum schaut mich mit großen Hundeaugen an und wartet aufs Fresschen. Ich will auch Fresschen. Adieu, Pfefferlimo!

Gewichts-Check: 85,4 Kilo

Fazit:
Wer vor einem besonderen Anlass – zum Beispiel einem Fest, einer Premiere, einem Konzert – schnell abspecken will, um besser in den Hosenanzug, das Abendkleid oder den Glitzerfummel zu passen, für den ist diese Diät ideal. Wie man es nach so einer Rosskur allerdings schaffen soll, einen langen Abend durchzustehen und womöglich sogar stundenlang über eine Bühne zu fegen, ist mir schleierhaft. Daran erkennt man wohl die echten Vollprofis …

Etwas später …

> Hier ist der Anrufbeantworter von Anja Koeseling. Im Moment bin ich leider nicht erreichbar, Sie können mir aber nach dem Signalton eine Nachricht hinterlassen. Dankeschön, auf Wiederhören.

Oma

> Kind, kommst du morgen Abend zum Essen? Es gibt Pfeffersteak. Du magst doch Pfeffer, oder?

Und noch einmal hCG – Nicht das Anfangen wird belohnt, sondern einzig das Durchhalten

Essen, Essen, Essen … Über kaum etwas anderes habe ich in den letzten Wochen so oft nachgedacht, davon geträumt oder darüber gelesen. Ums Essen geht es immer und überall. In der Werbung, auf meinem Tisch, auf Facebook und in meinem Kopf. Wenn ich nicht gerade Nahrungsmittel beschaffe, bereite ich sie zu, esse sie oder versuche sie eben nicht zu essen. Und dann noch ständig diese Feste! Ob Party, Straßenfestival oder Open Air – ich muss hin. Ich mag Feste einfach. Man trifft tausend nette Leute, es ist lustig, Bands spielen, die Stimmung ist gut, und man muss sich ums Kochen überhaupt keine Gedanken machen. Da! Schon wieder bin ich beim Essen. Und jetzt muss ich mir selbst und allen anderen selbstverständlich noch zusätzlich beweisen, dass so eine Diät einen nicht zu einer langweiligen, dauerhaft schlecht gelaunten Person macht, ich auch fröhlich feiern kann, ohne zu essen – und ohne Alkohol zu trinken.

Ich erwarte dafür aber, dass endlich mal jemand was Positives zu meinem neuen, grandiosen und schlanken Ich sagt. Diesbezüglich vertraue ich auf alle meine Freunde, die sicherlich heute auch beim traditionellen Open-Air-Konzert in unserer Stadt sind. Da darf auch ich nicht fehlen.

Auch wenn es kalt ist, wird gegrillt. Das gehört einfach dazu. Und es heißt, die Kinder bekommen eine Bratwurst im Brötchen, ein Steak und wilde Kartoffeln dazu. Und Ketchup. Viel Ketchup. Bei solchen Festen darf man nicht kleinlich sein.

Und was esse ich?

Während einer hCG-Diät ist Ausgehen grundsätzlich schwierig. Im Restaurant kann man ein Stück gegrilltes Fleisch oder Fisch mit Salat bestellen. Selbstverständlich ohne Dressing. Ja, das ist möglich. Und nein, es macht nicht besonders viel Spaß. Aber das muss es ja auch nicht. Hauptsache, es macht schlank!

Die Getränkeauswahl ist ähnlich überschaubar: Entweder man trinkt stilles Wasser. Oder welches ohne Kohlensäure. Kleiner Scherz. Ach, und Tee ist erlaubt. Aber Tee in der Kneipe? Oder gar beim Open-Air? Eher nicht. Glühwein ist leider auch nicht wirklich das, was hier unter Tee gehandelt wird.

Also. Was kann ich hier wohl essen? Eine Grillwurst vielleicht? Ausgeschlossen. Das Steak liegt in einer fetten Marinade. Teller gibt es nicht, das heißt, alles wird im Brötchen gereicht. Und Brötchen sind ebenfalls verboten.

Essen und Trinken sind demnach heute tabu. Ist ja nicht für immer, tröste ich mich. Schließlich hatte ich deshalb in weiser Voraussicht schon zu Hause ein paar Salatblätter mit Tomate gegessen. Dazu eine Handvoll Shrimps, über die ich einen Teelöffel Zitronensaft geträufelt habe. Bin ich satt? Ich glaube schon. Bin ich froh? Öhm …

Auf dem Fest werde ich bemitleidet. Mitleid? Moment, das war nicht die erwünschte Reaktion! Aber wenn schon keiner meine wundersame Verwandlung in einen federleichten Schwan bemerkt, ist Mitleid wenigstens irgendwas. Schließlich komme ich mir ja selbst wie der einsamste Mensch auf der Welt vor und müsste seit tausend Jahren darben. Ein wenig besser geht es mir, als ich die Menschen um mich herum beobachte und mich dabei frage, ob ich wohl auch so bin, wenn ich Alkohol getrunken habe. Wenn das der Fall ist, trinke ich ab jetzt immer nur Wasser! Großes, nüchternes hCG-Diät-Ehrenwort! Von mir aus sogar Tee. Das Beste aber ist, dass ich am nächsten Morgen keine Kopfschmerzen habe – im Gegensatz zu den meisten anderen Erwachsenen, die gestern mit dabei gewesen waren. Ätsch.

Und plötzlich sind es nur noch vier Tage! Nur noch sechsundneunzig Stunden! Nur noch … schon gut, schon gut! Ich freue mich eben! Immerhin habe ich durchgehalten! Und damit hat niemand weniger gerechnet als ich selbst. Während ich mich meiner Diät-End-Euphorie hingebe, steigen gleichzeitig erste Zweifel in mir hoch: Wie, so frage ich Biggi schließlich bei unserem nächsten Treffen (dem letzten!), geht es weiter? Mir ist klar, dass man nicht einfach die Diät fortsetzen kann – aber von heute auf morgen aufhören geht auch nicht, oder? Seit Tagen träume ich von einer Laugenstange mit Butter, aber das kann ja nicht die erwünschte Folgeernährung sein (von mir natürlich schon, aber das muss ja keiner wissen). Also auch in Zukunft Shrimps mit Zitronensaft? Ich gebe zu, dass ich über die einundzwanzig Tage nicht hinausgedacht habe. Die Zeit danach erschien mir immer Lichtjahre entfernt, und ich hatte mich komplett darauf konzentriert, diese durchzuhalten. Aber das, was Biggi mir auf meine Frage hin erzählt, hätte ich mir doch besser vorher angehört. Denn – ich kann es nicht fassen – nach den einundzwanzig Tagen folgt die *Stabilisierungsphase!* Neinneinnein! Drei Wochen hCG-Diät sind machbar. Wirklich. Aber Stabilisierung bedeutet weitere drei Wochen, in denen ich keine Kohlenhydrate zu mir nehmen darf, gefolgt von einer sechsmonatigen Phase, in der ich auf weitere tausend Dinge achten muss. Das halte ich nicht aus. Das hält meine Ehe nicht aus. Außerdem: Das würde die Tage unserer Thailand-Reise mit einschließen. Und das geht auf gar keinen Fall. Von jedem Menschen, der das durchziehen will und kann, bin ich tief beeindruckt. Aber ich habe auch noch ein Leben, mit Kindern und Freunden, Festen, Ausflügen und Urlauben! Ja, ich will schlank werden und schlank bleiben – aber wenn das bedeutet, dass ich mir weiterhin eine kohlenhydratfreie Extrawurst braten muss und nie spontan sein kann, dann ist das einfach nicht geeignet für mich. Das müssen Menschen mit einem weniger ausgeprägten Sozialleben, weniger Familie oder mit mehr Disziplin machen. Ich hingegen muss etwas finden, was besser zu meinem Dasein mit Familie, Freunden und Festen passt. Darauf möchte ich einfach nicht verzichten. Sorry, hCG-Kur. Die drei Wochen mit dir waren interessant und eine gute Chance, meinen Körper und meinen Stoffwechsel auf null zu setzen. Aber jetzt ist Schluss. Denn oh, wie groß ist meine Sehnsucht nach einer Laugenstange!

Mein Fazit:
Ich dachte, ich verliere mal kurz zehn Kilo und alles ist gut. Pustekuchen. Weder habe ich zehn Kilo abgenommen noch war es kurz oder einfach. Aber Deal ist Deal. Und vielleicht sind die drei Kilo, die weg sind, ja drei Kilo pures Fett? Igitt. Schon die Vorstellung finde ich gruselig. *Drei Kilo Fett!* Das muss man sich mal vorstellen! Oder vielleicht auch besser wieder nicht. Ja, ich freue mich, dass sie nicht mehr da sind. Auch wenn es ruhig ein paar mehr hätten sein können. Ich finde das zu wenig für den Aufwand, den Preis (die Nahrungsergänzungsmittel sind teuer) und die Launen-Aufs und -Abs. Was ich allerdings sensationell finde: Seit der Diät habe ich keine Migräneattacken mehr gehabt. Und meine Beine fühlen sich auch an Tagen, an denen ich viel herumsaß, abends nicht mehr schwer an. Schon allein dafür lohnt es sich, den Körper mal auf Sparflamme zu setzen. Den Hormonkügelchen traue ich nach wie vor nicht: Sobald ich sie nicht mehr nahm, gingen mir – wie nach meinen Schwangerschaften – vermehrt die Haare aus, außerdem litt ich an einer mittelschweren Wochenbettdepression. Natürlich reagiert mit Sicherheit jeder anders auf die Hormone. Ich persönlich würde trotzdem lieber auf sie verzichten – selbst in homöopathischer Dosis.

Und was sagte ich noch zu Beginn meiner Diät? Ich könnte nur ganz oder gar nicht? Entweder oder? Langsam bin ich mir da nicht mehr so sicher. Das mag für ein paar Tage passen, aber dauerhaft?

Seitdem Mara mich darauf hingewiesen hat, dass Diäten nur funktionieren, wenn man sie auf Dauer machen kann, bin ich tatsächlich ein bisschen skeptisch geworden. hCG mein Leben lang? Never ever! Ich weiß, eigentlich ist Maras Theorie logisch, aber wer denkt bei einer Diät schon an Logik? Sie soll bitteschön schnell funktionieren, sodass der Erfolg die Strapazen rechtfertigt. Denn mal ehrlich: Wer verzichtet schon freiwillig auf so grandiose Nahrungsmittel wie Käse und Schokolade, wenn es nicht nötig wäre? Und dann noch für immer? Andere Frage: Wieso sind wir so angelegt, dass uns ausgerechnet die Dinge am besten schmecken, die nicht gut für uns sind? Hat das ebenfalls etwas mit der Evolution zu tun? So wie die Theorie, dass Fortpflanzung Spaß machen muss, sonst würden wir es nicht tun? Nein. Moment. Falsche Logik. Dann müssten ja die gesunden Sachen auch besser schmecken als die nicht ganz so gesunden. Tun sie das etwa? Ich würde sagen: nö.

Das ist mal wieder typisch. Aber ich könnte ja fragen, warum das so ist. Entweder Mara – oder die Evolution selbst.

Und dann versuche ich, sie zu überlisten. Also die Evolution. Und zwar mit einem Engländer. Ob das wohl funktioniert?

Später am Tag starte ich mit meinem Unterfangen:

Guten Abend, Evolution!

Entschuldige bitte, dass ich dich störe. Ich nehme an, du bist sehr beschäftigt? Ist bei dir auch schon Abend? Oder befindest du dich womöglich gerade erst am Anfang, am Morgen eines vollen Evolutionsarbeitstags, der ganz frisch vor dir liegt?

Anfang wäre besser, Evolution, denn ich finde, es gibt noch deutlich Luft nach oben in der Weiterentwicklung dieses kleinen feinen Stoffwechselprojekts. Ach so, ja, beim Menschen natürlich.

Solltest du gerade ein wenig Zeit und Energie übrig haben, so würde ich mich riesig freuen, wenn du mein Anliegen fix bearbeiten könntest. Ja, ich weiß, ich bin nur ein winziges Rädchen im großen Getriebe der Welt und du hast sicher noch einiges vor, aber ich hoffe dennoch, dass du dir ein paar Minuten für ein bis zwei Fragen nehmen könntest.

Also: Selbst wenn ich annehme, dass für dich die letzten paar Millionen Jahre nicht wirklich eine große Zeitspanne und wir Menschen nur eines von vielen interessanten Projekten sind, so gehe ich trotzdem davon aus, dass es sich bei uns um eine deiner Lieblingsspezies handelt. Schließlich hast du verhältnismäßig viel Aufwand betrieben, damit wir immer noch da sind! Regelmäßig hast du dafür gesorgt, dass unsere Intelligenz so weit zunahm, dass wir uns einigermaßen den äußeren Gegebenheiten anpassen konnten. Wir haben uns entwickelt. Dank dir.

Wenn wir dadurch nicht mehr der Prototyp sind, sondern, sagen wir mal, schon die Modellpflege, dann frage ich mich (und eben hier auch dich): Warum müssen wir uns dennoch weiterhin mit dem Stoffwechsel von einst herumschlagen? Warum hast du dich um unser Gehirn gekümmert, aber nicht um unsere Verdauung? Ist das Schikane? Oder hat dir keiner der Endabnehmer (sprich: keiner von uns Menschen) mal gesagt, dass dieses System nichts taugt? Es ist, mit Verlaub, vollkommen veraltet und rückständig.

Auch die Nahrungsmittel haben sich verändert. Ein Apfel von heute ist nicht mehr so wie damals einer aus dem Garten Eden, das ist traurig, aber leider wahr. Die jetzigen Äpfel kommen von irgendwelchen Plantagen und haben mit viel Glück ein bisschen Sonne, dafür aber viel Dünger genossen. Mit den Äpfeln von früher haben sie so viel gemeinsam wie Evas Feigenblatt mit meinem roten Bikini!

Genauso verhält es sich mit den Menschen und ihren Essgewohnheiten.

Die Weiterentwicklung des Stoffwechsels ist in den letzten Jahren eher zäh bis gar nicht vorangeschritten, liebe Evolution, das musst du zugeben. Darf ich also eine Überarbeitung anregen? Bitte?

Mein Vorschlag: Warum kann sich der Stoffwechsel nicht den Nahrungsmitteln anpassen? Ich habe ja gar nichts gegen Traditionen, aber dieses alte Konzept mit Mammut jagen und Beeren sammeln ist einfach nicht mehr zeitgemäß. Bitte unternimm etwas! Ich weiß, manchmal sieht man vor lauter Wald die Bäume nicht, ich kenne das. Und ja, das große Ganze ist wichtig. Aber bitte vergiss nicht das Weiterkommen der jeweils einzelnen Bäume. Äh. Menschen. Wir wollen ja nicht gleich von Perfektion sprechen, selbstverständlich wäre das anmaßend. Aber eine kleine Korrektur vielleicht? Von mir aus auch nach Feierabend. Es wäre ein kleiner Schritt für dich – und ein gigantischer für all die Frauen, die sich mit mehr oder weniger wirksamen Diäten herumquälen. Und wenn möglich, nicht erst in ein paar Millionen Jahren. Oh, ich (und viele andere Menschen) wären dir sehr dankbar!

Mit hoffnungsvollen Grüßen,
Lucinde Hutzenlaub

Wie alles weiterging ...

Es ist Abend in Deutschland. (In Thailand wäre es jetzt Nacht. Aber da sind wir noch nicht, leider.) Ein deutscher Abend also, halb acht, wir drei Freundinnen haben uns zum Skypen verabredet. Schließlich haben wir Großes vor. Sehr Großes. Wir wollen unsere Reise planen und uns gegenseitig motivieren, uns vorfreuen, Packlisten schreiben und einfach nicht so lange aufeinander warten müssen.

Eigentlich wollten wir uns für diese Gespräch treffen, aber das hat nicht geklappt. Wir haben es versucht, aber wie immer kam der Alltag dazwischen. Hund krank, Kind krank, selbst krank, Arbeit, Arztbesuch, Schule, Leben, Oma, alles ... Eine von uns musste immer kurzfristig absagen.

Warum sollte auch plötzlich reibungslos klappen, was schon in den vergangenen Jahren nie funktioniert hat? Den gemeinsamen Urlaub haben wir ja nicht ohne Grund in einer Nacht-und-Nebel-Aktion gebucht!

Okay, dann eben Skype: Man sieht sich, man hört sich, und man muss das Haus nicht verlassen. Super.

»Lütlüt-Plüngplüng« macht der Rechner bei uns allen dreien, und da sind wir, live und in Farbe:

Lucinde trägt ein blaues trägerloses Kleid und hat sich eine Plastikblume hinters Ohr geklemmt: »Huhu Mädels! Wie gut, dass es Skype gibt, was? Wow, seht ihr toll aus! Ich bin begeistert. Mara, schicke Frisur! Und Anja, du bist so dünn!«

Anja räkelt sich auf ihrer Couch, sie hat sich in eine dicke Wolldecke gehüllt: »Dünn?«, fragt sie und hebt die Decke ein bisschen an. »Also, das ja nun noch nicht. Da muss noch viel weg, bis ich dünn bin. Aber Leute, kalt ist mir, seit ich abnehme. Brrr.«

Mara sitzt entspannt in der Küche, was nichts mit der Nähe zum Kühlschrank zu tun hat – nein! –, aber nur dort gibt es ein anständiges Netz. Sie trinkt aus einem großen Glas einen bunten Fruchtsaft, in dem ein Cocktailschirmchen steckt. Jetzt geht sie ganz nah an die Kamera heran, sodass ihre Nase riesengroß wirkt, und trötet: »Hallo!« Lucinde und Anja weichen zurück und kichern.

Mara nimmt wieder Normaldistanz ein. »Du siehst aber auch klasse aus, Lucie. Warst du ebenfalls beim Friseur?«

Lucinde: »Ich? Nö. Ich übe optisch schon mal für den Strand!« Sie fährt sich mit der Hand durch die Haare und arrangiert ihre Plastikblume neu.

»Hey, ich hab was für uns!« Anja verschwindet aus dem Bild. Man hört sie im Hintergrund wühlen und vor sich hinmurmeln, während Mara und Lucinde sich ratlos gegenseitig im Bildschirm anschauen.

»Wo hab ich denn …?«

»Anja?« Lucinde und Mara erhaschen einen Blick auf eine Anja, die mittlerweile eine riesige schwarze Handtasche zu sich auf die Couch gehievt hat und bis zur Hälfte darin verschwunden ist. Plötzlich taucht sie zerzaust und breit grinsend wieder auf. »Ah ja. Da seid ihr ja!«, sagt sie triumphierend und hält drei pinkfarbene, überdimensional große Sonnenbrillen in die Höhe. »Na? Wie findet ihr die?« Stolz setzt sie sich eine Brille auf und sieht sofort aus wie Sophia Loren – in sehr Pink und mit schwarzer Mähne.

Lucinde lacht: »Cool! Au ja, Anja, die musst du unbedingt einpacken. Oh, und wartet mal, ich hab auch was!« Sie zieht eine grell pinkfarbene Tunika hinter ihrem Rücken hervor: »Tadaaaa!

Davon habe ich drei Stück. Alle in Größe L – wir wollen es ja bequem haben, oder? Sollte eigentlich eine Überraschung werden, aber weil es gerade so gut passt … Und jetzt auch noch die Brillen! Ich bin entzückt!« Wie entzückt Lucinde ist, kann man daran erkennen, dass sie die letzten Sätze geträllert hat und dabei einen eigenwilligen Tanz vor der Linse aufgeführt hat.

Mara grinst. Oh, oh, in ihren Augen ist ein Funkeln, das die beiden nur zu gut kennen. Das kann wirklich alles bedeuten. Sie hebt jetzt ihre Füße, und man sieht – Flip-Flops. Sie sind nicht nur in Pink, sie glitzern auch noch. Dann hebt sie beide Hände, und die halten noch zwei Paar von den Sandalen.

Anja fällt fast vom Sofa vor Lachen. »Huh!« Sie schnappt nach Luft. »Ich sehe, unsere Packliste ist komplett.«

»Okay, Mädels.« Lucinde sitzt wieder. »Warum ich diese Skype-Konferenz unter anderem einberufen habe: Habt ihr alle einen gültigen Reisepass? Meiner ist nämlich abgelaufen. Und ich war gestern auf dem Amt. Bis ich einen neuen habe, dauert es mindestens vier Wochen, obwohl ich ein gültiges Passbild dabeihatte. Wollt ihr mal sehen?« Lucinde hält ihr Passbild in die Kamera.

»Wow«, sagt Mara. »Kein Wunder, dass das dauert. Die glauben auf dem Amt doch niemals, dass das Geburtsdatum und das Foto zusammengehören. So jung, wie du aussiehst, müssen die jetzt erst den Geheimdienst einschalten und dich überprüfen.«

Alle drei lachen laut.

Anja hat Mara und Lucinde die ganze Zeit nicht aus den Augen gelassen. Sie kennt ihre Pappenheimer und schweigt so lange, bis die beiden ebenfalls verstummen. »Okay, Mädels«, bemerkt sie schließlich mit strenger Stimme. »Genug rumgeredet. Wie viel?«

Lucinde betrachtet ihre Fingernägel.

Mara kaut auf dem Strohhalm in ihrem Cocktail. »Wie viel was?«, fragt sie unnötigerweise.

Anja verdreht die Augen. »Kilos. Gewicht. Weight. Was denn sonst?«

Lucinde hat auf ihren Fingernägeln etwas entdeckt, das ihre ganze Aufmerksamkeit beansprucht. Sie kann eindeutig gerade nicht antworten.

Mara reibt sich die Nase. Das tut sie immer, wenn sie nervös ist. »Kommt ganz darauf an«, sagt sie.

»Worauf?«, fragt Anja unerbittlich.

»Na, darauf, wo die Waage steht. Ey, das ist vielleicht merkwürdig. Wenn sie unterm Fenster steht, wiege ich mehr, als wenn ich sie an der Tür deponiert habe. Und am wenigsten wiege ich, wenn die Waage halb unterm Waschbecken ist. Aber da kann ich mich nur sehr schwer wiegen, weil ich schräg stehen muss und nach einer Sekunde umfalle.«

»Wie viel?«, fragt Anja.

»Zwkl«, nuschelt Mara.

»Was?« Lucinde sieht auf.

»Zwei Kilo«, haucht Mara und schlägt die Augen nieder.

»Die ganze Wahrheit«, verlangt Anja.

»Zwei Kilo«, wiederholt Mara laut und trotzig. Leiser dann: »Aber nur unterm Waschbecken.«

»Ich finde das super.« Lucinde wählt ihre Worte behutsam. »Und ich finde, dass du diese zwei Kilo genau an den richtigen Stellen abgenommen hast. Du siehst toll aus. Und überhaupt fand ich dich nie zu dick.«

Mara sieht unglücklich aus. »Und ihr?«, fragt sie.

»Ja, also, ich … Abgenommen habe ich schon.« Lucinde setzt sich aufrecht hin und zieht deutlich den Bauch ein: »Aber nicht so viel, wie ich wollte. Ich hoffe ja immer, dass das am Muskelaufbau liegt. Ihr wisst schon: Muskeln sind schwerer als Fett. Aber darauf kann man sich nicht verlassen. Leider. Macht es euch auch so viel Mühe, das Ganze durchzuziehen?« Fragend schaut sie in die Kamera.

Mara grinst: »Öhm, was soll ich dazu sagen? Ich recherchiere noch. Aber das fällt mir leicht.«

»Nö, ich find's super. Manchmal bin ich zwar ein bisschen schlapp und kann nicht denken, aber hey – in ein paar Wochen sitzen wir schlank und schön am Strand und lassen uns die Sonne auf unsere Waschbrettbäuche scheinen.« Anja streckt sich ausgiebig.

Mara kneift die Augen zusammen. »Waschbär, meinst du wohl?«

Lucinde: »Hihi! Denkst du jetzt an den Bauch oder an die Augen? Oh, apropos Waschbäraugen: Anja, bringst du deine ganzen Beautysachen mit?«

Anja: »Kann ich machen. Außer einem Bikini und meiner Sonnenbrille brauche ich sowieso nichts. Dann ist ja genug Platz im Koffer.«

Mara: »Ich habe schon zwei Reiseführer besorgt. Also, nach Wat Pa Luangta Maha Bua gehe ich nicht. Das ist dieser Tigertempel mit den buddhistischen Mönchen. Klar, wäre schon schön, die kann man nämlich streicheln. Aber die werden da überhaupt nicht artgerecht gehalten. Die Tiger natürlich. Nicht die Mönche.«

Lucinde: »Maraaaaa … Komm schon, wir wollen sowieso keine Mönche, wir wollen Wellness! Ich habe jedenfalls schon mal geschaut: Jeden Morgen um sieben ist Yoga!«

Anja ächzt: »Um sieben? Wellness? Da kann ich nicht. Da hab ich ein Date mit meinem Kopfkissen. Gibt's eigentlich Zimmerservice?«

Mara: »Keine Ahnung. Aber wir sehen uns schon auch bisschen die Insel an, oder?«

Lucinde: »Bin dabei! Ich habe gehört, man kann in unserer Gegend auch richtig tolle Wandertouren machen, super.«

Mara: »Wandern? *Lucinde!* Das ist Urlaub! Kein Bootcamp!«

Lucinde: »Also Maralein, wenn du mit mir Yoga machst, schau

ich mit dir Tempel an, ausgenommen natürlich den Tigertempel. Und Anja kommt mit. Vorher lackieren wir uns die Nägel in Regenbogenfarben, und hinterher machen wir einfach gar nichts. Vielleicht fangen wir auch mit Gar-nichts-Machen an?«

Anja nickt. »Und wenn's uns gefällt, machen wir damit weiter. Hauptsache zusammen!«

Dumm wie … Diät – Wissen ist schwere Kost

Burp. Ich liege im Bett, und mir ist schlecht. Diesmal nicht im Magen wie bei »Schlank im Schlaf«, aber sonst überall: Ich habe schlechte Laune, ein schlechtes Gewissen und eine richtig miese Ausstrahlung.

Warum? Okay, ich fang mal von vorne an. Ich war heute in der Unibibliothek, um mir Wissen anzueignen. Harte Facts für meine ganz eigene, individuell auf mich zugeschnittene Mara-Ernährungsumstellung. Ich habe also Infos in großen und in kleinen Häppchen verschlungen, ich habe mich förmlich mit Wissen vollgestopft. Tja, und dann konnte ich das Zeug nicht verdauen. Es rumorte in meinem Kopf wie ein fettiges Sieben-Gänge-Menü im Bauch, und ich wusste gar nicht mehr, welche Abnehmstrategie für mich richtig ist. Ich brach die Sache ab und floh nach Hause. Dort angekommen, hörte ich meine Lieben im Wohnzimmer. Ich wollte mich zu ihnen setzen und ein bisschen jammern, aber als ich die Tür öffnete, erstarrte ich. Was machten die denn da?

Mein Mann und meine Töchter saßen vorm Fernseher. Sie hatten einen Stapel DVDs vor sich und diskutierten, welchen Film sie sich gleich ansehen wollten. Der Hund lag auf dem Teppich und grunzte vor Wohlbehagen, er begrüßte mich mit Schwanzwedeln. Oder meinte er die Platte mit appetitlichen Broten und Häppchen, die ich jetzt auf dem Couchtisch entdeckte?

»Gut, dass du kommst«, sagte die ältere meiner Töchter. »Welchen Film willst du sehen?« Sie dachte ganz offensichtlich, dass ich bei diesem Gelage mitmachen wollte. Und vor diesem Tag in der Bibliothek hätte ich das auch getan. Die Filme, die zur Wahl standen, waren genau mein Geschmack, die Häppchen auch. Ich hatte meine »Schlank im Schlaf«-Diät längst abgebrochen und noch keine neuen Beschlüsse gefasst. Warum also nicht?

Aber nach der heutigen Wissensorgie ging das nicht mehr. Mein Kopf war voller Verbotsschilder und Warnblickleuchten, egal, wohin ich blickte. Und dann legte ich los. »Leute! Wie könnt ihr nur vorm Fernseher essen?«, fragte ich die drei. »Jeder weiß doch, dass das dick macht. Und dann auch noch belegte Brote! Brot enthält Kohlenhydrate, und die sollte man abends nicht essen. Wisst ihr das nicht? Und – noch schlimmer – das ist Weizenbrot, das sehe ich, und Weizen ist böse, sehr böse sogar. Denn wer Weizen isst, wird dick und doof. Steht in Büchern wie *Dumm wie Brot* oder *Weizenwampe*. Und dann liegt auf eurem Brot zudem Käse oder Schinken. Proteine! Auf Brot! Man soll Proteine und Kohlenhydrate nicht zusammen essen, das muss man trennen, sonst übersäuert man. Und überhaupt: Man sollte essen, wofür einen die Natur geschaffen hat. Und geschaffen hat sie uns in der Steinzeit. Da gab's keinen Käse und keinen Schinken und kein Weizenbrot. Gaaah! Und was ist das da? *Avocados?* Nee, oder? Die sind doch garantiert mit dem Flugzeug hier zu uns transportiert worden und haben einen ökologischen Fußabdruck wie ein Yeti. Und sind die denn bio?«

»Äh, alles okay mit dir?«, fragte mein Mann.

Nein, nichts war okay. Ich wankte und hielt mich am Türpfosten fest. Was war das denn eben gewesen? War das wirklich ich, diese Spaßbremse? Ich war ja genau die Sorte Diät-Terroristin, die ich nie hatte werden wollen. Die, die alle anderen missioniert. Und das, obwohl ich noch nicht mal eine Diät machte! Ich hatte ja nur alles über diverse Diäten gelesen.

»Sorry«, murmelte ich. »Nehmt mich nicht ernst. Ich glaub, ich hab geistige Flatulenzen. Ich leg mich mal ein bisschen hin.«

Sie nickten dankbar. Niemand hielt mich auf.

Jetzt liege ich also in meinem Bett. Ich habe seit meiner Rückkehr nichts gegessen. Ich kann nicht. All diese Diätregeln im Kopf! Und alle widersprechen sich! Mein Bauch sagt: »Du musst dich für eine Philosophie entscheiden. Ich hab Hunger.« Und mein Kopf sagt: »Ich hab aber keine Ahnung, welche die richtige ist. Alle sind von Ärzten ersonnen oder wenigstens empfohlen; alle heißen plötzlich nicht mehr Diät, sondern Ernährungsumstellung; bei allen muss ich unumstößliche Dogmen befolgen, werde davon aber nicht nur schlank und schön, sondern gleichzeitig auch fit und glücklich; alle haben begeisterte Fans und – das ist das schlimmste – alle widersprechen sich komplett.«

Mein Kopf hat recht. Wollte ich mir einen Speiseplan zusammenstellen, der all diesen Diäten, äh, Ernährungsumstellungen gerecht würde, müsste ich vor meinem gefüllten Kühlschrank verhungern.

Hey, da kann doch was nicht stimmen.

Natürlich kann ich bei vielen Ernährungsumstellungen die theoretischen Argumente schnell widerlegen. Die sind oft Quatsch. Die meisten fangen zum Beispiel in der Steinzeit an. Sie definieren, was die ureigentliche Ernährung des Menschen ist und nähern sich ihr dann angeblich mit speziellen Konzepten an. Aber ich weiß, was die Menschen in der Steinzeit aßen, ich hab das mal für einen Roman recherchiert: vor allem Aas. Sie nagten die halb vergammelten Fleischreste von den Knochen toter Tiere ab, die Raubtiere ihnen übrig ließen. Und wenn's davon nicht genug gab, dann haben sie auch Insekten und Würmer gegessen. Und manchmal sogar ihre menschlichen Feinde. Obst und Gemüse gab's natürlich auch, aber das war damals noch nicht das, was es heute ist. So ein Steinzeitapfel war hart, klein, holzig und bitter, wie ein Wildapfel eben. Eine solche Ernährung empfiehlt natürlich keine Diät, nicht mal die Paleo-Diät, die sich angeblich komplett an der Steinzeit orientiert. Wobei man damit vermutlich ziemlich viel abnehmen könnte.

Hier in meinem Bett frage ich mich, warum eigentlich alle bei ihren Begründungen immer in der Steinzeit anfangen, als läge dort der Stein der Weisen begraben. Wieso halten wir diese Phase der Menschheit für eine einzige Wellness-Oase, in der die Menschen letztlich nur so lebten, wie es für sie sinnvoll und gut war? Ich meine – die sind damals gerade mal zwanzig Jahre alt geworden. Das schaffen wir heutzutage sogar mit großer Sicherheit, wenn wir nur vorm Fernseher rumhängen und Fastfood essen.

Und dann – waren die in der Steinzeit wirklich immer alle dünn? Und wenn ja, waren sie es gern? Die ältesten Kunstwerke der Menschheit zeigen allesamt unglaublich dicke Frauen. Die Venus von Willendorf zum Beispiel hatte garantiert einen Body-Mass-Index (siehe S. 168) von mehr als 40, also nach heutiger Definition schwere Adipositas. Mit der Erklärung, die Dame sei vielleicht schwanger, kommt man hier nicht weiter, denn sie beult sich nach hinten genauso aus wie nach vorn und zur Seite. Und sie hat Oberschenkel wie Baumstämme.

Garantiert waren nicht viele Frauen in der Steinzeit so dick. Aber die sehr naturgetreue Nachbildung dieser Wülste zeigt doch, dass die Steinzeitkünstler so was schon mal gesehen hatten. Sie wussten eindeutig, dass Menschen dick werden können und an welchen Stellen sie dann Fett ansetzen. Und offenbar fanden sie das sogar schön, denn mittlerweile wurden weltweit rund zweihundert solcher Dickmadams gefunden, alle zwischen 30 000 und 21 000 Jahren alt. Also, wenn im menschlichen Erbgut überhaupt irgendetwas zum Thema Ur-Schönheitsideal verankert sein sollte, dann sind das garantiert keine 90-60-90-Maße bei Frauen.

Aber ist denn in unseren Köpfen ein Schönheitsideal genetisch vorprogrammiert? Wir wissen ja, dass es sich im Lauf der Geschichte immer wieder wandelte. Die Römer mochten es dick, die Griechen schlank und sportlich. Im Mittelalter galt Völlerei als Sünde, fromme Menschen waren mager, und im Barock waren üppige Vollweiber modern, wie Rubens sie malte. Auch heute wird unser abgemagertes westliches Schönheitsideal weltweit gar nicht so häufig bevorzugt, wie man denken könnte: Eine kanadische Studie zeigte 1992, dass von zweiundsechzig untersuchten Kulturen knapp die Hälfte auf dicke Frauen stand, ein Drittel auf Damen von mittlerem Gewicht, und nur zwanzig Prozent auf dünne Figuren (Anderson, Crawford, Nadeau, Lindberg 1992). Und in einigen Gegenden Westafrikas werden heute noch Mädchen von kleinauf gemästet, damit sie als attraktiv gelten und einen Mann finden können.

Diäten gab es trotzdem schon vor Tausenden von Jahren. Ob auch in der Steinzeit, wissen wir nicht. Da konnte leider noch keiner schreiben. Schade eigentlich, das hätte uns vielleicht einiges erspart. Und dass die Zeichnungen von Pferden oder Auerochsen an Höhlenwänden erste Diätanweisungen waren, ist eher unwahrscheinlich. Erste schriftliche Zeugnisse für Diäten gibt es jedoch seit der Antike. Der griechische Arzt Hippokrates zum Beispiel und sein späterer Kollege Galenus beschäftigten sich ausgiebig mit der Frage, wie Menschen sich richtig ernähren sollten. »Mehr Menschen als das Schwert tötet der Fraß«, dieses Zitat wird beispielsweise Galenus zugeschrieben. Allerdings war eine »Diaita« damals viel mehr als nur eine Anleitung zum Abnehmen. Die einstigen Regeln umfassten alles, was zu einer gesunden Lebensführung gehörte, da ging es um Licht und Luft, Schlaf und Entspannung, Sex sowie »Anregungen des Gemüts«.

Bei ihren Tipps zur Gewichtsreduzierung waren Ärzte in der Antike nicht zimperlich: Sie zapften ihren Patienten Blut ab, verabreichten ihnen Abführmittel, brachten sie zum Erbrechen, reduzierten die Anzahl ihrer Mahlzeiten, verboten Sex und empfahlen harte, körperliche Arbeit. Fitnessstudios gab es ja noch nicht, und so wurde von Diätwilligen damals vermutlich einiges erledigt, was in Haus und Hof vorher lange liegen geblieben war. Eigentlich keine schlechte Idee. Ich könnte doch auch mal Kalorien verbrennen, indem ich den Keller entrümpele oder den Garten in ein blühendes Paradies verwandele.

Ja, könnte ich. Mach ich vielleicht sogar. Aber nicht heute, heute ist mir schlecht. Unter anderem deshalb, weil ich so viel über eklige und bizarre Diäten gelesen habe. Die erste Low-Carb-Diät beispielsweise, die kaum Kohlenhydrate erlaubt, entwickelte Wilhelm der Eroberer vor knapp tausend Jahren. Als der englische König in die Schlacht ziehen wollte und zu dick war, um sein Pferd besteigen zu können, hungerte er sich mit einer einseitigen Ernährung aus Fleisch, Fisch, Fett und Unmengen von Alkohol viele Kilos von den Rippen. Lieber nicht nachmachen! Das ist ungesund! Wilhelm der Eroberer wurde gerade mal sechzig und starb an heftigen Schmerzen in den Eingeweiden.

In der Renaissance gab es Diäten mit einem ganz anderen Ziel: In dieser Zeit galt Dicksein als schön, und die Ernährungskuren dienten dazu, die Menschen zu mästen. Das änderte sich dann mit dem ersten Diät-Bestseller der Welt. Er stammte aus der Feder des Italieners Luigi Cornaro, der ihn 1550 im Alter von dreiundachtzig Jahren verfasste. In seinem Buch mit dem Titel *Vom maßvollen Leben* beschrieb der Hochbetagte, wie er sich nach einer Krankheit dazu entschloss, künftig weniger zu essen, und damit nicht nur seine Manneskraft zurückerhielt, sondern auch im hohen Alter noch reiten, jagen, singen und Spaß haben konnte. Besonders die Sache mit der Manneskraft zog ungemein, und Cornaros Werke wurden in viele Sprachen übersetzt. Er starb als fast Hundertjähriger und soll an manchen Tagen nur ein Eidotter gegessen haben.

Im Lauf der Menschheitsgeschichte gab es aber auch immer wieder Diäten, über die wir heute nur noch den Kopf schütteln: Die mittelalterliche Ärztin Trotula aus Salerno in Süditalien ließ ihre Patienten in heißen Sand eingraben, wo sie ihr Fett herausschwitzen sollten. Der schottische Arzt Malcolm Flemyng servierte seinen Patienten im 18. Jahrhundert einen Seifentrank, der ihr Fett von innen auswaschen sollte. Der amerikanische Prediger Sylvester Graham entwickelte ein halbes Jahrhundert später eine Diät, bei der man weder Fleisch noch Gewürze essen durfte. Stattdessen pries er ein spezielles Brot, das Grahambrot. Dem frommen Mann ging es bei seiner Diät allerdings nicht um die Figur, sondern um die Zügelung der Libido. Er war sehr besorgt über die gravierenden gesundheitlichen Schäden, die das Laster der Masturbation seiner Meinung nach verursachte.

Die Schrothkur aus dem Jahr 1820 ist eine Methode, die heute noch in manchen Kurkliniken angewandt wird. Ihr Erfinder war der Fuhrmann Johann Schroth, der entdeckte, dass seine Pferde wenig tranken und fraßen, wenn sie krank waren. Daraus schloss er, dass es gesund war, immer mal wieder nichts zu essen. In seiner Kur für Menschen wechselten sich deswegen Trink- und Trockentage ab. An den Trockentagen nahmen die Patienten fast keine Flüssigkeit zu sich und kauten trockene Brötchen. An den Trinktagen mussten sie Wacholderschnaps, Glühwein und bis zu einem Liter Landwein trinken. Nachts wurden die Patienten in feuchte Tücher eingewickelt. Durch all diese Maßnahmen sollte der Körper wie ein Schwamm ausgespült und entschlackt werden. Zumindest an den Trinktagen war die Stimmung der Patienten bestens. Dass die Kur aber nicht ohne Risiken war, wusste man schon damals. So war 1898 in *Meyers Konversations-Lexikon* zu lesen: »Die höchst lästige Kur greift tief ein und kann bei unvorsichtiger Anwendung Entkräftung, Skorbut, selbst den Tod herbeiführen, bei sorgsamer Überwachung hilft sie oft bei veralteter Syphilis, Gicht, chronischen Ausschwitzungen im Rippen- und Bauchfell und in den Gelenken, auch bei Magenerweiterung günstig.«

Mit der Gesundheit ihrer Patienten gingen viele frühere Diätpäpste sowieso großzügig um. Es gab Ärzte, die ihren Patientinnen strychninhaltige Tabletten verabreichten, weil das Gift den Körper zur Abmagerung brachte. Um 1900 verkauften Apotheken sogar desinfizierte Bandwürmer, die man schlucken konnte, um inwendig Mitesser bei allzu großer Kalorienflut zu haben. Harmlos war im Vergleich dazu der Kaukult, der um 1900 weltweit ausbrach. Um abzunehmen, mussten Diätwillige zu dieser Zeit jeden Bissen rund hundertmal kauen. Und nicht nur jeden Bissen, auch Getränke wurden durchgekaut, bis sie geschluckt werden durften.

Erschreckend an all diesen Diäten: Egal wie abstrus sie waren, sie fanden immer gläubige Anhänger, die sie mit geradezu religiösem Eifer befolgten.

Wenn man die Geschichte der Diäten ansieht, ist aber ein anderer Aspekt noch viel furchtbarer: Ganz viele der Kuren, die heute für uns angeblich nach den neuesten wissenschaftlichen Erkenntnissen ausgearbeitet wurden und werden, sind uralt.

Low-Carb, also Verzicht auf Kohlenhydrate, oder Low-Fat, also Fettreduzierung? Diese Streitfrage wird seit ungefähr hundertdreißig Jahren zwischen Diät-Ärzten diskutiert und ist bislang immer noch nicht abschließend geklärt.

Die Theorie der Schlacken, die sich im Körper absetzen und durch Diäten ausgeschwemmt werden müssen, ist fast ebenso alt. Und obwohl sie inzwischen wissenschaftlich widerlegt wurde, basieren immer noch Diäten auf diesem Grundsatz. Oder das Beispiel Trennkost: Seit 1907 behaupten Ärzte, dass der Körper übersäuert, wenn man Kohlenhydrate und Eiweiß gleichzeitig einnimmt. Diese Annahme ist ebenfalls längst widerlegt, enthalten doch die meisten Lebensmittel sowohl Eiweiß als auch Kohlenhydrate. Aber auch sie ist nach wie vor aktuell und geistert durch unsere Köpfe. Selbst Grahambrot kann man heute noch kaufen.

Und »Schlaf dich schlank«? Bereits 1915 empfahl der Berliner Arzt Carl Anton Ewald eine Einschränkung der Abendmahlzeit, um im Schlaf abzunehmen.

Die Experten streiten also seit Jahrhunderten um die besten

Diätmethoden und sind noch keinen Schritt weiter. Und alles, was schon längst widerlegt und totgesagt wurde, taucht irgendwann wieder auf.

Auch ich habe diesbezüglich im Freundes- und Familienkreis schon einiges miterlebt, was immer wieder auftaucht. Etwa die Obstdiäten, bei denen Grapefruit und Ananas angeblich Pfunde schmelzen lassen. Die unsägliche Kohlsuppendiät, bei der eine blähende Wundersuppe beim Verdauen angeblich mehr Kalorien verbraucht, als sie enthält. Dann die Sache mit dem Pu-Erh-Tee, der in den Neunzigern Schlagzeilen machte, weil er angeblich schlank machte. Ich geb's zu: Da wollte ich mitmachen. Ich wollte diesen chinesischen Tee ebenfalls haben. Aber die Regale in den Reformhäusern waren leer gefegt, als ich kam, überall war er ausverkauft. Und dann der Skandal: Schlank machte Pu-Erh nicht, eher krank. Bei Warentests stellte sich heraus, dass mehrere Sorten das giftige Pflanzenschutzmittel DDT enthielten.

Ja, das weiß ich jetzt alles. Ich liege noch immer wach im Bett, habe Hunger, aber überhaupt keine Lust, irgendetwas zu essen. Ist ja doch alles falsch. Aber garantiert bekomme ich bald Heißhunger und schlinge irgendetwas in mich rein. Vielleicht ist dann noch ein Schinkenbrot übrig?

Irgendwie komisch: Ich mache gar keine Diät, aber ich entwickle alle Risiken und Nebenwirkungen. Und ich ärgere mich über mich selbst. Anja und Lucinde legen einfach los und werden dünner und schöner … Und Frau Oberschlau verschlingt Wissen und legt sich dann ins Bett. Ist doch kein Wunder, dass bei mir nichts klappt. Ich hab das ja quasi selbst vorweggenommen, als ich vor ein paar Wochen diesen Tankini gekauft habe. Eine selbsterfüllende Prophezeiung nennen Psychologen das. Oder doch nicht? Ist das in Wahrheit meine innere Stimme, die klüger ist als ich und die mich aus guten Gründen vor falschen Diät-Gurus warnt?

Okay. Ich werde das klären. Ich fange bei meiner Recherche noch mal von vorne an. Nicht in der Steinzeit, sondern bei mir. Wie dick oder dünn sollte ich eigentlich sein?

MARAPEDIA– die etwas andere Enzyklopädie

Wie dick oder dünn sollte man sein?

Wer ausrechnen will, wie dick er ist, kann das mit einer einfachen Formel tun. Für die Ermittlung des sogenannten Body-Mass-Index, kurz BMI, nimmt man sein Gewicht in Kilo und teilt es durch die Körpergröße in Metern zum Quadrat. Diese Formel stammt übrigens aus dem Jahr 1832, ist also auch nicht mehr ganz frisch. Der Index selbst ist umstritten, weil er überhaupt nichts darüber aussagt, ob es sich bei dem gemessenen Gewicht um Muskeln oder Fett handelt. Trotzdem wird er von der Weltgesundheitsorganisation (WHO) immer noch als Richtmaß zur Ermittlung von Fettleibigkeit verwendet. Die optimale Body-Mass-Index-Zahl sollte zwischen 20 und 25 liegen. Darüber beginnt das Übergewicht, jenseits der 30 das Krankheitsbild Adipositas.

1. **Bin ich zu dick?**
2. **Ist das ungesund?**
3. **Sollte ich abnehmen?**

1. Bin ich zu dick?

Ich wiege gerade 76 Kilo und bin eins einundsiebzig groß. Ich habe also einen BMI von 26 und bin laut WHO zu dick. Aber vor fünfundzwanzig Jahren wäre ich mit diesem Gewicht noch im Optimum gewesen. Damals galt nämlich ein BMI von 27 noch

als normal. Aber dann senkte die WHO den Wert für das Normal-
gewicht auf durchschnittlich 24,9, und – schwupp – wurden Millionen von Menschen über Nacht übergewichtig. Die Welt hatte
jetzt ein Problem: Fettleibigkeit. Und ich mit ihr.

2. Ist mein Body-Mass-Index ungesund?

Nein! Ist er nicht! Die Weltgesundheitsorganisation irrt mit ihrer
Einteilung. Neue Studien zeigen: Leicht übergewichtige Menschen haben ein niedrigeres Risiko, an verschiedenen Krankheiten zu sterben. Erst ab einem BMI von über 30 steigt das Gesundheitsrisiko an. Optimal scheint ein BMI von 27 zu sein. Ich bin
also sogar zu dünn. Das Wort »Rettungsring« bekommt eine ganz
neue Bedeutung.

Inzwischen behaupten Ärzte zwar, entscheidend sei auch,
wo das Körperfett sitzt. Bauchfett ist schlecht, Hüftgold harmlos. Und sie sagen: Nicht nur dicke Menschen haben Bauchfett.
Die böse Sorte Fett sitzt nämlich nicht zwischen Muskeln und
Haut, ist also nicht das, in das man bei mir so schön reinkneifen
kann. Nein, die gefährliche Sorte Bauchfett sitzt unsichtbar und
unfühlbar unter den Muskeln zwischen den Bauchorganen, und
auch Dünne können da welches haben. Aber mal ehrlich, bevor
ich mich aus medizinischen Gründen über mein Bauchfett grä-
me, warte ich erst mal ein paar Studien ab. Denn beim Bauchfett liegt die Frage nahe: Was war zuerst da, das Ei oder die Hen-
ne? Das schlechte Bauchfett entsteht nämlich durch Stress. Und
möglicherweise ist der Stress ja das Gesundheitsrisiko, und das
Fett ist nur ein Symptom. Und dann würde es gar nichts bringen,
wenn ich mir Stress mache, um das Fett wegzubekommen.

3. Sollte ich abnehmen?

Schwierige Frage. Nach neuesten wissenschaftlichen Erkenntnissen bin ich nicht zu dick. Nach meinem neuesten Blick in den
Spiegel schon. Die Ausbuchtung über meinem Hosenbund ent-

spricht definitiv nicht dem gängigen Schönheitsideal. Überspitzt könnte man sagen: Ich bin nicht zu dick, aber zu hässlich.

Was tun? Studien zeigen: Diäten machen dumm und depressiv, alt und impotent, erhöhen das Risiko für Infarkte, Schlaganfälle, Stimmungsschwankungen, Reizbarkeit, Schlaflosigkeit und Osteoporose. Auch das Gehirn nimmt in seiner Leistung ab. Diäten sind außerdem Stress für den Körper, und Stress macht hungrig und nach Abbruch der Diät dann wieder dick. Daher der Jo-Jo-Effekt.

Dicksein macht aber auch depressiv. Ich muss mich entscheiden.

Zum Weiterlesen:
Achim Peters: *Mythos Übergewicht. Warum dicke Menschen länger leben. Was das Gewicht mit Stress zu tun hat. Überraschende Erkenntnisse der Hirnforschung.* München 2014; Dr. Anja Dostert: *Die verrückte Geschichte der Diät. Schlankheitswahn und Schönheitskult.* Traunstein 2013; Sabine Merta: *Schlank! Ein Körperkult der Moderne.* Stuttgart 2008

Mara
Dialog beim Frühstück:
Tochter: Boah, hast du abgenommen?
Ich: Was willst du?
Tochter: Nee, echt, du siehst voll dünn aus!
Ich: Oh, wirklich? Danke!!!
Tochter: Ich brauch neue Stiefel, und meine
Jacke sieht auch scheiße aus!　　21:14

Lucinde
Ich finde, mein MANN hat auch deutlich
abgenommen.　　21:20

Anja
Und mein Sachbearbeiter beim Finanzamt
hat auch abgenommen, das muss ich ihm
mal sagen!　　21:22

Die OMG-Diät – Etwas tun, was man noch nie getan hat

Tja. Bisher hat die Evolution noch nicht zurückgeschrieben. Also probiere ich es in Woche vier mit dem Engländer:

Ein Engländer lässt grüßen – Die Oh-my-God-Diät von Venice A. Fulton

So lautet das Versprechen: Bis zu neun Kilo in sechs Wochen.

Das Konzept: Vor dem Frühstück eiskalt baden und schwarzen Kaffee trinken – das kurbelt die Fettverbrennung an und geht an die Reserven. Drei Mahlzeiten täglich, die zur Hälfte aus Proteinen bestehen, und SPORT, SPORT, SPORT.

Das sagen Befürworter: Man sieht sehr schnell Erfolge, ohne auf wesentliche Ernährungsbausteine verzichten zu müssen.

Das sagen Kritiker: Die Diät ist eine große Herausforderung für Körper und Geist. Besonders der Kreislauf wird stark beansprucht, außerdem ist sie sehr zeitintensiv.

Das sage ich: Eiskalt baden? Vor dem Frühstück? Geht's noch?

Würde ich in Grönland am Strand wohnen, vielleicht. Abgesehen von der Wasserverschwendung friere ich den ganzen Tag und habe vor

---

Ich wiege jetzt genau 76 Kilo. Wie daran zu sehen ist: Mein Gewicht ging nach dem Ende der hCG-Diät wieder nach oben. Total schade. Aber dann auch wieder kein Wunder. Schließlich habe ich so einen Hunger gehabt! Und ich habe die Stabilisierungsphase ausgelassen, das muss ich zugeben.

Oh Mann. Ich bin voll in die Jo-Jo-Falle getappt. Aber das ist ja eben die Gefahr bei diesen ganzen Schnell-Abnehm-Geschichten. Und jetzt? Noch immer glaube ich daran, dass eine rasche und schmerzhafte Variante die beste für mich ist. Mit anderen Worten: eine noch. Eine von diesen schnellen, absurden Diäten probiere ich noch aus. Jawohl. Und dann überlege ich neu.

Und ich fange besser gleich damit an, bevor mein Gewicht wieder da ist, wo es vor meinen hCG-Diätversuchen war.

Was mich so ein bisschen irritiert, ist, dass Anja zum Beispiel bei ihren Detox-Geschichten eigentlich nur von Obst und Gemüse lebt. Und ich? Fleisch. Fisch. Proteine. Obst ist bei der OMG-Diät dagegen streng verboten. Die Rechnung sieht nämlich so aus: Obst gleich süß gleich Fruchtzucker gleich Insulinanstieg gleich Fetteinlagerung in Zelle gleich böse.

Dabei bin ich in meinem Herzen Vegetarierin. Also eine von denen, die Käse essen und Milchschaum auf dem Kaffee haben dürfen.

Bei der OMG-Diät komme ich also um Fleisch nicht herum.

Überhaupt ist das mit dem Essen ein wenig kompliziert: Frühstücken darf ich nicht. Nach dem Aufstehen soll ich erst einmal eiskalt baden, ein großes Glas Wasser und schwarzen Kaffee trinken, mich mindestens zwanzig Minuten bewegen und danach erst mal drei Stunden pausieren. Nach meiner Rechnung ist es dann ungefähr halb elf, bevor ich überhaupt an Essen denken darf. Das soll dann bitte kohlenhydratfrei sein. Dazu darf ich grünen Tee trinken. Das gleiche Spiel beim Mittagessen, nur ohne baden. Sprich: gegen zwei Uhr treibe ich zwanzig Minuten Sport, warte dann eine halbe Stunde, bevor ich äußerst proteinreich esse. Drei bis fünf Stunden später noch einmal Sport, warten, Abendbrot. Also selbstverständlich ohne Brot. Ausreichend schlafen, von vorne anfangen. Wiegen. Freuen. Oder auch nicht. Ich glaube, Venice A. Fulton, der Erfinder dieser Diät, ist aus Stahl.

Die OMG-Diät habe ich übrigens beim Stöbern in Fitnesszeitungen entdeckt. Sie hörte sich so schräg an, dass ich mir das Buch dazu gekauft habe. Es liest sich wirklich gut und ist witzig geschrieben, aber der Typ ist radikal. Und ja, schräg ist zumindest seine Diät. Denn wie war das noch mal? Vor dem Aufstehen muss ich …

Stopp. Vor dem Aufstehen kann ich schon mal gar nix. Danach auch nicht wesentlich viel mehr – sagen wir, so bis neun bin ich nur die Hülle meiner selbst. Also die bisher noch ziemlich schwere Hülle. Auf was hab ich mich da nur wieder eingelassen? Ich meine, ich liebe meine Mädels, und ich möchte sehr, sehr gern mit ihnen nach Thailand, aber deshalb muss man doch nicht gleich tausend Kilo abnehmen, oder?

Seufzend quäle ich mich aus dem Bett. Wenn ich das alles machen will, was ich laut Venice A. Fulton machen muss, dann sollte ich mindestens eine Stunde vor meinen Kindern auf den Beinen sein. Seine Idee: Nimmt man abends keine Kohlenhydrate zu sich, ist der Speicher morgens leer, und wenn man dann den Stoffwechsel so richtig schön ankurbelt, verbraucht der Körper die Energie aus den Depots. Was anderes hat er schließlich nicht zur Verfügung. So weit, so einfach. Prinzipiell leuchtet mir das auch ein. Bei Fulton bedeutet es allerdings, dass ich nun eine Badewanne mit eiskaltem Wasser füllen muss, um mich hineinzusetzen. Ich habe mir auf sein Geheiß extra ein Babybadethermometer gekauft. Und eiskalt bedeutet zwischen 15 und 20 Grad Celsius.

Es ist sechs Uhr morgens. Bis die Badewanne vollgelaufen ist, habe ich mir wirklich nicht viel dabei gedacht. Ich meine, 20 Grad – das hört sich doch an wie ein lauer Frühlingstag, oder?

Äh, nein. Mein großer Zeh sendet den Impuls zum sofortigen Rückzug, sobald er die Wasseroberfläche berührt hat. Autsch! Das hat mit Frühling nicht das Geringste zu tun. Bestenfalls etwas mit den Eisheiligen. Mein Mann steckt den Kopf durch die Badezimmertür: »Alles okay? Hast du dir wehgetan?«, fragt er, weil mein »Autsch« offensichtlich lauter war als beabsichtigt.

Holger ist von mir allerlei Experimente gewohnt und rechnet grundsätzlich mit vielem. Das hier scheint allerdings auch sein Vorstellungsvermögen zu überschreiten. Er kneift die Augen zusammen und legt den Kopf schräg: »Ähm, was machst du da?« Seine Augen wandern von mir (nackt, mit dem linken Zeh über der Wasseroberfläche kreisend) zur Badewanne und wieder zurück. Im Gegensatz zu mir ist mein Mann ein Morgenmensch und kann zu früher Zeit schon vieles, sogar Fragen formulieren. Ich kann nur Einwortsätze. Und so brumme ich: »Diät!« Dabei bemühe ich mich, die Balance nicht zu verlieren, denn das wäre fatal.

Wenn er je an meinem Verstand gezweifelt hat, dann nie so sehr wie gerade jetzt. Das kann ich ihm förmlich ansehen. »Ich mache mal Kaffee«, sagt er und geht kopfschüttelnd Richtung Küche. Sehr gut. Nun bin ich wieder allein mit Venica A. Fulton und dieser Ice Bucket Challenge der besonderen Art. Jedenfalls ist mir mittlerweile klar, warum diese Diät »Oh my God« heißt. Das (oder Ähnliches) brüllt bestimmt jeder in meiner Situation.

Langsam eintauchen soll man. Eine Weile sitzen und sich dann komplett hineinlegen. Und dann soll man es auch noch genießen! Venice A. Fulton, du bist nicht mehr mein Freund!

Ich schaffe es, einen Fuß in der eisigen Kälte zu versenken, ohne erneut in Schmerzgeheul auszubrechen. Bravo, denke ich, während ich in meiner ganzen nackten Pracht einbeinig in der Badewanne stehe wie ein Flamingo am Flussufer. Allerdings: Wäre ich ein Flamingo, würde ich so einen Quatsch vermutlich nicht machen.

Ich schaffe es tatsächlich, für ein paar Sekunden auch noch in die Hocke zu gehen. Aber hinlegen? Fehlanzeige. Und von Genuss kann nicht die Rede sein. Allenfalls etwas à la: Es ist so schön, wenn der Schmerz nachlässt …

Als ich zitternd im Jogginganzug in die Küche komme, schaut Holger fragend von seiner Morgenzeitung auf und schiebt mir wortlos einen Kaffee zu. Ohne Milch, wie bestellt. Dabei hätte ich mir doch jetzt einen richtig schönen Latte macchiato verdient, oder?

Wenigstens bin ich wach. So wach, dass ich mich tatsächlich mit ihm unterhalten kann. Das ist ein netter (und auch der einzig angenehme) Nebeneffekt dieser grässlichen Baderei.

Holger findet meine Diätmethode fragwürdig und erkundigt sich, ob ich keine Angst vor einem Herzinfarkt habe?

Hm. Nein, hatte ich bisher nicht, schließlich war mein Herz vor der hCG-Kur von meiner Hausärztin gecheckt und für stabil befunden worden. Aber jetzt, da er es sagt?

Irgendwie flau war mir da im Wasser schon, muss ich zugeben. Aber ich habe es auf die Angst vor dem kalten Wasser geschoben.

Außerdem will er wissen, ob ich mir überhaupt mal überlegt hätte, wie viele Liter Wasser ich da in all diesen Wochen mit einer Badewannenfüllung täglich verbrauchen würde? Umweltschutz führt er an, redet von Verschwendung, und überhaupt: »Wie lange willst du das denn eigentlich machen?«

»Sechs Wochen?«, flüstere ich kleinlaut. Seine Frage hatte ich mir heute Morgen in der Tat selbst schon gestellt, schließlich bin ich nicht wirklich von dieser Diätmethode überzeugt. Und das mit dem Wasser hatte ich auch bedacht. Aber gleich wieder aufgeben?

Fragend zieht Holger die Augenbrauen hoch. »Sechs Wochen?«

Ich kann zusehen, wie er die Wassermenge, die ich vermutlich verbrauchen werde, im Kopf überschlägt. Er führt auch an, wie viele Stunden Schlaf mir nach sechs Wochen fehlen werden. Und wie schlecht gelaunt ich sein werde, wenn all das nicht funktioniert, weil ich das Schlanktauchen im eiskalten Wasser und somit einen wesentlichen Bestandteil der Diät auslasse. Denn Eisbaden werde ich definitiv nicht, so viel ist klar. Mir ist immer noch nicht warm. Auch wenn das Frieren erwünscht ist, wie Mr F. sagt. Es bedeutet nämlich, dass mein Körper seinen Motor (sprich: den Stoffwechsel) angeworfen hat, um es mir wieder wohlig zu machen. Und das verbraucht Unmengen an Energie. Will heißen: Fett. Aus den Depots. Tja, das ist super. Aber es gefällt mir trotzdem nicht. Und nicht böse sein, Venice, aber ich finde, Holger hat mit dem Wasser recht.

Das mit dem Kaffee ist hingegen nicht so schlimm. Ein wenig konnte ich mich ja schon während der hCG-Kur daran gewöhnen. Und gar kein Kaffee wäre noch viel, viel schlimmer. Vielleicht bin ich doch ganz froh, dass ich nicht auch Anjas Detox-Diät-Variante gewählt habe, auch wenn ich unglaublich Lust auf einen Apfel habe. Aber Apfel? No no no!

Doch ich habe mich für diese Diät entschieden, weil sie parallel zu all den Essensregeln zum Sporteln zwingt. Schließlich bin ich wenigstens diesbezüglich Herrn Fultons Meinung, dass weniger oder anders essen letztlich nicht ausreicht, um wirklich an

Gewicht zu verlieren. Seit den Recherchen für die hCG-Diät weiß ich, dass nach dem Wasser, das der Körper ausscheidet, auch sehr schnell die Muskeln an Substanz verlieren. Und das will ich auf gar keinen Fall: Denn je mehr Muskeln ich habe, desto höher ist der Fettverbrauch. Also rein in die Sportschuhe.

Ich will mit Treppensteigen anfangen. Das hört sich harmlos an, ist es aber nicht. Kinder und Mann haben beim Verlassen des Hauses nicht daran gespart, sich über mich lustig zu machen (danke auch!). Ich bin ja schon in Sportklamotten, und sie glauben, ich hätte die nur alibimäßig an, zum sportlichen Zeitunglesen. Doch nachdem meine Familie fort ist, verlasse ich hoch motiviert das Haus. Mein morgendliches Sportprogramm fängt direkt vor unserer Haustür an. Nach einem Wendeplatz führen einundachtzig Stufen zu einem Biergarten, der um diese Zeit noch geschlossen ist. Es gibt dort auch Kaffee *mit* Milchschaum, und ich wäre verloren, wenn das Lokal offen hätte. Aber so? Fast hundert steile Stufen: Ihr seid mein Frühsport.

Die Treppe wird übrigens auch gern vom Sportcoach der nahegelegenen Kaserne genutzt, so kam ich überhaupt auf diese Idee. Die Jungs rennen in ihrer Arbeitskleidung samt Accessoires (Stiefel, Uniform, Rucksack) hoch und runter und sehen dabei gefährlich aus. Gefährlich nah am Kreislaufkollaps. Okay, wenn ich das in einem ähnlichen Outfit machen müsste (Einkaufskorb, Staubsauger), ginge es mir vermutlich genauso. Aber so? Kein Problem. Hoffentlich.

Ich habe ausgerechnet, dass ich immer zwei Minuten Zeit habe, um einmal hoch- und einmal wieder runterzukommen. Fünfzehnmal. Ergeben eine halbe Stunde. Leichte Rechnung.

Die ersten fünf Durchgänge sind easy. Vor allem runter, aber dann …

Am Ende habe ich es zwölfmal geschafft. Der Hintern tut mir weh. Auf eine gute Weise. Ich bin ein Fan von leichtem Muskelkater. Gibt einem das Gefühl, was getan zu haben. Das mach ich jetzt jeden Tag, überlege ich. Nur morgen nicht, denn da habe ich einen Zahnarzttermin, oh, und übermorgen muss ich zu meiner Tochter Lilli in die Schule. Na ja, alle drei Tage reicht doch auch, oder? Nein? Ich sehe schon, Venice A. Fulton bringt mich gehörig in Stress, dabei habe ich erst vor einer Stunde mit seiner Diät angefangen.

Und abends habe ich noch ein Date mit Mick, auch dazu hat mir Herr Fulton geraten. Das finde ich wieder großartig von ihm und gefällt mir sehr: eine Diät, die Verabredungen mit attraktiven Männern beinhaltet. Top, oder?

Vielleicht hätte ich mein Treppenexperiment trotzdem nicht unbedingt vor das Date legen sollen, denn Mick ist Fitnesstrainer. Heute habe ich meine allererste persönliche Trainingsstunde mit ihm.

Mick ist die Sorte Trainer, bei der man gar nicht weiß, wo man zuerst *nicht* hinschauen soll. Der Körper: durchtrainiert, aber ohne Muskelberge. Ein Typ Mann, der sich in Zeitlupe und nur durch Muskelkraft vom Schneidersitz in den Handstand stemmen kann und es aussehen lässt, als sei das überhaupt kein Problem. Und der entschlossene Blick! Der lässt mich bestimmt nicht mogeln. Ganz im Gegenteil: Ich glaube, er meint es sehr ernst. Außerdem hat er eine Holzstange, die er mir bei meinen Bemühungen immer wieder an meinen Körper halten wird, um mir zu demonstrieren, wie wenig gerade ich bin und wie wenig Körperspannung ich habe. Uh.

Immerhin lacht Mick mich nicht aus. Er lächelt allerdings dafür dieses Lächeln, bei dem man nur einen Mundwinkel, aber dafür beide Augenbrauen hochzieht. Und das ist fast noch schlimmer. Ich sehe ihm förmlich an, dass er wenig Vertrauen in meine Muskulatur hat. Da sind wir immerhin schon zu zweit. Ich persönlich glaube ja, dass ich an manchen Körperteilen überhaupt ganz ohne Muskeln geliefert worden bin. Zu nennen wären da der Bauch und unbedingt auch die Oberarme. Deshalb würde auch niemals einer meiner Freunde bei einem bevorstehenden Umzug bei mir anfragen, ob ich mit ihnen Kisten schleppen würde. Brötchen bestreichen darf ich. Dafür reicht selbst meine Muskulatur aus.

Mick versucht mich behutsam darauf hinzuweisen, dass meine bisherigen sportlichen Aktivitäten allenfalls als »mäßige Bewegung« durchgehen. Autsch. Und ich war so stolz auf meine Joggingeinheiten und mein Yoga. Mehrmals die Woche! Das sei ja auch nicht schlecht, meint Mick und lächelt nachsichtig, aber eben nichts, was dauerhaft die Tiefenmuskulatur aufbauen würde. Wo er recht hat, hat er recht, muss ich zugeben, als wir uns bemühen, ein Workout für mich zusammenzustellen, dem ich gewachsen bin. Aufwärmen klappt noch sehr gut, und ziemlich beweglich bin ich dank Yoga auch. Aber natürlich ist das noch lange kein Grund, euphorisch zu werden. Mick hat nämlich die grandiose Idee, es nun mit Liegestützen zu versuchen. Ich kann keine einzige. Auch die »Damenversion« – die mit den angewinkelten Knien – nicht. Wenigstens falle ich nicht auf mein Gesicht. Aber das hätte meine Schmach nur unwesentlich gesteigert.

Ich hänge an Schlaufen, mache Kniebeugen mit Gewichten, schwinge Kettlebells (Gewichte, die ein bisschen an Kuhglocken erinnern) und hieve Langhanteln über meine Schultern. Dabei komme ich mir vor wie Rocky Balboa, auch wenn der vermutlich mehr Gewicht mit seinem kleinen Finger heben konnte, als ich mit vollem Körpereinsatz. Egal. Jeder hat mal klein angefangen. Auch Rocky. Und außerdem ist das ja auch nur ein Film! Beschluss: Die Titelmelodie lade ich mir fürs nächste Training trotzdem runter.

Am Ende habe ich einen sehr personalisierten Plan, der meine Tiefenmuskulatur aufbauen, an meinen offensichtlichen Schwachstellen (Hintern, Schenkel, Arme, Bauch) wirken soll, der mich fordert, aber nicht überfordert – und noch dazu Spaß macht. Mick hat mir freundlicherweise alle Übungen mit Strichmännchen aufgezeichnet, denn sonst hätte ich bis zum nächsten Mal auf jeden Fall vergessen, was ich bei »Round the world«, »Waschlappen« (na hör mal!) oder »Sumoringer« machen muss. Froh und motiviert gehe ich nach Hause. Ein Lächeln umspielt meine Lippen. Ich bin stolz auf mich. Und Mick ist wirklich nett. Wenn das alles ist, denke ich, dann war es gar nicht so schlimm.

Den Rest des Tages verbringe ich mit Nahrungszubereitung oder der Nahrungszubereitungsplanung. Und das, obwohl ich gerade lernen will, nicht ständig ans Essen zu denken. Hmmm. Eine Familie zu haben ist für jegliche Diät irgendwie kontraproduktiv. Aber da hab ich nun wirklich keine Alternative.

Nach dem Sport und vor dem Abendessen noch spazieren gehen? Das passt mir zwar überhaupt nicht, denn ich sollte Williams Hausaufgaben betreuen, Lillis Vokabeln abfragen, Marias Schulgeschichten anhören, mit meiner Mutter telefonieren und Paulina vom Klavierunterricht abholen, aber eine Mutter macht so etwas ja locker parallel. Null Problem! Bei Herrn Fulton gehört der Spaziergang einfach dazu. Und er hat keine Ahnung von den Anforderungen an Mütter. So viel ist schon mal klar.

Ich gebe es ungern zu, aber meine Schritte sind ein wenig schleppend, als ich auf die Straße trete. Um die Treppe an dem Wendeplatz mache ich einen großen Bogen.

Meine Güte, bin ich müde. Selten habe ich so tief und traumlos geschlafen, wie an dem Tag, als ich das erste Mal in Eiswasser badete und auf Mick traf.

Irgendetwas muss ich dann auch in dieser Nacht verpasst haben, denn als ich aufwache, fühle ich deutlich, dass mich jemand verprügelt haben muss. Ein Überfall vielleicht? Einbrecher? Ist Holger entführt worden? Das Bett neben mir ist leer, und somit kann ich ihn nicht fragen. Das wird wohl auch so bleiben, denn ich kann nicht aufstehen. Das, was da an meinem Rumpf dran ist, sieht zwar aus wie ein echtes Bein, ist aber in Wirklichkeit aus

Beton. Außerdem tut mir alles weh. Vielleicht werde ich ja krank? Gliederschmerzen habe ich jedenfalls wie verrückt. Hoffnungsvoll fasse ich an meine Stirn. Nichts. Kein Fieber. Ich drehe mich auf den Bauch und lasse mich langsam über die Bettkante gleiten; so geht es einigermaßen. Ich rutsche auf die Knie und schiebe mich langsam wieder nach oben in den Stand.

Ich möchte weinen. Stattdessen laufe ich breitbeinig und ohne die Knie anzuwinkeln in Richtung Küche. Das Schlanktauchen habe ich ja zum Glück schon nach dem ersten Mal aufgegeben, doch ich hatte mir vorgenommen, mich wenigstens einmal kurz unter die kalte Dusche zu stellen. Nicht aber heute. Heute geht es beim besten Willen nicht.

Schwach hebe ich meine Hand, als ich Holger am Esstisch sitzen sehe. Irritiert winkt er zurück: »Ist das immer noch diese Diät?«, fragt er mich, während er sich erbarmt, mir einen Kaffee einzuschenken und den Stuhl nach hinten zu ziehen, damit ich mich darauf niederlassen kann. Nicht, dass ich davon ausgehe, jemals wieder aufstehen zu können.

»Ja«, antworte ich erschöpft (wie kann man eigentlich schon erschöpft aufwachen?). »Und Mick.«

»Mick?« Mein Mann neigt nicht unbedingt zur Eifersucht, aber wenn eine Frau einen Männernamen seufzt und sich kaum rühren kann, wird man ja wohl nachfragen dürfen. Da bin ich ganz seiner Meinung. »Na ja, der Fitnesscoach.«

Ich stütze den Kopf in meine Hände und frage mich, wie ich den Tag überstehen kann, ohne mich von diesem Stuhl erheben zu müssen. Noch lieber wäre es mir allerdings, ich könnte einfach im Bett liegen bleiben und warten, bis mein Muskelkater vorbei ist.

»Kannst du mich vielleicht ins Schlafzimmer zurücktragen?«, frage ich hoffnungsvoll meinen Mann, der sich wieder in seine Zeitung vertieft hat, nachdem er festgestellt hat, dass von Mick keine akute Gefahr für seine Ehe ausgeht. Zuerst scheint auch er hoffnungsvoll. Als er aber sieht, wie ich schon beim Durchstrecken meines Rückens schmerzerfüllt mein Gesicht verziehe, wird ihm offensichtlich klar, dass dies kein Versuch ist, Schwung in den Ehealltag zu bringen, sondern allenfalls eine Transportmöglichkeit zurück ins Bett zu organisieren.

Er winkt ab. »Muss los!«, sagt er beim Aufstehen und küsst meinen Scheitel. Sehr freundlich.

Vielleicht habe ich ja Glück und William kommt mit seinem neuen Schreibtischstuhl vorbeigerollt. Den könnte ich dann als Taxi benutzen. Aber auch diese Hoffnung muss ich aufgeben. William ist schon in der Schule.

Glücklicherweise werden die Schmerzen von Tag zu Tag weniger, vor allem dank einer *heißen* Badewanne am Abend und viel Magnesium. Ich halte noch weitere drei Tage durch, in denen ich leider keine Zeit für meine Kinder, meinen Haushalt oder meinen Mann habe (wobei der in diesen drei Tagen auch nur bedingt Interesse an mir gezeigt hat – ich unheimlicher Sport-Zombie, ich!). Und dann gebe ich auf.

Ja, das Leben ist Herausforderung genug, Herr Fulton. Ich bin auch nur aus Frau gemacht. Und die müssen manche Dinge sehr genau dosieren. Zugeben muss ich: Mr Fulton hat sich redlich bemüht, aus mir eine stählerne Lady zu machen. Doch ich bin nach fünf Tagen grandios gescheitert. Seine Methode ist eine Nummer zu hart für mich.

Das mit dem Sport ist toll, wenn man erst einmal damit angefangen hat, und ich werde es auch beibehalten. Mick hat mir gezeigt, wie wichtig es ist, einen kräftigen Körper zu haben. Nicht nur, um besser auszusehen, sondern auch, um gesund zu bleiben. Aber für »Oh my God« reichen meine Motivation und meine Zeit nicht aus. Sorry. Ich meine, wer kann jeden Tag dreimal dreißig Minuten Sport machen? Richtig schweißtreibenden, anspruchsvollen Sport mit hinterher duschen? Und noch spazierengehen zwischendurch? Jedenfalls niemand, der mein Leben führt. Schade drum, das Ergebnis hätte mir sicher gut gefallen. Immerhin habe ich in diesen fünf Tagen zwei Kilo abgenommen. Das heißt: Ich bin wieder bei 74. So viel habe ich am Ende der hCG-Diät auch gewogen. Aber so komme ich nicht wirklich voran.

Ich muss also umdenken. Was ich als Diät brauche, sollte möglicherweise ein bisschen moderater sein. Öfter essen. Weniger planen und freier entscheiden. Auf jeden Fall Obst und regelmäßig Sport. Langsamer, dafür dauerhaft Gewicht verlieren. Geduld üben. Das ist das Schwierigste.

Ach, es hört sich immer alles so einfach an, und theoretisch müsste es bestimmt klappen, aber praktisch? Ich bin frustriert. Blöde Theorie. Vielleicht schreibe ich ihr auch mal.

Hallo Theorie!

Ich darf doch „du" sagen? Immerhin kennen wir uns ja jetzt schon eine Weile.

Vielen Dank übrigens für die sicher überaus wertvollen Informationen bezüglich meiner Diätbestrebungen. Ich bin mir durchaus bewusst, dass es sich bei allen Diäten, die ich bisher ausprobiert habe, um Konzepte mit Erfolgsgarantie handelt. Theoretisch. Nach deinen Maßstäben quasi unfehlbar. Ich habe alles gelesen, hing an deinen theoretischen Lippen und glaubte, was du, ehrenwerte Theorie, mir versprochen hast, sei realistisch.

Aber wie stellst du dir das vor? Du behauptest etwas (wie zum Beispiel, dass es leicht durchführbar ist, auf Schokolade zu verzichten, oder dass man gut ohne Milch im Kaffee leben kann, nicht zu vergessen das eiskalte Baden), verkaufst es den armen Gläubigen als Stein der Weisen – und es klappt nie. Weil immer die

Praxis dazwischenfunkt. Und trotzdem sorgst du dafür, dass man immer wieder auf dich hereinfällt. Du denkst dir ständig neue „Wahrheiten" aus, bessere, scheinbar logischere, und es findet sich auch dauernd jemand, der dir deine schönen Reden abkauft.

Aber – Theorie: mit mir nicht mehr. Ich glaube nicht mehr an deine hohlen Versprechen. Ich erwarte mehr Realitätssinn. Sieh, was deine Schwester Praxis so macht! Ach, die hast du aus Versehen vergessen zu erwähnen? Die kraftvolle, durchsetzungsstarke und eigensinnige Praxis, ohne die du selbst, mit Verlaub, ein Nichts, ein Hirngespinst, ja, allenfalls ein trockener Huster wärst? Vergessen? Ich hätte dir mehr zugetraut.

Was für eine Enttäuschung du doch bist.

Wann wolltest du mir denn von deiner persönlichen Koexistenz berichten? Orientierst du dich nie an ihr? Wenn ich mich nicht irre, ist die Praxis doch auch ein paar Sekunden vor dir geboren und somit die Ältere, Erfahrenere und Erfolgreichere von euch beiden? Hast du dich nicht überhaupt erst durch die Praxis entwickelt?

Kämpfe nicht dagegen an, Theorie, und höre mir gut zu: Ohne die Praxis bist du nichts. Aber gemeinsam seid ihr unschlagbar! Nur wenn ihr beide am selben Strang zieht, wird ein Erfolgskonzept daraus, das kannst du mir glauben. Und nur dann wird man bei der Erwähnung deines Namens nicht mehr abwinken.

Also, was ist, Theorie, hast du etwas für mich auf Lager, was ihr beide unterschreiben könnt? Dann bin ich dabei.

Ich grüße ganz hochachtungsvoll,
Lucinde (Hutzenlaub)

Auch wenn ich das Gefühl habe, diszipliniert zu essen, zeigt mir die Waage ein, zwei Kilo mehr an als am Tag zuvor. Das ist frustrierend und ein totaler Disziplin-Killer. Hormone, Wasser, Mondzyklen – was auch immer als Erklärung dafür herhalten könnte: Ich möchte das nicht. Wie viel wiege ich denn nun? 74? 76? Das mag ein kleiner Unterschied sein, für mich ist er riesig. Und bevor ich nicht unter 70 bin, habe ich kaum das Gefühl, gewichtsmäßig auf der sicheren Seite zu sein. Aus 70 werden schließlich schnell wieder 72. Das sagt die Frau, die immer noch gut sieben Kilo über ihrem angestrebten Gewicht ist. Ob ich das überhaupt jemals schaffe? Wo sind die Zeiten, in denen ich aufs Abendbrot verzichtete und am nächsten Morgen drei Kilo abgenommen hatte? Die Zeiten, in denen ich über mein Gewicht gar nicht erst nachdachte, weil ich mich in meiner straffen Haut einfach wohlfühlte? Seufz.

Diese Zeiten sind eindeutig vergangen. Und ich habe wieder keine Taschentücher parat. Doch es ist, wie es ist. Außerdem habe ich noch fünfundvierzig Tage, um das restliche Fett loszuwerden.

Ein letzter Seufzer, dann krempele ich die Ärmel auf, räuspere mich, setze mich aufrecht hin und schlage ein Buch auf. Mal sehen, was haben wir denn da? Als Nächstes würde ich ein Konzept ausprobieren wollen, das von allem etwas anbietet: Sport, Diät, Durchführbarkeit. Immer noch strikt, aber viel moderater als die beiden bisherigen Diäten. Ob es dann besser klappt? Und nachhaltiger? Ich drücke mir selbst die Daumen.

Lucinde

Bin gerade gerügt worden, weil ich heute ein Sport-Date mit dem lieben Mick verpasst habe. Ich war heute Morgen im Yoga und komme gerade vom Crosstrainer. Ich bin ein Mensch und muss schlafen. Essen kann ich ja sein lassen. Bücher schreiben nicht und Familie haben auch nicht. Hallo? Ich will mein LEBEN zurück! 19:36

Mara

Bin froh, das zu lesen. Ich hatte schon befürchtet, dass Anja und ich bei unserem nächsten Treffen neben dir her joggen müssen, statt gemütlich mit dir beim Italiener zu schlemmen. Fastfood – das Wort bekommt da eine ganz neue Bedeutung 19:40

Anja

Du Süchtige. Ich liege gerade im Bett und bewege meine Zehen. Dafür aber alle. 19:45

Lucinde

Ich kann gar nix. Neben mir hat heute eine Hundertjährige trainiert. Wenn ich mal so fit bin wie die, dann ist alles gut. Aber das dauert noch ewig. Und bis dahin muss ich jeden Tag weinen. Nur zur Info. Ich schaffe genau zwei Liegestütze. Und zwar die Damenversion … SCHLUCHZ! 19:49

Die ultimative New-York-Diät –
Schmerz, lass nach …

Nach der süß-sauer-scharfen Limonadenkur kann es nur noch besser werden, da bin ich mir sicher. Egal, wie viele Lebensmittel bei meiner nächsten Promidiät auch verboten sind – es gibt immerhin etwas zu kauen! Mit der New-York-Diät von David Kirsch halten sich Stars wie Liv Tyler, Naomi Campbell, Karolina Kurkova oder Ellen Barkin fit und schlank. Wenn man diese Damen so anschaut, wird klar: Dieses Programm funktioniert!

Heidi Klum hat es mithilfe von David Kirsch sogar geschafft, nur acht Wochen nach der Geburt eines ihrer Kinder wieder auf den Laufsteg zurückzukehren. In einer Victoria's-Secret-Show! Und schöner denn je …

Okay, die Zeit, in der ich selbst gemodelt habe, liegt ein halbes Leben zurück, und mein Kind ist inzwischen erwachsen. Aber schließlich muss man kein Supermodel sein, um von den Vorteilen der ultimativen New-York-Diät zu profitieren. Dazu braucht man nicht einmal ein Fitnessstudio oder einen Personal Trainer – es genügt Selbstdisziplin und der Wunsch, Essgewohnheiten und Lebensstil radikal zu verändern, um dauerhaft abzunehmen. Das verspricht jedenfalls David Kirsch.

Ja, Bescheidenheit ist nicht gerade eine Zier des Star-Coachs – doch warum auch? Die Liste seiner berühmten Kunden klingt wie die Gästeliste zur Oscar-Verleihung oder zur New Yorker Fashion Week …

Warum aber sollte sein Konzept bei mir nicht genauso gut anschlagen wie bei den Promis? Ich kann es jedenfalls kaum erwarten, bald auch so eine schmale Taille, so einen flachen Bauch, so endlos lange Beine und so einen knackigen Po zu haben, dass selbst Heidi mir kein Foto verweigern würde …

Ich werde mich also in den drei Tugenden beweisen, auf die es laut Kirsch ankommt: Anstrengung, Motivation und Ernährung.

New-York-Diät – Low Carb neu interpretiert von David Kirsch

So lautet das Versprechen: Nicht nur bis zu sieben Kilo weniger in zwei Wochen werden in Aussicht gestellt, sondern auch deutlich weniger Gesamtkörperfett und ein sichtbar geringerer Bauchumfang. Der Bonus: straffe Haut und schöne Haare.

Das Konzept: David Kirsch beschönigt nichts. »Ohne Schmerzen kein Erfolg«, so lautet das Motto des Abnehm-Gurus. Sein knallhartes Programm besteht aus einer radikalen Ernährungsumstellung und intensivem Training. Die Diät funktioniert nur, wenn man beide Teile konsequent einhält.

Das sagen prominente Befürworter: »Sein Programm wirkt schnell, aber noch wichtiger ist, dass seine Ergebnisse nachhaltig sind.« Das behauptet Heidi Klum. Und Liv Tyler: »Sein New-York-Plan hat mein Leben von Grund auf geändert und ist weit mehr als nur eine schnelle Lösung.«

Das sagen Kritiker: Wer diese Diät durchhält, kann tatsächlich viel abnehmen – doch viele brechen sie ab. Die einseitige und sehr kalorienarme Ernährung ist nur für kerngesunde Menschen geeignet. Im Zweifel sollte man vorher mit dem Hausarzt sprechen. Typische Nebenwirkungen sind Schwindel und Übelkeit.

So funktioniert der Ernährungsplan

Diese Low-Carb-Diät basiert auf der Reduktion von Kohlenhydraten. Da ist sie eine von vielen Methoden. Kirsch kombiniert seine Diät mit Sport und Training, das zuweilen auch ausarten kann. Es geht ihm nicht nur um eine Veränderung der Ernährung, sondern um eine bewusste Umstellung des Lebens. Insofern ist sein Konzept keine traditionelle Abnehm-Methode.

Zunächst ist eine dreitägige Vorbereitungsphase erforderlich. Die beiden Reduktionsphasen der David-Kirsch-Diät dauern jeweils eine Woche, die anschließende Stabilisierungsphase mindestens vier Wochen – und im Idealfall lebenslänglich.

Vorbereitungsphase

Bevor Sie eine der strengsten Low-Carb-Kuren der Welt starten, soll sich Ihr Körper langsam an das, was ihm bevorsteht, gewöhnen.

An den ersten beiden Tagen der dreitätigen Vorbereitungsphase ersetzen Sie Ihr Frühstück und Abendessen durch einen Eiweißshake, wie er in Apotheken, Reformhäusern und Drogeriemärkten erhältlich ist. Highlight eines jeden Tages ist das Mittagessen, dann gibt es Salat, Fisch und Suppe. Kohlenhydrate wie Brot, Nudeln, Reis oder Kartoffeln werden dagegen bereits vom Speiseplan gestrichen.

Der dritte Vorbereitungstag ist besonders hart, da die einzige feste Mahlzeit ebenfalls durch einen Eiweißshake ersetzt wird.

Danach geht es richtig los!

Reduktionsphase A

In dieser Phase können Sie bis zu sieben Kilo in einer Woche an Gewicht verlieren.

Verbotene Lebensmittel	Erlaubte Lebensmittel
Alkohol	Wasser
Limonade	Ungesüßter (grüner) Tee
Kaffee	Proteinshakes
Milch	Fisch
Brot, Getreideprodukte	Sehr mageres Fleisch
Nudeln, Reis, Kartoffeln	Eiweiß
Stärkehaltiges Obst	Grünes Gemüse
Süßigkeiten	Kohlenhydratarmes Gemüse
Zusätzlicher Zucker	Mandeln
Zusätzliche Fette	1 EL Olivenöl am Tag

Im Grunde sind Kohlenhydrate strikt untersagt. Man könnte diese drastische Reduktionsphase auch schlicht mit »Hungern« umschreiben, aber das klingt so demotivierend ... Was dagegen unglaublich motiviert, ist die Aussicht auf schnell purzelnde Pfunde.

Reduktionsphase B

Zwei bis fünf Kilo weniger in einer Woche.

Im Unterschied zu Phase A darf der Speiseplan jetzt um eine

kleine Portion Obst oder Kohlenhydrate ergänzt werden. Also um einen Apfel oder eine Scheibe Brot. Achtung: Es heißt »oder«, nicht »und« – an jedem Tag ist nur eine dieser »Sünden in homöopathischen Dosen« erlaubt.

Übrigens: Wer noch mehr abnehmen möchte, kann die Reduktionsphasen verlängern, am besten, indem man die Phasen A und B so lange abwechselt, bis man das Wunschgewicht erreicht hat und in die Stabilisierung übergehen kann.

Stabilisierungsphase
Gewicht halten.

In dieser Phase geht es nicht darum, noch mehr abzunehmen, sondern den gefürchteten Jo-Jo-Effekt zu verhindern und das erreichte Wunschgewicht zu halten. Die Regel lautet nun: Jeden Tag sind zwei kleine Portionen der in Phase A verbotenen Lebensmittel erlaubt. Zusätzlich darf man einmal in der Woche eine Schummel-Mahlzeit einlegen und dabei nach Herzenslust schlemmen.

Diese Phase sollte mindestens vier Wochen durchgehalten werden. Hat sich der Körper aber einmal auf diese Phase eingestellt, eignet sie sich auch als Dauerlösung – weshalb man sie »Lebensphase« nennt.

David Kirsch selbst bezeichnet die Stabilisierungsphase übrigens als schwierigsten Teil seiner Diät. Um dauerhaft schlank zu bleiben, genügt es eben nicht, seine Gewohnheiten kurzfristig umzustellen …

Und so funktioniert das Sportprogramm
Die radikale Ernährungsumstellung ist nur die halbe Miete. Dreißig bis fünfundvierzig Minuten am Tag sollten Sie für ein intensives Sportprogramm reservieren, denn nur, wenn Sie auch täglich trainieren, erzielen Sie den gewünschten Erfolg.

Zweimal pro Woche steht Ausdauertraining auf dem Programm, an den anderen Tagen Krafttraining für Arme, Beine, Bauch, Rücken und Gesäß – jeden Tag ist eine andere Muskelgruppe dran. Seien Sie streng mit sich selbst: Das Workout ist nur effektiv, wenn Sie sich quälen. Was nicht anstrengt, bringt auch nichts ...

Der Fitnesstest
Am Anfang des New-York-Plans steht der Fitnesstest, denn man sollte unbedingt seinen aktuellen körperlichen Zustand checken. Der Test dauert nur zehn Minuten und umfasst fünf, auf den ersten Blick ganz einfache Übungen ... Es empfiehlt sich, ihn bei Halbzeit und nach Ende der Diät zu wiederholen. Wie die Waage ist auch der Fitnesstest ein unbestechlicher Maßstab für den Erfolg des Programms.

Trainingsutensilien
Hanteln, Bänder, Bälle, idealerweise auch eine DVD mit Anleitung für David Kirschs Sportprogramm – Neudeutsch: »Power Workout«. Auf der DVD turnen muskulöse Bodybuilder und superschlanke Schönheiten Ihnen Kirschs Übungen vor. Unschwer ist bereits beim ersten Ansehen zu erkennen, dass diese alles andere als einfach sind. Aber niemand hat versprochen, das Ganze würde ein Spaziergang sein. Klar und deutlich fordert David Kirsch Disziplin. Vorteil für alle, die ihn sich nicht live als Personal Coach leisten können: Bei einer DVD können Sie auf die Stopptaste drücken, wenn Sie genug haben ...

Tag 1, Donnerstag: Am Anfang steht der Fitnesstest
Die an sich unverzichtbare dreitägige Vorbereitungsphase schenke ich mir – schließlich ist mein Körper nach Detoxing und Master Cleanse schon seit Wochen im Abnehmmodus. Auch die Hausaufgaben, die David zum Einstieg aufgibt, habe ich längst

erledigt: Verbotene Lebensmittel sollen aussortiert und an Bedürftige (in meinem Fall: das Tochterkind) gespendet werden.

Stattdessen gehe ich nach dem Frühstück, das aus einem köstlichen Protein-Shake besteht, direkt über zur nächsten Aufgabe und sorge für Nachschub in der Vorratskammer. Auf dem Einkaufszettel stehen so wunderbare Sachen wie Mandeln, Brokkoli, Mischsalat, Babyspinat, Kirschtomaten und rote Paprika. Mir läuft das Wasser im Munde zusammen – im Vergleich zur Master-Cleanse-Zitronenlimonade klingt das nach dem reinsten Schlaraffenland.

Im Supermarkt arbeite ich souverän meinen Zettel ab. Die befürchteten Halluzinationen bleiben aus, die Heißhungeranfälle ebenfalls. Meine innere Haltung ist beispielhaft. Ohne mit der Wimper zu zucken, schiebe ich meinen Einkaufswagen an den Regalen mit den verbotenen Lebensmitteln vorbei. Sie interessieren mich nicht die Bohne.

Wieder zu Hause, gönne ich mir einen kleinen Snack: hart gekochte Eier. Allerdings bekomme ich nur das Weiße – über das leckere Eigelb dürfen sich meine beiden Jack Russells freuen. Diese Glückspilze!

Wo ich schon mal dabei bin, bereite ich auch alles fürs Mittagessen vor. Es gibt Putenchili mit grünem Salat, dazu einen Snack aus zehn rohen Mandeln (gibt es die auch gegrillt? Gekocht? Geröstet?). Doch bevor ich diesen Gaumenschmaus genießen darf, kommt erst die Stunde der Wahrheit: der Fitnesstest. Wie er bei mir ausgefallen ist? Okay – hier die ungeschönte Wahrheit:

Schütteltest

Dieser Test soll die Muskelgrundspannung (Tonus) bestimmen. Ich stelle mich also vor den Spiegel, um Arme, Beine und Po einzeln zu bewegen. Schön wäre, wenn sich jeweils nichts anderes mitbewegen würde, denn dann wäre ich so richtig fit. Leider wabbelt und schlackert dabei auch meine Haut. David Kirsch würde sagen: »Du hast in der Vergangenheit deine Workouts zu oft ausfallen lassen.«

Tja, David, die bittere Wahrheit ist sogar noch schlimmer: In letzter Zeit habe ich den Sport sogar komplett vernachlässigt. Aber das soll sich ja jetzt gründlich ändern …

Kniebeuge

Ich stelle mich aufrecht hin, die Füße mehr als schulterbreit auseinander. Mit dem Rücken lehne ich mich an die Wand, drücke den unteren Rücken dagegen und ziehe den Bauchnabel tief nach innen. Dann setze ich meine Füße etwa 60 Zentimeter nach vorne und beuge die Knie, sodass sie etwa einen Neunzig-Grad-Winkel bilden und ich aussehe, als säße ich auf einem imaginären Stuhl. Sobald ich diese Position eingenommen habe, läuft die Zeit.

Juhuuu: Ich schaffe eine Minute und fünfzehn Sekunden – und kann dabei sogar noch sprechen. Besonders stolz bin ich darauf angesichts der Tatsache, dass meine Tochter schon nach zehn Sekunden aufgibt.

Around the World

Die Füße stehen etwas mehr als hüftbreit auseinander, dann gehe ich leicht in die Knie, nehme jeweils eine 1,5-Kilo-Hantel in die Hand und hebe sie über den Kopf. Als Nächstes beuge ich die Hüfte rechts vor und führe die Arme zum rechten Knöchel. Anschließend hebe ich die Arme wieder über den Kopf, danach wiederhole ich das Ganze links. In der Folge abwechselnd ausführen, und zwar so oft wie möglich. Ich schaffe dreißig Wiederholungen.

Liegestütze

Um ehrlich zu sein: Ich beherrsche nur die Mädchen-Variante mit den Knien auf dem Boden. Und obwohl auch das super anstrengend ist, gelingen mir immerhin neun Liegestütze.

Knieheber

Diese Übung ist schnell erklärt: Im Stehen hebe ich einfach abwechselnd das rechte und das linke Knie. Mein Ergebnis: sechsundfünfzig Wiederholungen. Jippie!

Testauswertung

Etwas geschmeichelt lese ich, dass ich nach David Kirschs strengen Maßstäben schon recht fit bin. Allerdings noch nicht fit genug für sein anstrengendes Workout. Damit darf ich erst loslegen, wenn ich je fünfzehn Liegestütze, Around the Worlds und Knieheber schaffe. Morgen steht also statt der DVD die Wiederholung des Fitnesstests auf dem Plan ...

Tag 2, Freitag: David erklärt den Stoffwechsel

Frühstück und Abendessen bestehen abermals aus je einem Protein-Shake. Ich mixe 300 Milliliter Mineralwasser mit fünf Eiswürfeln und dem Pulver aus dem Drogeriemarkt. Damit schlage ich drei Fliegen mit einer Klappe: Ersten machen die Shakes einigermaßen satt, zweitens enthalten sie keine Kohlenhydrate und drittens machen sie so gut wie keine Mühe.

Zu Mittag gibt es einen Salat mit Basilikum, als Snacks zwischendurch einmal Hähnchensticks mit Sesam und einmal eine Hand voll Mandeln.

Habe ich Hunger? Bin ich schlapp? Sehe ich vielleicht wandelnde Hotdogs? Weder noch – ich fühle mich super, alles ist machbar! Bestimmt liegt das an den Zwischenmahlzeiten. Im Grunde kann ich alle zwei bis drei Stunden etwas essen, sodass ich gar nicht erst auf die Idee komme, Kohldampf zu schieben.

Auffällig ist lediglich ein scheinbar unstillbarer Durst. Obwohl ich meinen Körper im Lauf des Tages mit acht großen Gläsern Mineralwasser spüle, bleibt das Gefühl, noch viel mehr Flüssigkeit zu brauchen. Aber das ist ja kein Problem, Wasser hat schließlich weder Fett noch Kohlenhydrate oder Kalorien. Und laut David Kirsch kommt es vor allem darauf an, nach vierzehn Uhr nichts mehr zu essen, höchstens ein paar Mandeln oder einen Eiweiß-Shake. Denn ab dieser Tageszeit wird Zucker nicht mehr verbrannt, sondern gespeichert – in den Moppelzellen. Jedenfalls macht mir David Kirsch so meinen hoch komplizierten Stoffwechsel auf einleuchtende Art und Weise begreiflich.

Übrigens läuft die Wiederholung meines Fitnesstests ziemlich gut. Ich bin nah dran, das richtige Workout angehen zu dürfen. Morgen schaffe ich es!

Tag 3, Samstag: Man nennt mich dünn!

Langsam gewöhne ich mich an diese Diät. Highlight des Tages ist ein klein gehackter Salat mit Hähnchenbrust. David Kirschs Buch ist inzwischen mein ständiger Begleiter. Täglich schmökere ich darin, und die Erfahrungen seiner prominenten Klienten zu teilen, ist fast wie eine Therapie.

Natürlich achten die Stars während der Diät auf ein perfekt gepflegtes Erscheinungsbild. Ich beschließe, es ihnen gleichzutun, und fahre zum Friseur.

Janet, meine Friseurin, erkennt mich kaum wieder. Meine Haut sei glatter geworden, sagt sie, und ich so viel dünner! Das geht runter wie (kalorienfreies) Öl. Oder besser gesagt: wie der fettarme Eiersalat, den ich am Nachmittag als Snack bekomme. Natürlich besteht er wieder nur aus Eiweiß. Ich nehme mir vor, den Tierarzt anzurufen und zu fragen, wie viel Eigelb so ein Jack-Russell-Terrier fressen darf.

Auf diese Weise gestärkt, schaffe ich den Fitnesstest mit Bravour. In allen Disziplinen übertreffe ich diesmal die Anforderungen. Bei der Kniebeuge hätte ich sogar fast zwei ganze Minuten geschafft, wenn meine Hunde mir nicht auf den Schoß gehüpft wären.

Ob ich nicht nur meine Fitness gesteigert, sondern auch mein Gewicht weiter reduziert habe, werde ich allerdings erst nach den vollen zwei Wochen erfahren: Bis dahin habe ich die Waage unter den Schrank verbannt.

Tag 5, Montag: Was hat David nur gegen Kaffee?

Ich komme kaum aus dem Bett – verdammter Muskelkater! Aua, aua, aua … Aber ich ertrage die Pein mit Würde. Ohne Schmerz kein Erfolg, sagt schließlich David Kirsch. Ich werte die Schmerzen daher als positives Signal.

Irgendwo habe ich einmal gehört, dass man Muskelkater nur mit noch mehr Bewegung bekämpfen kann. Nach dem Frühstücks-Protein-Shake schnappe ich mir deshalb die Hunde und drehe mit ihnen eine große Runde am Fluss entlang und durch den Ort zurück. Die Menschen werfen mir seltsame Blicke zu, was höchstwahrscheinlich an meiner gequälten Miene und meinem vom Schmerz beeinflussten Gang liegt.

Zu Hause gönne ich mir einen klein gehackten Salat mit Hähnchenbrust, später einen Snack mit mexikanischem Putenburger, Jalapeños und mexikanischer Salsa. Zum ersten Mal seit Beginn dieser Diät schaffe ich es nicht, alles ganz aufzuessen. Meine Oma würde jetzt sicher sagen, durch das Hungern sei mein Magen geschrumpft. Ich dagegen weiß, dass ein Magen nicht einfach so kleiner werden kann. Viel wahrscheinlicher ist, dass ich mich bereits an die geringere Kalorienzufuhr gewöhnt habe und dadurch schneller satt werde. Großartige Sache! David Kirsch wäre stolz auf mich.

Was mir dagegen entsetzlich fehlt, ist der Kaffee. Ich sehne mich irrsinnig nach einem Espresso, einem Cappuccino oder wenigstens einer stinknormalen Tasse Filterkaffee. Wenn's sein muss, schwarz. Ohne Zucker, versteht sich. Dagegen kann David eigentlich nichts haben. Und doch steht Kaffee auf seiner verbotenen Liste. Er will, dass ich stattdessen grünen Tee trinke. Warum er in dieser Hinsicht so gnadenlos ist, verrät er mit keiner Silbe. In seinem Buch finde ich jedenfalls keine einleuchtende Erklärung für das Kaffee-Verbot, als ich es nach meinem Workout (aua, aua, aua) durchforste.

Stattdessen muss ich lesen, dass man für einen simplen Cheeseburger mit Pommes ganze achtundachtzig Minuten Aerobic machen und für eine einzige Scheibe Cheddar dreizehn Minuten joggen müsste. Dreizehn Minuten! Das mag wenig klingen für jemanden mit Ausdauer und Marathon-Erfahrung, aber ich schaffe, wenn's hochkommt, sechzig Sekunden. Die achtundzwanzig Minuten, die ich für ein leckeres Salatdressing tanzen müsste, erscheinen mir dagegen einigermaßen fair. Tanzen macht wenigstens Spaß. Dennoch hat es David Kirsch geschafft, dass ich ein schlechtes Gewissen habe. Wenn ich mir nächstes Mal etwas in den Mund stecke, werde ich Schwierigkeiten haben, dabei ruhig sitzen zu bleiben.

Tag 8, Donnerstag: Ich verwandele Brokkoli in Wärme
Beim Mittagessen – es gibt pochierte Hähnchenbrust mit einer Tasse gedämpftem Brokkoli und grünem Mischsalat – habe ich mir wieder Davids Buch vorgenommen. Dabei erfahre ich, dass mein Körper bei der Verdauung nur etwa zwei oder drei Prozent der Energie in Wärme umsetzt. Wie bitte? Ich bin schockiert. Ich blättere weiter und lerne, dass es bei Kohlenhydraten immerhin sechs bis acht und bei Proteinen sogar 25 bis 30 Prozent sind. Uff – das klingt schon besser. »Aber nicht gut genug«, krähe ich laut mit Heidi-Klum-Stimme. Dann beschließe ich, die Kalorienverbrennung kräftig anzukurbeln und starte mein Sportprogramm. Schon nach fünf Minuten schwitze ich wie ein Ochse. Meine Muskeln fangen erst an zu zittern und dann zu brennen. Es ist herrlich!

Abends im Bett fällt mir auf, dass ich völlig vergessen habe, mein Ausnahme-Leckerli zu genießen. Denn heute startet ja die zweite Diätwoche, also die Reduktionsphase B, in der ich mir etwas »Verbotenes« gönnen darf. Ganz kurz überlege ich, noch einmal aufzustehen und einen Apfel zu essen, aber eigentlich habe ich gar keinen Appetit. Voller Stauen darüber falle ich in tiefen Schlaf.

In dieser Nacht träume ich allerdings von einem Fünf-Gänge-Menü bei meinem Lieblingsasiaten. Ich bilde mir sogar ein, das Aroma des Desserts zu schmecken.

Tag 10, Samstag: Hilfe, ich werde sportsüchtig!
So langsam wird es etwas langweilig: Protein-Shake morgens, Protein-Shake abends, hart gekochtes Eiweiß und Mandeln als Snack, irgendetwas mit Gemüse, Salat und Pute zu Mittag, ein Stückchen Obst als Extra. Wirklich ganz schön einseitig. Zum Glück dauert diese Diät nur noch vier Tage. Als ich in Davids Buch lese, dass manche Promis die Reduktionsphase der ultimativen New-York-Diät gleich mehrfach machen, wird mir klar, warum ich kein Hollywood-Star bin. Lebensfreude ist mir einfach wichtiger als Dünnsein. Aber vielleicht ist meine Methode, eine Diät nach der anderen auszuprobieren und damit beim Abnehmen für Abwechslung zu sorgen, sowieso die bessere Variante?

Um mich zu motivieren, gönne ich mir eine Massage von einem Physiotherapeuten und denke dabei an die Berge von Schokolade, Butter, Käse, Wein und Sekt, die für meine Wonneröllchen verantwortlich sind. Eine grausame Vorstellung! Ich vertreibe die trüben Gedanken, indem ich die DVD einlege und mich durch eine zusätzliche Workout-Einheit quäle. Inzwischen höre ich Davids Stimme sogar, wenn ich ohne DVD trainiere. Er klingt wie ein Offizier und nennt mich Heidi. Bin ich etwa gerade dabei, sportsüchtig zu werden?

Tag 12, Montag: Hätte ich doch bloß eine Limousine …

Offenbar werde ich doch nicht sportsüchtig. Im Gegenteil, heute habe ich nicht die geringste Lust auf das Training. Aber streiken wird nicht akzeptiert, also suche ich in Davids Buch nach Motivation. Ich finde den ultimativen Tipp, den Sport in den Alltag einzubauen. Zum Beispiel im Verkehrsstau. Einfach im Fond einer Limousine den Jeansknopf öffnen, sich quer über die Rückbank legen und einige Bauchpress- (Crunches) sowie Brücken- und Streckübungen machen. Ähm – gilt ein Lachanfall auch als Trainingseinheit?

Heute gibt es übrigens – abgesehen von den unvermeidlichen Shakes – klein gehackten Salat mit Lachs und Putenburger mit mexikanischer Salsasauce als Zwischenmahlzeit. Langsam wird das Essen so spannend wie einst die *Aktuelle Kamera* des DDR-Fernsehens …

Tag 14, Mittwoch: Was sagt die Waage?

Inzwischen komme ich beim Sport völlig ohne die DVD aus. Die Übungen beherrsche ich im Schlaf, und Davids Anweisungen habe ich ebenfalls verinnerlicht. Aber noch immer finde ich die Übungen mördermäßig anstrengend.

Zur Belohnung und zum Abschluss der ultimativen New-York-Diät gibt es heute Mittag mal etwas ganz Neues: Paillard vom Huhn mit Shiitakepilzen und grünem Salat. Morgens und abends natürlich wieder die Shakes. Wie immer.

Aber ich will mich nicht beklagen, denn schließlich ist es nur das Ergebnis, das zählt. Ich zerre also die Waage hervor und stelle mich drauf. Wow – 3,5 Kilo weniger! Halleluja!

Am liebsten würde ich David Kirsch umarmen, doch weil das nicht geht, umarme ich einfach mich selbst.

Dennoch bin ich froh, dieses Programm endlich abhaken zu können. Ich weiß, eigentlich würde morgen die Stabilisierungsphase starten, doch ebenso wie die Vorbereitungsphase kann ich mir die sparen. Nach dieser Diät ist schließlich vor der nächsten ...

Gewichts-Check: 81,9 Kilo

Fazit:
Die Methoden von Kirsch scheinen für Promis gemacht zu sein, die ihre perfekten Körper auf Leinwänden und dem roten Teppich zeigen müssen und sich einen Coach leisten können, der dafür sorgt, dass sie das strenge Programm durchhalten.

Das Ernährungsprogramm ist wirklich gnadenlos – und das Training die reinste Hölle. Noch nie im Leben hatte ich einen solchen Muskelkater! Mir tut jetzt noch alles weh ...

Vor allem Diät-Anfängern ist daher von diesem Programm eher abzuraten. Vermutlich haben nur wenige Normalbürger die Disziplin, diese Torturen durchzuhalten – vor allem, wenn sie »zwischendurch« noch arbeiten gehen. Denn der Zeitaufwand, vor allem für das Sportprogramm, ist nicht zu unterschätzen.

So findet man auch in einschlägigen Internetforen fast ausschließlich kritische Stimmen: »Wenn eine Diät schon mit Horror umschrieben wird, dann kann das doch nichts sein. Da ist´ der Rückfall vorprogrammiert!« Oder: »Wer so fit ist, dass er das Sportprogramm wirklich durchhalten kann, der braucht das Programm nicht.«

Die Schattenseiten der New-York-Diät sind vielseitig und reichen vom Ballaststoffdefizit über eine Verletzungsgefahr bei den wirklich anspruchsvollen Übungen bis hin zum Jo-Jo-Effekt. Letzterer tritt nur dann nicht ein, wenn man das Programm konsequent einhält, inklusive – möglichst lebenslänglicher – Stabilisierungsphase.

Natürlich hat die Kirsch-Methode auch Vorteile: Durch die Kombination von Gewichtsreduktion und Muskelaufbau entstehen echte Traumbodys. Grüße an Heidi.

Etwas später ...

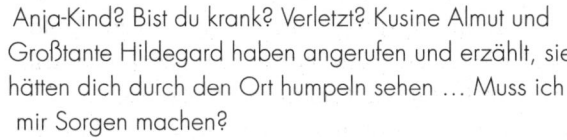

Hier ist der Anrufbeantworter von Anja Koeseling. Im Moment bin ich leider nicht erreichbar, Sie können mir aber nach dem Signalton eine Nachricht hinterlassen. Dankeschön, auf Wiederhören.

Oma

Anja-Kind? Bist du krank? Verletzt? Kusine Almut und Großtante Hildegard haben angerufen und erzählt, sie hätten dich durch den Ort humpeln sehen ... Muss ich mir Sorgen machen?

Lucinde

Ich bin ein Sportaholic, wenn man meinem Mann Glauben schenken kann. Besser als Shopaholic, wenn ihr mich fragt. Aber recht ist ihm beides nicht. 8:03

Anja

Ich bevorzuge Shopaholic. Und Botox und Fettabsaugungen, wenn diese schmerzfrei wären. 8:07

Mara

Mir ist diese Sucht so fremd, dass ich es kaum für möglich halte, dass jemand auf DIESEM Planeten, also auf demselben, auf dem ich lebe, freiwillig und gern und ohne Not so viel Sport macht, wo es hier doch Sofas gibt. Und Betten. Und Bücher. 8:09

Lucinde

Bücher? Was für Bücher? Wie viel wiegen die und wie viele davon kannst du auf einmal hochheben? 8:11

Psychodiäten – Was nützt ein Schnitzel in Gedanken?

Traraaa! Meine Marapedia-Recherche hat ergeben: Für den gesündesten Body-Mass-Index muss ich nicht abnehmen, sondern zunehmen. Und – Trommelwirbel – ich muss auch nicht aus Gesundheitsgründen zusätzlich Sport treiben, wenn ich das nicht will. Experten raten Normalmenschen zu mindestens dreißig Minuten mäßig intensivem Bewegungstraining pro Tag plus einem Muskelaufbautraining zwei- bis dreimal wöchentlich. Da liege ich locker drüber. Seit zwölf Jahren gehe ich bei jedem Wetter – auch an Sonn, Feier- und Ferientagen – ein- bis zweimal täglich mit einem bewegungsfreudigen Hund in raschem Schritt spazieren. Je nach Wetterlage komme ich also auf ein, zwei Stunden Bewegung täglich. Außerdem putze ich selbst. Das sind noch mal ein paar Stunden Muskelaufbau pro Woche. Wer's nicht glaubt, darf gern bei mir probeputzen.

Leider ist jetzt Schluss mit Jubel und Fanfaren. Denn meine Recherche hat auch unschöne Ergebnisse zutage gebracht: Studien gibt es auch zum Thema Schönheitsideale. Und da liege ich leider nicht im grünen Bereich. Die ideale Frau sieht nämlich ungefähr so aus wie Barbie. Und ich – äh, ja, ich sag's mal so: Mich und Barbie trennt mehr, als uns vereint.

Wo fange ich an? Ich bin nicht mehr zwanzig. Barbie sieht immer noch aus wie sechzehn, obwohl sie schon auf die sechzig zugeht. Ich habe kinnlange braune Haare, Barbie eine blonde Mähne. Ich: Brille. Barbie: nicht. Sie trägt meistens ein pinkfarbenes Minikleid, ich eigentlich immer Jeans und Pulli oder T-Shirt. Ihre

Füße zieren High Heels – sie kann nicht anders, denn ihre Füße passen nicht in flache Schuhe. Ich hingegen trage oft klobige Wanderstiefel, ich kann auch nicht anders, denn auf unebenen Wald- und Wiesenwegen knicke ich sonst um. In Barbies winziger Handtasche hat höchstens ein Lippenstift Platz. In meiner ausgebeulte Hosentasche stecken meistens Hundeleckerli, ein Handy und Tütchen zur Beseitigung von Hundehaufen.

Barbie hat Beine bis zum Kinn, eine Taille wie eine Sanduhr und einen Atombusen. Und ich – ach, lassen wir das.

Zugespitzt kann man also sagen: Wissenschaftlich betrachtet bin ich nicht zu unsportlich und dick, aber zu hässlich.

Nein, bitte nicht abwinken, es ist wahr: Ich entspreche nicht dem gängigen Schönheitsideal. Aber ich brauche jetzt keinen Trost, denn das weiß ich schon lange. Und wenn's mir was ausmachen würde, könnte ich ja was dagegen tun.

Ich könnte meine Haare blond färben oder mir Botox spritzen lassen. Vielleicht Kontaktlinsen tragen? Ein zierlicheres Schuhmodell? Aber all das will ich nicht, und wenn es jemand wagt, mich darauf anzusprechen, sage ich selbstbewusst: »So bin ich eben, und so finde *ich* mich schön.« Nur bei meiner Taille verliere ich dieses Selbstbewusstsein. Da wäre ich gern schlanker.

Warum?

Ganz einfach, bei allen anderen Schönheitsmakeln denken Betrachter vermutlich: Sie will es so. Stimmt ja auch.

Bei Übergewicht denkt das keiner. Da begegnen einem die Leute mit einem Mix aus Mitleid und Vorwurf: »Sie kann nicht anders. Keine Disziplin. Schade eigentlich.« Und das stimmt eben leider auch. Ich kann mir nichts vorlügen: Ich steh da nicht drüber. Mein Körperumfang ist ein Symbol meines Scheiterns. Wie sehen Sieger aus? So auf jeden Fall nicht.

Ich greife nach der Hundeleine, und sofort steht mein Hundetier neben mir. Es freut sich. Es wedelt. Es findet mich toll. Sieger oder nicht, dick oder dünn, wir ziehen jetzt los und erleben

Abenteuer. Zusammen brechen wir zu einem Waldspaziergang auf.

Im Wald kann ich in Ruhe weiter über das Thema nachdenken. Ich weiß, ich habe noch Zeit bis zu unserer Reise. Ich kann noch ein paar Kilos loswerden. Aber wenn ich das will, dann muss ich jetzt damit anfangen. Oder lasse ich das mit dem Abnehmen? Damals, auf der Rückfahrt von Frankfurt, hatte ich beschlossen:»Ich will wissen, ob es in meinem Kopf einen Schalter gibt, den ich umlegen kann, damit ich abnehme und nie wieder dick werde. Und wenn's den nicht gibt, dann bleibe ich, wie ich bin. Aber wenn ich so bleibe, dann will ich wenigstens lernen, dazu zu stehen.«

Ist das heute der Tag, an dem ich anfange, mich mit meinem Gewicht zu arrangieren?

Ich weiß nach all meiner Recherche: Wer die Veranlagung zu Körperfülle hat und dauerhaft schlank sein will, muss sich definitiv ein Leben lang in das verwandeln, was Wissenschaftler einen »gezügelten Esser« nennen. Das heißt: entweder täglich Kalorien zählen oder in regelmäßigen Abständen Diätphasen einlegen. All das ist Stress für den Körper, und dieser Preis ist mir zu hoch. Das tu ich nicht, dabei bleibe ich, das ist definitiv entschieden. Aber sonst? Suche ich weiter nach dem Schalter im Kopf, den es vielleicht gar nicht gibt? Oder gebe ich auf?

An einer Wegkreuzung mitten im Wald bleibe ich stehen. Eine Amsel raschelt im Gebüsch. Vor mir sind zwei Wege. Welchen soll ich nehmen? Puh, wie symbolisch.

Ich schüttele mich wie mein nasser Hund, der gerade aus einem Tümpel springt, entscheide mich gegen beide Wege und gehe querfeldein – oder besser: querwaldein. Und das mache ich jetzt auch beim Abnehmen. Ich sehe nämlich noch eine letzte Chance: Wenn man mit zunehmendem Stress zunimmt, dann kann man doch mit abnehmendem Stress abnehmen, oder? Wenn ich also herausfinde, was meinen Cortisolspiegel in Wallungen bringt, kann ich versuchen, mein Gehirn umzuprogrammieren. Mit einer Art Psycho-Umstellung. Vielleicht mit Entspannungstraining. Ommm. Genau! Das versuche ich noch. Erst wenn das nichts bringt, gebe ich auf.

Zu Hause setze ich mich an meinen Computer und öffne ein Bücherverzeichnis. Wow, gibt es zu meinem Thema viel Literatur: *Wünsch dich schlank. Lach dich schlank. Atme dich schlank. Klopf dich schlank. Nasch dich schlank. Meditier dich schlank. Schreib dich schlank. Lass los, was dich dick macht. Schlank mit der Kraft der Emotionen. Tu nichts und werde schlank. Intuitiv abnehmen. Fühle dich selbst und iss, was du willst. Wie Frauen Frieden mit sich selbst und ihrem Körper schließen. Ich bin dann mal schlank. Sex dich schlank.* Und das ist nur ein Bruchteil der Buchtitel zu diesem Themenbereich.

»Höhöhö, Sex dich schlank«, sage ich zu meinem Mann. »Wär das was für uns?«

Er sieht mich lange an. Mit hochgezogener Augenbraue.

»War ein Witz«, sage ich.

Und dann fange ich an, mich näher mit Psychodiäten zu beschäftigen. Eine der ersten stammt aus dem Jahr 1973. Damals veröffentlichte das amerikanische Ehepaar Leonard und Lillian R. Pearson einen Ratgeber mit dem Titel *The Psychologist's Eat-Anything Diet* (Deutsch: *Psycho-Diät. Abnehmen durch Lust am Essen*). Bei dem Verfahren, das die beiden entwickelt hatten, musste man keine Kalorien zählen, sondern die Nahrungsmittel beim Einkauf in zwei Gruppen einteilen: in winkende und summende. Ja, echt!

Winkende Lebensmittel sind solche, die aufgrund ihrer Verpackung und Präsentation förmlich »Kauf mich« schreien. Summende sind gesund, und man benötigt sie tatsächlich.

Nachdem ich das gelesen habe, will ich es ausprobieren und gehe einkaufen, das muss ich sowieso.

Im Supermarkt stehe ich vorm Regal, starre die Essigflasche an und lausche. Ich höre nichts. Ich kann auch nichts Auffälliges an ihr wahrnehmen. Ich brauch sie trotzdem. Sie wandert in meinen Einkaufswagen. Bei der Marmelade dasselbe. Sie winkt nicht, sie summt nicht, ich nehme Himbeere.

Aber als ich vor dem Kühlregal stehe, da entdecke ich plötzlich einen Becher mit Schokoladenpudding. Und er winkt! Ganz ehrlich, ich kann es sehen. Und er lässt es nicht beim Winken, er hüpft sogar im Regal auf und nieder. Jetzt steppt er sogar hin und her und rudert mit den Armen. »Kauf mich«, schreit er. »Huhu! Kauf! Mich!«

Ich strecke schon die Hand aus, aber dann wende ich mich ab und schließe einen Moment lang die Augen, um wieder zu klarem Verstand zu kommen. Erstens winkt hier gar nichts. Und dann: Ich mag doch gar keinen Schokoladenpudding. Und Sahne ist auch noch drin, in diesem Becher. Ich mag aber auch keine Sahne auf Pudding. Vorsichtig wage ich einen zweiten Blick Richtung Puddingbecher und erkenne, was da eben los war. Auf dem Deckel sind eine grüne Wiese und ein strahlend blauer Himmel abgebildet. Und der Pudding heißt nicht einfach Schokoladenpudding, nein, er heißt Wölkchen. An diesem tristen grauen Tag im überfüllten Supermarkt wollte ich wohl einfach ein watteweiches Wölkchen an einem Sommerhimmel haben. Deswegen das Gefühl, dass dieser Becher sich mir förmlich aufdrängte.

Einmal sensibilisiert, fällt mir auf, dass viele Joghurts mir geradezu marktschreierisch zuwinken. Und meistens sind es die, vor denen Ernährungsexperten warnen, also die mit viel Zucker, Fett, nicht identifizierbaren Zutaten und Konservierungsstoffen. Aber Buttermilch, Kefir und Quark winken nicht. Wenn ich es versuche, kann ich mir vorstellen, dass sie leise ein freundliches Lied summen.

Ich konzentriere mich jetzt auf das Summen, und was ich schließlich kaufe, sind fast ausschließlich unbearbeitete Lebensmittel, die ich auch gern esse. Natürlich gibt es auch fiese, miese Trickser. Als ich vor dem Regal mit den Süßigkeiten haltmache, höre ich einen zarten Ton. Er kommt von der Vollmilch-Nuss-Tafel. Sie winkt nicht, sie tanzt nicht, sie liegt da ganz still und bescheiden. Und sie summt ein Lied, so süß, dass ich nicht weghören kann. Eindeutig! Sie summt! Die Schokolade findet ihren Weg in meinen Einkaufswagen.

Zu Hause muss ich zugeben: So albern, wie zuerst gedacht, ist das Konzept der Pearsons gar nicht. Es ist lustig und hat, psychologisch betrachtet, einen großen Vorteil: Es stellt in meinem Kopf keine Verbotsschilder auf, es befiehlt mir kein dickes, fettes Nein, und es kritisiert auch nicht an mir herum. Es bringt mich einfach dazu, beim Einkauf alle Lebensmittel genauer anzusehen und mir zu überlegen, ob ich sie eigentlich wirklich essen will. Und wenn ja – dann esse ich sie eben. So wie die herrliche Vollmilch-Nuss-Schokolade.

Die Diät des Chicagoer Ehepaars ist ein guter Gedankenanstoß, aber keine Methode, die ich immer anwenden werde. Schon deshalb nicht, weil die Leute im Laden mich so komisch angesehen haben. Zumindest bei der Schokolade bin ich nicht sicher, ob ich vielleicht mitgesummt habe.

Seit dieser ersten Psychodiät vor gut vierzig Jahren explodierte der Markt förmlich mit solchen Konzepten. Wie finde ich also jetzt heraus, welche Methode für mich richtig ist? Ich kann ja nicht alle Bücher darüber lesen. Außerdem gibt es nicht nur Bücher, sondern auch CDs, Kurse, Coachings und Therapien zum Thema »mentales Abnehmen«, wobei die Coachings und Therapien zwischen sechzig und einhundertzwanzig Euro pro Stunde kosten. Zu teuer für Fehlversuche. Ich stöbere im Internet herum und entdecke dabei entsprechende Videos auf YouTube.

Wenig später liege ich auf dem Boden und meditiere. Ich verbinde mich mit der Erde und dem Kosmos. Ich entwickle die Kraft, mein Gewicht loszulassen. Ich entscheide mich dafür, mich selbst zu lieben, und vergebe mir, weil ich mich nicht gut um mich und meinen Körper gekümmert und deswegen zugenommen habe. Dann lasse ich mich hypnotisieren. Ich mache eine Traumreise und erklimme einen Alpengipfel, um dann Schritt für Schritt hinabzusteigen und bei jedem Höhenmeter Kilos zu verlieren. Damit ich bei all der Entspannung nicht einschlafe, klopfe ich mich mit EFT (Emotional Freedom Technique) wieder wach, einer Art Klopfakupressur, bei der ich mit den Fingern auf meinen Körpermeridianen herumtrommele und mir versichere, dass ich gut so bin, wie ich bin, aber dass ich jetzt an Gewicht verliere, weil ich es nicht mehr brauche. Und dann formuliere ich noch einen Wunsch ans Universum. Schriftlich.

Abends habe ich trotzdem Hunger. Aber ich habe jetzt immerhin einen guten Überblick über den Markt.

Abnehmen durch die Kraft der Gedanken

So lautet das Versprechen: Wenn man die Einstellung zu sich selbst, zum Leben und zum Essen verändert, benutzt man Nahrung nicht mehr zur Stressreduktion und kann ohne Radikaldiät abnehmen.

Das Konzept: Man kann die Ansätze, grob vereinfacht, in drei Kategorien einteilen: in psychologische Konzepte (Essen nicht mehr als Ersatz, Aussöhnung mit dem eigenen Körper), meditative Konzepte (Abnehmen durch Achtsamkeit oder Hypnose) und in esoterische Konzepte (zum Beispiel Wünsche ans Universum richten).

Das sagen Befürworter: Wenn Hunger nicht das Problem ist, dann ist auch Hungern keine Lösung. Man muss seine Probleme grundlegender lösen als nur mit einer Diät.

Das sagen Kritiker: Solche Konzepte können allenfalls unterstützend angewandt werden. Allein bringen sie nichts.

Das sage ich: Wenn man eine Methode gefunden hat, die wirklich zu einem passt, ist sie eine wertvolle Hilfe bei dem, was man sich vorgenommen hat.

Durchhaltetipps: Vor der Wahl einer Methode unbedingt YouTube-Videos zum Thema ansehen, das spart Kosten, weil man dadurch schneller merkt, ob ein bestimmtes Konzept zu einem passt. Mit Büchern und CDs kommt man allerdings auf Dauer nicht weit, das zumindest ist meine Erfahrung. Eine professionelle therapeutische Unterstützung ist teuer, deswegen sollte man solche psychologischen Konzepte mit Gleichgesinnten durchziehen.

Zum Weiterlesen: Gisla Gniech: *Essen und Psyche. Über Hunger, Sattheit, Genuss und Kultur.* Berlin/Heidelberg/New York 2008

MARAPEDIA– die etwas andere Enzyklopädie

Gewohnheiten und wie man sie ändert

Kurz nach unserer Geburt haben wir noch keine Gewohnheiten. Wir haben Hunger, wenn unser Körper Energie braucht, wir schlafen, wenn wir nicht anders können, unsere Verdauung folgt ihren eigenen Gesetzen. Dann lernen wir dazu, und irgendwann gibt es in unserem Leben Essenszeiten, Schlafenszeiten, Arbeitszeiten, Urlaubszeiten, Toilettenzeiten. Und wir entwickeln ganz eigene Routinen. Manche davon betrachten wir als schlechte Angewohnheiten, wir würden sie gern wieder loswerden. Aber plötzlich stellen wir fest, dass das gar nicht so leicht geht. Warum?

1. Was ist eine Gewohnheit?
2. Wie legt man Gewohnheiten ab?
3. Was ist ein Auslösereiz?
4. Die gute und die schlechte Nachricht

1. Was ist eine Gewohnheit?

Morgens Zeitung lesen. Danach heiß duschen. Tagsüber alle paar Minuten Facebook checken. Um elf eine Zigarette. Nachmittags was Süßes zum Kaffee. Abends auf der Couch liegen und fernsehen.

Hirnforscher sagen: Rund 40 Prozent unserer täglichen Handlungen sind keine bewussten Entscheidungen, sondern

Gewohnheiten. Sie laufen automatisch ab, ohne dass wir darüber nachdenken, denn das erspart dem Gehirn eine Menge Arbeit. Blöd nur, dass Gewohnheiten für unser Gehirn so etwas wie »kleine Süchte« sind. Es hat gelernt, dass es einen Kick erlebt, wenn es eine dieser Handlungen ausführt, und diesen Kick will es jetzt wie ein Junkie regelmäßig haben. Deswegen ist jede Änderung von Gewohnheiten, so harmlos sie auch sein mögen, eine Art Entzug.

2. Wie legt man Gewohnheiten ab?

Um zu verstehen, wie man Gewohnheiten loswird, muss man wissen, wie sie sich einschleichen. Zuerst ist da immer ein Auslösereiz. Man befindet sich in einer Situation, in der man irgendetwas tun muss. Autofahren zum Beispiel. Dann kommt eine Routinehandlung: Man schnallt sich an. Jetzt erfolgt die Belohnung: Das Gefühl des Gurtes, der einen hält, verleiht Sicherheit. Und das Gefühl, etwas richtig gemacht zu haben. Oder es ist genau umgekehrt: Manche schnallen sich nicht an und fahren los. Sie erleben dabei ein winziges Gefühl von Freiheit und Anarchie. Wie auch immer, das Gehirn erfährt einen Mini-Kick und handelt beim nächsten Mal wieder so in freudiger Erwartung der Belohnung. Irgendwann schaltet es auf Autopilot. Die Gewohnheit ist da, man reagiert dann auf den Auslösereiz wie ein Pawlowscher Hund.

Will man eine Gewohnheit ablegen, muss man also:

- die Auslösesituation vermeiden,
- die Belohnungsreaktion verstehen und durch etwas anderes ersetzen.

Die Ersatzhandlung muss aber wieder eine Belohnung sein. Traurig aber wahr: Das Gehirn lässt sich nicht dauerhaft durch Vernunft lenken.

Wer also sein Gewicht ändern will, muss sein gesamtes Alltagsverhalten ändern. Er darf nicht mehr unter denselben Bedingungen in die Situation kommen, die für ihn schwierig ist, sonst läuft, zack, das alte Programm erneut ab. Meist bedeutet das: Die betreffende Person muss ein neues Programm zur Gewohnheit werden lassen. Viel gearbeitet und dann Lust auf eine Belohnung? In diesem Fall muss derjenige entweder weniger arbeiten oder eine andere Form der Belohnung finden.

Alltagsveränderungen fallen übrigens in Lebensphasen leichter, in denen sich sowieso viel ändert, in denen man also neue Routinen finden muss. Das können sogar schwierige sein, die man positiv nutzen kann: Umzug, Trennung, Jobwechsel, Geburt eines Kindes etc. Solche Zeiten nennen Psychologen »teachable moments«.

3. Was ist ein Auslösereiz?

Als Auslösereiz dienen:

– Orte (ich esse im Kino)
– Uhrzeiten (ich esse in der Pause um elf)
– Gefühle (ich esse, wenn ich mies drauf bin)
– Menschen (ich esse, wenn die Familie nach Hause kommt, weil die dann alle Hunger haben)
– Vorangegangene Handlungen (ich esse nach dem Spaziergang)

4. Die gute und die schlechte Nachricht

Die gute Nachricht: Wenn es gelungen ist, eine Gewohnheit wirklich zu ändern, dann läuft auch die neue Routine auf Autopilot. Man muss nicht mehr darüber nachdenken, die Einhaltung der neuen Regel kostet keine Kraft. Ab da ist es kein Problem mehr, sie ein Leben lang einzuhalten.

Und die schlechte Nachricht: Es kann bis zu drei Jahre dauern, bis man Essensgewohnheiten zuverlässig geändert hat. Und ganz weg ist sie nie, sie kann leicht wieder aufleben, wenn sich im Leben erneut etwas ändert.

Zum Weiterlesen:
Charles Duhigg: *Die Macht der Gewohnheit. Warum wir tun, was wir tun.* München 2014

Die Dukan-Diät – Abnehmen wie Gott in Frankreich

Hurra, ich schmelze! Gestartet bin ich mit einem fast dreistelligen Gewicht, und jetzt steht schon bald die Sechs vorne … Dieses neue Endziel will ich mit der Dukan-Diät erreichen. Dass man damit eine Top-Figur bekommen kann, beweisen unter anderem Stars wie Jennifer Lopez oder Kate Middleton – Verzeihung, ich meine natürlich Catherine, Duchess of Cambridge.

Mindestens so verlockend wie ein J. Lo-Body ist die Aussicht auf einen abwechslungsreichen Speiseplan – vor allem nach den Wochen der Eintönigkeit, die hinter mir liegen. Nicht zufällig gilt die Dukan-Diät als beliebtestes Schlankheitsprogramm der Franzosen. Und die verstehen bekanntlich was von Genuss!

Was mich ein wenig stutzig macht, ist eine Formulierung des Abnehm-Gurus und französischen Arztes Pierre Dukan, der einmal sagte, mit seiner Diät würde man »schlank wie der Eiffelturm, aber nicht so drahtig«. Wie darf ich mir das vorstellen? Oben schmal und unten breit? Diese Silhouette würde mir, ehrlich gesagt, nicht besonders zusagen. Da halte ich mich doch lieber an Frau Lopez als Idealbild und freue mich auf einen Kühlschrank voller Fisch und Fleisch und anderer Köstlichkeiten!

Es heißt zwar, die Dukan-Methode sei im Vergleich zu anderen Diäten ziemlich kompliziert, aber davon lasse ich mich nicht abschrecken. Was kann schon so schwierig daran sein, bestimmte Nahrungsmittel wegzulassen und andere zu bevorzugen? Leute, ich habe zwei Wochen New-York-Diät hinter mir!

Zur Einstimmung lege ich eine alte J. Lo-Platte auf, tanze dazu durch die Wohnung und gröle mit – ganz nach Jennys Motto »Let's Get Loud«.

Dukan-Diät – »Schlank wie der Eiffelturm, aber nicht so drahtig ...«

So lautet das Versprechen: Erfolgreich abnehmen, ohne zu hungern und ohne Jo-Jo-Effekt.

Das Konzept: Die Dukan-Diät, die in vier Phasen abläuft, gehört zu den Low-Carb-Methoden. Die Grundidee besteht darin, sich proteinreich, aber fett- und kohlenhydratarm zu ernähren. Hinzu kommt die tägliche Portion Haferkleie.

Das sagen Befürworter: Kohlenhydrate zu reduzieren ist allgemein als sinnvolle Maßnahme etabliert. Kalorienzählen entfällt bei der Dukan-Diät vollständig. Wer die vorgeschriebenen Phasen einhält, hat damit sehr gute Erfolgschancen.

Das sagen Kritiker: Durch die extrem hohe Eiweißversorgung können die Nieren geschädigt werden. Außerdem entsteht ein erhöhtes Risiko für Gicht und Vitaminmangel. Der Diät-Erfinder Pierre Dukan hat übrigens 2014 seine Zulassung als Arzt verloren ...

Das sage ich: Schlemmen, aber schlank bleiben – wenn das jemand schafft, dann die Franzosen. Was für knackige Promis und ein ganzes Volk gut ist, sollte auch bei mir zum Erfolg führen. Wir werden sehen ...

Durchhaltetipps: Um auf Nummer sicher zu gehen, sollte man vor der Diät den Arzt kontaktieren. Für Menschen mit Herz-, Kreislauf- und vor allem Nierenproblemen kommt die Dukan-Methode nicht infrage.

Zum Weiterlesen: Pierre Dukan: *Die Dukan Diät. Das Schlankheits-geheimnis der Franzosen.* München 2011

Und so funktioniert's

Die Dukan-Diät verläuft in vier Phasen:

1. Angriffsphase (Attack)
2. Stärkungsphase (Cruising)
3. Konsolidierungsphase (Consolidation)
4. Stabilisierungsphase (Stabilisation)

Ohne Haferkleie geht gar nichts

In allen vier Dukan-Phasen ist Haferkleie ein wichtiger Bestand-teil. Die Kleie schmeckt nicht nur recht gut, sondern macht auch satt, senkt den Cholesterinspiegel, reguliert den Blutzuckerspie-gel und kurbelt zudem die Verdauung an.

Phase 1: Attack

Der Angriff auf die Fettspeicher dauert ein bis zehn Tage. Je nach-dem, wie viel man abnehmen möchte.

Mit fettarmen und sehr proteinreichen Lebensmitteln, unter-stützt von ein paar Esslöffeln Haferkleie als Ballast, erzielen Sie schnell sichtbare Erfolge.

Was Sie essen dürfen? Ganz einfach: Alle Lebensmittel auf der folgenden Liste, und zwar ohne Einschränkung und in jeder ge-wünschten Kombination. Alles, was Sie nicht auf der Liste finden, ist leider verboten. Eigentlich ganz simpel, oder?

Hier nun die Liste:

- Mageres Fleisch: Kalb und Rind (mit Ausnahme des Rippen-stücks sowie Rinderkotelett) gegrillt oder gebraten (ohne Fett)

- Magerschinken, Putenlachsschinken, Hähnchenschinken oder magerer Schweineschinken ohne Speck (in Scheiben)
- Ausnahmslos alle Fischsorten
- Alle Meeresfrüchte wie Muscheln und Krustentiere
- Alle Geflügelsorten (ohne Haut), mit Ausnahme von Entenfleisch
- Eier (falls Ihr Cholesterinspiegel zu hoch ist, bitte höchstens drei Eier pro Woche, ansonsten ohne Einschränkung)
- Fettarme Milchprodukte: Naturjoghurt (0,1 Prozent Fett), Speisequark (0,2 Prozent Fett), Frischkäse (0,2 Prozent Fett), körniger Frischkäse/Hüttenkäse (0,1 Prozent Fett), entrahmte Milch
- Haferkleie (1,5 Esslöffel pro Tag)
- Getränke: natriumarmes Mineralwasser (zirka 1,5 Liter pro Tag), Kaffee, Tee
- Würzmittel: Kräuter, Salz, Pfeffer, Gewürze überhaupt, Essig, Aromastoffe, zuckerfreie saure Gurken (Cornichons), Zitronen (für Salatsaucen, nicht als Getränk) und Senf (nicht übertreiben)

Phase 2: Cruising

In dieser Aufbauphase (Dauer je sechs Tage für jedes Kilo weniger) ist auch Gemüse erlaubt, Obst jedoch verboten. Reine Eiweißtage wechseln sich jetzt mit Eiweiß-Gemüse-Tagen ab. Ihr Stoffwechsel wird also wie ein Zweitaktmotor programmiert: Nach jedem Abnehmtag folgt ein Erholungstag, an dem der Körper mit Vitaminen verwöhnt wird.

Außerdem soll man sich in dieser Phase mehr bewegen, und es gibt mehr Kleie. Doch wozu das Ganze? Damit Sie Ihr Wunschgewicht erreichen – am Ende dieser Etappe!

Was aber dürfen Sie nun in dieser zweiten Phase genau essen? Natürlich weiterhin alle Lebensmittel aus der ersten Phase. Das Gemüse, das Sie jetzt jeden zweiten Tag dazu kombinieren können, sollte am besten grün sein. Ob roh oder gekocht, bleibt Ihnen überlassen. Für Ihre Salatsoße nehmen Sie Essig, Zitronen, Senf und Joghurt (0,1 Prozent Fett) – auf Speiseöl sollten Sie dagegen unbedingt verzichten.

Verboten sind Gemüsesorten mit hohem Stärkegehalt: Kartoffeln, Mais, Bohnen, Linsen, Avocados, Artischocken oder Schwarzwurzeln.

Phase 3: Consolidation

Die dritte Etappe soll den Jo-Jo-Effekt verhindern. Wie lange sie dauert, hängt davon ab, wie viel Sie bisher mit der Dukan-Diät abgenommen haben: Pro Kilo werden zehn Konsolidierungstage angesetzt.

Und so sieht eine Woche in der dritten Phase aus:

- Ein Tag bleibt ein reiner Proteintag (siehe Phase 1).
- An vier Tagen ernähren Sie sich wie an einem Eiweiß-Gemüse-Tag (siehe Phase 2). Zusätzlich sind jetzt auch ein Stück Obst am Tag und Vollkornbrot (maximal zwei Scheiben am Tag) erlaubt.
- An den restlichen zwei Tagen dürfen Sie so richtig reinhauen! Und was heißt das? Nun, erlaubt sind hin und wieder sogar ein Wiener Schnitzel, eine Bayrische Creme und ein Glas Wein. Auch Reis und Nudeln sind nicht mehr völlig tabu. Fetter Speck und Wurst stehen dagegen immer noch auf der verbotenen Liste.
- Obligatorisch bleiben Haferkleie und viel Wasser.

Phase 4: Stabilisation

Die letzte Phase dient dem finalen Halten des Gewichts. An sechs von sieben Tagen dürfen Sie »normal« essen, einmal pro Woche kehren Sie jedoch zur strengen Proteinkost aus Phase 1 zurück. Und natürlich die Haferkleie nicht vergessen!

Wie lange die vierte Phase dauert? Ganz einfach: So lange, wie Sie schlank bleiben wollen.

Selbst planen oder coachen lassen?

Am Anfang ist es nicht ganz einfach, den genauen Ablauf dieser Diät zu organisieren. Deshalb kann es ratsam sein, auf externe Unterstützung zu setzen. Sie können sich beispielsweise online coachen lassen oder auf einen der Anbieter zurückgreifen, die vorgefertigte Rezepte oder sogar spezielle Dukan-Nahrungsmittel anbieten. Was diese ohnehin schon recht kostspielige Diät allerdings nicht günstiger macht.

Ziel definieren: Mein persönlicher Dukan-Plan

Ich habe mich für ein Online-Coaching entschieden. Erst einmal muss ich dort einen Fragebogen ausfüllen – man will von mir mein Gewicht, meine Diät-Erfahrungen und mein Wunschgewicht wissen. Daraufhin wird mein persönliches Idealgewicht berechnet, das mit 68,9 Kilo übrigens etwas über meinem tatsächlichen Ziel liegt, und sogar ein Datum angegeben, an dem ich es mithilfe der Dukan-Diät erreichen werde.

Wow, das klingt sehr konkret. Und sogar ziemlich realistisch. Ich fühle mich schon gleich viel dünner …

Derart motiviert starte ich mit der ersten Phase der Diät.

Die Angriffsphase: Attacke gegen den Speck

Dank der Promi-Diäten, die ich bereits hinter mir habe, ist die erste Dukan-Phase bei mir, berechnet mit fünf Tagen, eher kurz, denn sooo wahnsinnig viel muss ich ja gar nicht mehr abnehmen. Zudem verspricht Herr Dukan, dass die Angriffsphase sehr effizient ist. Bleibt zu hoffen, dass aus diesem Diät-Startschuss kein Rohrkrepierer wird. Entscheidend ist, dass ich absolut konsequent bleibe – denn jede Diätsünde mindert den Erfolg deutlich.

Tag 1, Donnerstag: Eindeutig nichts für Vegetarier

Der heilige Kreuzzug gegen die Mächte des Specks beginnt mit etwas fettarmem Quark und einem kleinen Stück gegrillter Bio-Hühnerbrust, die ich noch aus meinem früheren Leben als David-Kirsch-Diätjüngerin im Kühlschrank habe. Etwas ungewöhnlich als Frühstück, aber es schmeckt lecker – und vor allem ist der Magen nicht mehr so leer.

Dann gehe ich einkaufen und stelle fest, dass die Dukan-Diät ganz schön ins Geld geht. Fleisch, Fisch und Krustentiere haben eben ihren Preis. Na ja, J. Lo und der Herzogin von Cambridge wird's egal sein. Durchaus bezahlbar dagegen ist die Haferkleie, von der ich mir gleich einen Vorrat besorge. Sollte ich diese Diät wider Erwarten vorzeitig abbrechen, kann ich die Kleie immer noch an die Enten am Fluss verfüttern, die ich neulich um ein paar Brotstückchen beneidet habe. Quasi als Wiedergutmachung.

Mittags gibt es mageres Rindfleisch mit einer indisch gewürzten Joghurtsoße, nachmittags die erste Kleie-Portion, die ich – was ausdrücklich erlaubt ist – in Form eines Pfannkuchens zu mir nehme. Am Abend darf ich mich noch über etwas Krabbensalat mit einem leichten Dressing freuen.

Ich fühle mich sehr optimistisch und bin gespannt auf das, was die Waage morgen anzeigt. Hunger, Schwäche, Halluzinationen? Fehlanzeige. Alles läuft prima.

Tag 2, Freitag: Den Sport nicht übertreiben? Gerne doch!

Nach einer wunderbar erholsamen Nacht führt mich mein erster Weg zur obersten Richterin, meiner Feindin, der Waage. Statt eines Schocks gibt es eine positive Überraschung: Wieder 0,5 Kilo weniger! So kann's wegen mir weitergehen …

Zwischendurch finde ich sogar Zeit und Muße für ein paar Kniebeugen und Mädchen-Liegestütze. Das begleitende Sportprogramm schaffe ich nach David Kirschs Bootcamp locker. Erfreulicherweise wird man in sämtlichen Dukan-Internetforen ausdrücklich darauf hingewiesen, dass man es mit dem Sport am Anfang nicht übertreiben soll. Geht klar!

Tag 3, Samstag: … und immer noch nicht schlapp
Die Waage ist mir weiterhin wohlgesonnen. Seit gestern sind es schon wieder 200 Gramm weniger – das ist fast ein Kilo in zwei Tagen. Sehr erfreulich, zumal ich weder physische noch mentale Nebenwirkungen spüre.

Nach ein paar halbherzigen Kniebeugen beschließe ich gegen Abend, noch eine Runde um den Block zu drehen. Wenn ich schon kein Obst und Gemüse essen darf, will ich doch wenigstens Sauerstoff tanken. Erfreut stelle ich fest, dass ich mich topfit fühle. Vielleicht ist diese Diät genau die Richtige für mich? Ich bin Jennifer Lopez' Seelenverwandte, wer hätte das gedacht … Wiegenden Schrittes schwebe ich nach Hause.

Tag 4, Sonntag: Ist das noch Diät oder schon Schlaraffenland?
Fast bin ich enttäuscht, dass ich seit gestern kein Gramm leichter geworden bin, aber mein Schnitt ist immer noch hervorragend. Und bald startet ohnehin die zweite Phase, in der das Abnehmen etwas langsamer geht. Ich liege also genau im Plan.

Tag 5, Montag: Angriff der Killer-Schrippen
Und wieder bin ich 200 Gramm leichter! Ich überlegte schon, ob ich dieses Ereignis mit einem halben Mettbrötchen feiern soll, entscheide mich dann aber doch für Disziplin.

Am Abend probiere ich ein neues Dukan-Rezept aus: Fleischbällchen aus reinem Rinderhack – natürlich ohne Semmelbrösel. Die Bällchen zerfallen zu einer Art Bolognese-Sauce, aber immerhin füllen sie den Magen.

In dieser Nacht träume ich von einer wilden Verfolgungsjagd. Eine Horde gefährlicher Weißmehlbrötchen ist hinter mir her …

Die Aufbauphase: Der direkte Weg zum Idealgewicht
Mein Hüftgold ist angezählt. Fast 1,5 Kilo sind weg, und in den kommenden zehn Tagen sollen weitere Fettreserven wegschmelzen (ungefähr ein Kilo pro Woche sind angepeilt).

Ich freue mich auf frisches, ballaststoff- und vitaminreiches Gemüse. Auch wenn ich es nur jeden zweiten Tag dazu kombinieren darf – und die Waage vielleicht erst einmal eine Stagnation anzeigen wird. Reine Proteine entwässern nämlich, und das Gemüse bremst diesen Effekt kurzfristig ab. Nach Ebbe folgt eben Flut, könnte man sagen. Ich darf bloß die Nerven nicht verlieren, denn in ein paar Tagen wird das Wasser wieder aus dem Körper geschwemmt, und was die Waage dann anzeigt, zählt.

Tag 1, Dienstag: Welcome to the next level
Gut gelaunt starte ich in die zweite Phase der Dukan-Diät. Morgens ändert sich jedoch wenig: Es gibt gekochten Schinken, Hüttenkäse und – erstmals auch zum Frühstück – Haferkleie. Mittags esse ich ein Dukan-Puten-Hacksteak, das ein bisschen nach alten Schuhen schmeckt, dazu einen Karottensalat. Am Abend steht Frankfurter grüne Soße à la Dukan auf dem Speiseplan. Also mit weniger Kalorien und leider auch weniger Geschmack als die echte. Trotzdem habe ich das Gefühl, satter zu sein als in den fünf Tagen zuvor. Entsprechend habe ich auch mehr Power für mein Training. Kniebeugen, Sit-ups, Mädchen-Liegestütze – alles kein Problem mehr für mich. Fast fühle ich wie J. Lo, die bekanntlich ohne Sport nicht leben kann.

Tag 2, Mittwoch: Die Außer-Haus-Challenge

Die morgendliche Gewichtskontrolle ergibt ein Plus von 300 Gramm. Was natürlich nicht der Plan war. Nehme ich etwa wieder zu? An Muskeln ja, an Speck eher nicht.

Das heutige Frühstück fällt sehr schmal aus, zwei Scheiben Putenschinken. Weil ich nachher auswärts verabredet bin und es dort garantiert keine Dukan-Gerichte gibt, packe ich mir ein paar Shrimps zum Mitnehmen ein. Bei spontanen Hungerattacken produziert mein Magen nämlich Geräusche, die eines Grizzlybärs würdig wären – und das will ich nun doch niemandem antun.

Anders als meine Kollegen fahre ich nicht mit dem Fahrstuhl zum Besprechungsraum hinauf, sondern nehme die Treppe. Und während sie im Meeting schamlos zu den obligatorischen Keksen greifen, vertilge ich unauffällig mein tägliches Quantum Haferkleie.

Tag 6, Sonntag: Und täglich grüßt die Haferkleie

Stecke ich in einer Zeitschleife fest, oder ähneln sich die Tage wirklich so sehr?

Ja, ich muss zugeben: So langsam wird die Sache etwas monoton. J. Lo, wie hältst du das nur aus? Wechselst du deshalb so häufig deine Kavaliere, damit es wenigstens in Sachen Liebe nicht ganz so langweilig wird?

Während ich Sit-ups und Kniebeugen mache, höre ich ihre Dance-Hits und frage mich, wie viel »Jenny From The Block« wohl wirklich noch in ihr steckt und wie viel Diva.

Tag 8, Dienstag: Noch zwei Tage und der Rest von heute

The show goes on! Gestern und heute wieder minus 100 Gramm. Jeweils, natürlich. Die Pfunde purzeln im Gegensatz zu Phase 1 nicht mehr lawinenartig, sondern langsam und stetig.

Heute habe ich übrigens versehentlich eine Zwischenmahlzeit ausgelassen – aus Zeitgründen. Eigentlich ist das so nicht vorgesehen. Aber ganz ehrlich: Weniger essen, als auf dem Speiseplan steht, sollte eine Diät nicht gleich zum Kippen bringen. Und wenn doch, dann taugt sie nix.

Tag 10, Donnerstag: Schon ein bisschen stolz …

Gestern waren es sagenhafte 200 Gramm weniger, heute nur läppische 100 Gramm. Aber was spielt das für eine Rolle? Insgesamt habe ich in den zehn Tagen der Aufbauphase ungefähr ein Kilo abgespeckt, in den fünf Tagen der Angriffsphase ebenfalls ein Kilo – macht insgesamt zwei Kilo. Ich wiege jetzt 80,2 Kilo und bin schon ein bisschen stolz auf diesen grandiosen Erfolg.

Okay, nun würde eigentlich die Konsolidierungsphase – das Anti-Jo-Jo-Programm – starten. Nach der Formel »10 Tage pro abgenommenes Kilo« würde diese Phase in meinem Fall etwa acht Wochen dauern. Weil ich ja noch weitere Diäten testen will, verzichte ich auf Konsolidierung ebenso wie auf Stabilisierung und gehe stattdessen über zu einem absoluten Kontrastprogramm: Nach der tierisch proteinreichen Dukan-Diät beginnt für mich ab morgen Vegan for fit.

Gewichts-Check: 80,2 Kilo

Fazit:

Ich habe die Dukan-Diät zwar nur bis Phase 2 getestet, kann sie aber uneingeschränkt empfehlen. Übrigens habe ich anschließend meine Blutwerte messen lassen: Die fünfzehn Dukan-Tage haben meine Nieren nicht ruiniert.

Im Vergleich zu anderen »Express-Diäten« nimmt man mit der Dukan-Methode kurzfristig nicht ganz so viel ab, dafür scheint sie langfristig zu funktionieren, wenn man alle Phasen einhält.

Besonders kompliziert fand ich das Programm übrigens nicht, dafür aber erstaunlich eintönig angesichts der vielen erlaubten Lebensmittel. Und, wie erwähnt, nicht gerade preiswert. Aber eine schlanke Linie lässt man sich ja gern was kosten. Und was ich in dieser Zeit beim Bäcker und beim Süßigkeitenregal im Supermarkt gespart habe …

Was mir wirklich gefehlt hat, war Obst. Wenigstens Gemüse stand ab Phase 2 zumindest teilweise auf dem Plan. Ich hoffe sehr, dass die nächste Diät in dieser Hinsicht mehr zu bieten hat!

Etwas später …

Hier ist der Anrufbeantworter von Anja Koeseling. Im Moment bin ich leider nicht erreichbar, Sie können mir aber nach dem Signalton eine Nachricht hinterlassen. Dankeschön, auf Wiederhören.

Oma

Kind, darfst du eigentlich immer noch keine Süßigkeiten essen? Ich habe gerade gebacken – kommst du auf ein Stück Pflaumenkuchen vorbei?

Mara
Seid gegrüßt, Schwestern! Habe eine neue Diät entdeckt. Ich werde mit der Weisheit eines indianischen Schamanen abnehmen.　14:05

Lucinde
Und, Bleichgesicht? Was spricht der große Manitu?　14:10

Mara
Manitu spricht durch den Mund seines Sohnes Bear Heart vom Stamme der Creek-Indianer zu mir. Er sagt: »Bereite deine Speisen mit Liebe und verzehre sie mit Liebe. Und verlasse immer den Tisch, bevor du richtig satt bist.«　14:14

Anja
Tust du das jetzt?　14:16

Mara
Gerade aß ich ein Spiegelei und bestreute es liebevoll mit Schnittlauch aus meinem Garten. Und ich plinkerte es an wie einen jugendlichen Liebhaber und verspeiste es mit Muße. Und ein zweites hätte auch noch in mein Gedärm gepasst, aber ich verzichtete weise. Jetzt gehe ich in den Garten und schmiege mich an einen Baum. Howgh!　14:20

Anja
Gaah! Wo ist dein Mann? Wo sind die Kids? Ist da irgendwer, der sich mal um dich kümmern könnte? Hallo? Mara???　14:25

Shred – Ich will! Ich kann! Ich werde!

Positive Gedanken führen zu positiven Ergebnissen? Dann beschließe ich hiermit, dass diese Diät super ist. Jedenfalls arbeitet sie ausreichend mit erfolgversprechenden Ausrufezeichen: Sechs Wochen! Zwei Kleidergrößen! Eine Sensation! Jawohl! Nein, das Letzte nicht. Das ist nur Ausdruck meines Gehorsams. Und den brauche ich vermutlich auch bei dieser Diät, schließlich ist Dr. Ian K. Smith eine Sportskanone und hält viel von Disziplin. Ist ja nicht gerade meine Stärke, aber ich arbeite dran. Vor allem, weil man im Klappentext von Dr. Smith' Buch nette Dinge nachlesen kann, die Menschen geschrieben haben, die diese Diät gemacht haben. Dinge wie: »Ich bin ein anderer Mensch geworden. Innen wie außen.« (Tom) »Besser kann man sein Leben nicht ändern.« (Jenny) »Dr. Ian wirkt Wunder!« (Mike). Fehlt noch: »Geschafft!« (Lucinde). Ob ich das demnächst wohl so formulieren kann? Wir werden sehen. Auf jeden Fall werde ich mich sehr bemühen, lieber Dr. Ian K. Smith, bei Ihrer Diät mit dem schönen Titel »Shred«, was übersetzt so viel bedeutet wie: »Zerreißen, zerschnipseln, schreddern, zerkleinern«, bis zum Schluss durchzuhalten. Wenn Sie mir vielleicht noch kurz erklären könnten, was Sie genau mit schreddern meinen?

Shred – eine Bestsellerdiät aus Amerika

So lautet das Versprechen: Sechs Wochen! Zwei Kleidergrößen! Eine Sensation!

Das Konzept: Pro Tag darf man bis zu sieben Mahlzeiten zu sich nehmen, die alle kalorienarm, aber sehr abwechslungsreich sind.

Das sagen Befürworter: Einfache, überschaubare und leckere Rezepte, eine sehr detaillierte und gut durchführbare Anleitung und ausreichend Bewegung sorgen dafür, dass sich Shred gut in den Alltag integrieren lässt und trotzdem Wirkung zeigt.

Das sagen Kritiker: Man muss sich sehr genau an die Vorgaben von Dr. Ian K. Smith halten, sonst funktioniert die Diät nicht. Nicht jeder schafft fünfundvierzig Minuten Sport am Tag.

Das sage ich: Das Buch ist jedenfalls super. Besonders gut gefallen mir die Wochen-Einteilungen, die Rezepte und die vielen Möglichkeiten, Gerichte, Shakes und Co. zu variieren. Das Beste aber ist: Die Diät ist durchaus für Vegetarier geeignet, und ich darf endlich wieder Obst essen.

Durchhaltetipps: Einfach ein bisschen dranbleiben, der Erfolg motiviert von selbst.

Zum Weiterlesen: Dr. Ian K. Smith: *Shred. Die Erfolgsdiät ohne Hungern*. München 2013

Als Allererstes bin ich beeindruckt: Dieser Dr. Ian K. Smith ist von keinem Geringeren als Barack Obama in den nationalen Gesundheitsrat berufen worden. Irgendetwas wird also schon dran sein an seinem Konzept. Auf dem Cover seines Buchs wirbt er damit, dass man bei ihm nicht hungern muss. Vielmehr ist er davon überzeugt, dass es wichtig ist, den Insulinspiegel stabil zu halten und Heißhungerattacken zu vermeiden. Er setzt also auf viele kleine Mahlzeiten (wie gesagt, insgesamt sieben), die aber zusammen nicht mehr als 1300 Kalorien haben. In seinem Buch finden sich viele tolle Rezepte, die in Kategorien wie Snacks, Shakes oder Suppen unterteilt sind. Man kann sich seine Mahlzeiten also selbst zusammenstellen. Wichtig ist, dass man die Abstände zwischen den Mahlzeiten einhält. Nach meinen Erfahrungen mit OMG hört sich das trotz der klaren Vorgaben beruhigend durchführbar und sehr frei an.

Dr. Smith unterteilt seinen Diätplan in Wochen, wobei jede Woche ein anderes Motto hat und die Kalorienzufuhr immer weiter gesenkt, dafür die Workout-Intensität erhöht wird.

Das Motto der ersten Woche lautet »Aufbruch«.

Ja, ich bin so weit. Brechen wir auf.

Was für ein Genuss! Ich frühstücke! Noch nie hat mir ein Diätfrühstück so lecker geschmeckt – wenn morgens überhaupt eine Nahrungsaufnahme erlaubt war. Noch immer denke ich mit Grausen an den schwarzen Kaffee und das Schlanktauchen von Mister Fulton. Aber OMG liegt zum Glück hinter mir, und Mr Smith erlaubt mir Porridge (Haferflockenbrei). Die Zubereitung ist einfach, und die Zutaten habe ich im Haus:

150 ml Vollmilch (VOLLMILCH!)
1 TL kurz eingeweichte Rosinen oder klein geschnittene Trockenaprikosen
4 EL feine Haferflocken
1 Messerspitze Vanillepulver

1 gestrichenen TL Rohrohrzucker
1 Prise Salz

Die Milch mit den Flocken, der Vanille, dem Rohrzucker und dem Salz kurz aufwärmen (nicht kochen) und nach Belieben das erlaubte zusätzliche Frühstücksobst hinzufügen. Et voilà: 150 Kalorien – und ich bin satt! Und glücklich. Natürlich gibt es für die erste Woche verschiedene Regeln, aber die sind nicht allzu anspruchsvoll. Zum Beispiel lese ich, dass ich vor und zu jeder Mahlzeit ein Glas Wasser trinken soll und dass ich einmal am Tag einen Snack durch ein kleines Schälchen Chips, Gebäck oder Süßigkeiten ersetzen darf. Auch ist es in dieser Woche erlaubt, insgesamt drei Gläser Wein trinken. Nicht, dass mir jetzt nach Wein wäre (ich habe ja gerade gefrühstückt), aber insgesamt klingt es so, als ob ich gar keine Diät machen würde. Dafür ist mir dann aber der Essenszeitplan ein bisschen zu exakt. Immerhin passt er einigermaßen zu den Essenzeiten in unserer Familie. Nicht auszudenken, wenn ich nicht:

um 8:30 Uhr frühstücken könnte! Wie sollte ich dann
um 10:00 Uhr Snack 1
um 11:30 Uhr Lunch
um 13:00 Uhr Snack 2
um 15:30 Uhr Imbiss
um 19:00 Uhr Abendessen und
um 20:30 Uhr Snack 3 zu mir nehmen?

Nicht zu vergessen: Zwischen die einzelnen Mahlzeiten müssen mindestens fünfundvierzig Minuten Sport passen. Täglich. Wie gut, dass ich mich mittlerweile an das Training mit Mick gewöhnt habe und mich der Muskelkater nicht mehr so heftig erwischt. Einen wahnsinnigen Unterschied im Spiegel sehe ich zwar noch nicht – es sind ja auch erst ein paar Wochen, seitdem ich unter seiner Anleitung trainiere – aber ich habe deutlich mehr Kraft (und mir endlich auch gemerkt, wie die einzelnen Übungen gehen). Liegestütze kann ich immer noch nicht. Ernsthaft frage ich mich, ob es auch Menschen gibt, die das nie lernen werden? Ich zum Beispiel? Mick lacht, als ich ihm von meiner Überlegung erzähle. Und zeigt mir, wie man Liegestütze an der Wand macht. Das geht. Wenn ich das gut kann, meint er, darf ich auf »Liegestütze an der Bank« umsteigen. Und wenn das auch klappt, dann, ja dann kann ich es auf dem Boden probieren. In zehntausend Jahren vielleicht. Er rät mir außerdem, nicht aufzugeben. Mit nichts. Und schon hält er wieder seinen Stock an meinen Rücken, na toll.

Mein tägliches Workout wird nach und nach zur Selbstverständlichkeit. Ich mache alles mit, was als erfolgversprechend und Körper-zum-Besseren-verändernd angepriesen wird. So auch eine Yogastunde, in der meine Trainerin Inga mit den Teilnehmern 108 Sonnengrüße machen will. 108 Yoga-Sonnengrüße hören sich freundlich, harmlos, nach positiver Lebenseinstellung und ein bisschen Armeheben an, finde ich. Es sei aber anstrengend, warnt mich Inga. Oha. Inga findet etwas strapaziös? Das kann ja heiter werden. Dass sie mir die Sonnengrüße trotzdem zutraut, macht mich deshalb doppelt stolz.

Tatsächlich sind die Sonnengrüße eine Chance auf einen noch schlimmeren Muskelkater als neulich. Aber das weiß ich glücklicherweise zu diesem Zeitpunkt noch nicht. Nur so lässt sich erklären, warum ich mich fröhlich, hoch motiviert und ziemlich naiv zur Yogastunde begebe.

Der Sonnengruß ist eine Abfolge von zwölf Asanas, also Yogapositionen, die man immer wieder von Neuem beginnt, dabei (so lese ich hinterher) fließt die eine Haltung anmutig in die andere. Puh. Im *anmutig Fließen* bin ich nicht so wahnsinnig toll, dafür merke ich schon beim zweiten Gruß, wie wenig meine persönliche (oder gar Ingas) Fitnesseinschätzung gestimmt hat.

Sonnengrüße sollen sehr gut für den Kreislauf und die körperliche Stabilität sein. Alle Muskeln werden dabei gestärkt und gedehnt. Ich spüre sie auch schon ganz deutlich. Und wenn ich mir die Yogis auf den Matten links und rechts von mir so anschaue, muss es tatsächlich ein super Workout sein: Bei ihnen sieht der Körper tatsächlich gestählt und gleichzeitig grazil aus. Wie lange es dauert, bis man so ausschaut, kann ich mitten in der Stunde schlecht fragen, aber ich nehme an, 108 Sonnengrüße reichen dafür nicht aus. Aber sie langen, um meine Kuschelvorurteile bezüglich Yoga endgültig zu revidieren.

Anfängern werden übrigens vier Sonnengrüße empfohlen. *Vier!* Warum ich auch das erst hinterher herausfinde, ist mir selbst ein Rätsel. Vielleicht, weil ich mich nicht für einen Anfänger gehalten habe – was ein Fehler war, ich überhebliche Person. Aber im Lauf der nächsten Minuten werde ich daran erinnert, wo meine Grenzen liegen – und erst recht in den nächsten zehn Tagen. Nie wieder werde ich diese Grenzen vergessen, so viel ist gewiss.

Für die 108 Sonnengrüße braucht man ungefähr eine Dreiviertelstunde. Inga hat 108 Streichhölzer in einer Metalldose vor sich, von denen sie jeweils eins nach jedem Gruß in eine andere Dose legt. Perfekt. Da muss sie nichts denken, das kann sie automatisch erledigen. Und das ist wichtig, denn wie wir alle feststellen werden, konzentriert man sich während der nächsten fünfundvierzig Minuten voll und ganz aufs pure Überleben. Aufgeben gilt natürlich nicht. Auch wenn es so aussieht, als seien die Sonnengrüße eine der leichtesten Übungen für Inga. Für mich gilt das nicht.

Vor lauter Übermut schlägt Inga plötzlich vor, die Abfolge der Asanas zu variieren, indem man »in die Krähe springt«. Das ist bestimmt ein Spitzentipp für Menschen, die ein wenig mehr Kontrolle über ihre Bewegungsabläufe haben als ich. Und die wissen, was »die Krähe« ist. Ich weiß gar nichts. Aber das, was die anderen aus meiner Gruppe da machen, kann mein Körper nicht. Wie soll sich denn ein normaler Mensch mit den Armen vom Boden abstützen und dabei seine Knie auf den Oberarmen ablegen? Ich mach das nicht. Da falle ich bestimmt aufs Gesicht.

Und warum überhaupt 108 Sonnengrüße?, frage ich mich ungefähr bei Numero sieben. Es hätten doch auch zehn gereicht. Oder meinetwegen fünfzig?

Inga erklärt mir hinterher, dass im Hinduismus und im Buddhismus 108 eine heilige Zahl ist. Shiva tanzt seinen kosmischen Tanz in 108 Schritten. Aha. Wer hätte das gedacht? Und warum gerade 108? Am besten gefällt mir diese Erklärung: 108 steht für das göttliche Prinzip – die Eins für »etwas«, die Null für »nichts« und die Acht für die »Unendlichkeit«. Oder auf Englisch: »Thing, nothing, everything«. Schon wieder was gelernt.

Möglicherweise macht man diese vielen Sonnengrüße aber auch, weil ein offizieller Baseball mit exakt 108 Stichen genäht ist, ein Uno-Spiel 108 Karten und das nepalesische Parlament 108 Sitze hat. Ich weiß so wenig – und das Internet zu viel.

Während der Sonnengrüße singt man am besten Mantras, aber dazu muss man mehr Luft zur Verfügung haben, als das bei mir der Fall ist. Man kann sich das Mantra-Singen aber auch für die nächsten Tage aufheben, wenn man (also ich) wegen heftigen Muskelkaters wieder die Robb- und Rolltechnik beim morgendlichen Aufstehen anwenden muss und der Mann erneut nicht gewillt ist, einen ins Bett zu tragen, dafür nur mit Kennermiene »Mick?« fragt und lässig grinst. Ooommmmmmm … Ich finde ja, er könnte auch mal ein bisschen mehr Sport treiben. Und ich hätte dann mit Sicherheit kein Mitleid. Tragen könnte ich ihn sowieso nicht. Pff.

Holger behauptet immer, er hätte keine Zeit für Sport. Geht mir ja ganz ähnlich. Ich nehme sie mir einfach seit Neuestem. Wenn es allerdings eine Abkürzung zum Traumkörper geben würde – ich wäre sofort dabei. Als ich das bei meinem nächsten

Fitnessdate Mick erzähle, lacht er nur wieder. Ach, was für eine Freude, wenn man das Talent hat, Menschen fröhlich zu stimmen, nicht wahr?

Dann berichtet er mir allerdings von der Fitnessidee, mit der aktuell überall in der Stadt Mini-Studios öffnen. Um genau zu sein: Mini-EMS-Studios. Was er davon hält, will ich wissen. Ich soll es ausprobieren, rät er mir. Und das mache ich auch. Und zwar sofort. Denn es hört sich in meinen Ohren sehr verführerisch nach Abkürzung an.

Elektromuskelstimulation – Muskeln und Fett unter Strom

So lautet das Versprechen: Mit einem einzigen Training pro Woche à zwanzig Minuten Gewicht verlieren, Silhouette straffen und Muskeln aufbauen.

Das Konzept: Niederfrequente, elektrische Impulse aktivieren die quergestreifte Skelettmuskulatur und sorgen dafür, dass sie sich wesentlich schneller aufbaut als bei einem herkömmlichen Muskeltraining. Die Herzmuskulatur und die glatte Muskulatur werden nicht stimuliert.

Das sagen Befürworter: Wow! Einmal pro Woche in der Mittagspause trainieren reicht aus, um sichtbar Muskeln aufzubauen und den Körper zu modellieren? Was will man mehr?

Das sagen Kritiker: Koordination und Ausdauer werden nicht ausreichend trainiert, außerdem ist eine Trainingseinheit sehr teuer. (Eine einzige Session kostet ungefähr genauso viel wie ein Monatsschülertarif im Fitnessstudio.)

Das sage ich: Wasser mit Strom an meinem Körper? Autsch! Schon die Vorstellung tu mir weh. Aber wenn es schön macht?

(**Durchhaltetipps:** Das Gute daran ist, zwanzig Minuten sind eine überschaubare Zeiteinheit. Trotzdem: Ich glaube, es waren die längsten
zwanzig Minuten meines Lebens.

Zum Weiterlesen: Tim Vogelmann: *Elektromyographische Muskelstimu-
lation/Muskelaktivierung (Ems/Ema) im Leistungs-/Breitensport: Trai-
ningseffekte im Vergleich zu konventionellem Training.* Hamburg 2013)

Vor meiner EMS-Einheit bin ich total hin und her gerissen, habe
Angst und bin zugleich fasziniert. Wenn das mit dem Strom wirklich funktioniert, dann ist das einfach genial! EMS wäre dann die
Körperstraff-Abkürzung schlechthin. Mal ehrlich, wenn ich statt
zu joggen, Gewichte zu heben und Yoga zu machen (und irgendetwas davon am besten jeden Tag), mich einfach nur einmal in
der Woche einige Minuten lang an die Steckdose anschließen lassen muss, um in Thailand mit einem Supermodelkörper herumlaufen zu können, dann ist das nicht zu toppen.

Zurzeit verbringe ich ungefähr sechs Stunden pro Woche mit
Sport. Yoga, Laufen, Gewichte stemmen (kleine Gewichte. Aber
immerhin). Nicht zu vergessen der Haushalt. Nie nehme ich den
Aufzug, und meine Sprudelkästen trage ich selbst. Das heißt: Mit
EMS als Sportersatz hätte ich mindestens fünf Stunden pro Wo-
che mehr Zeit für andere Dinge! Tataaaa: Ich könnte etwa auf der
Couch liegen und lesen. Wo kann ich unterschreiben?

Dafür bin ich auch bereit, meine Erziehungsgrundsätze über
Bord zu werfen, die besagen, dass man auf gar keinen Fall Strom
mit Wasser kombinieren sollte – noch viel weniger am eigenen
Körper. Genau das passiert aber bei dieser Methode. Und genau
aus dem Grund bin ich ein wenig nervös.

EMS funktioniert so: Man zieht besonders gut leitende Unterwäsche an, die einem im Studio ausgehändigt wird. Drunter
ist man nackt. Ich gebe zu: Es fühlt sich seltsam an, die Unter-

hose und den BH auszuziehen. Obwohl die eng anliegende Radlerhose und das Langarm-T-Shirt schwarz und auch kleidsam sind, komme ich mir sehr durchschaubar vor. In jeder Hinsicht, und ich erwarte hinterher ein überzeugendes Ergebnis. Schließlich wird mir ja versprochen, dass ich in extrem kurzer Zeit sehr viel an meinem Körper verändern kann. Werde ich schon bald etwas sehen – oder wenigstens spüren? Vielleicht sogar schon morgen? Diese Frage richte ich an meinen EMS-Trainer Steffen.

Eher nein, antwortet er mir ehrlich. Aber er kann mir immerhin auch sagen, dass einmal EMS ungefähr so intensiv ist wie acht Trainingsstunden im Fitnessstudio. Was das für meinen Freund Muskelkater bedeutet, kann ich mir jetzt schon lebhaft vorstellen.

Steffen fragt mich nach meinen Zielen.

Tja, was sagt man da? Ich will so bald wie möglich so grandios wie es nur geht aussehen. Also, wenn man hier was bestellen kann, nehme ich irgendeinen Victoria's-Secret-Engel – und zwar am besten den jüngsten.

Das kann er mir jetzt nicht versprechen, sagt Steffen und drückt mir auch noch schwarze Stoppersocken in die Hand. Für den besseren Stand. Sehr kleidsam. Er besprüht die Elektrodengürtel mit viel warmem Wasser. Sie sehen aus wie unterschiedlich lange Nierengurte für Motorradfahrer mit langen Kabeln dran, die am Elektroimpulsgerät eingesteckt werden, sobald ich sie mir um Oberarme, Bauch, Po und Oberschenkel geschnallt habe.

Vorher schaue ich mich um. Es gibt genau zwei Trainingsplätze. Davon befindet sich einer unmittelbar im Schaufenster. Auf der Straße, jenseits der Fensterscheibe, gehen Menschen vorbei, und ich glaube, gerade eben jemanden entdeckt zu haben, den ich kenne.

Könnte ich vielleicht nicht unbedingt ans Fenster? Fragend schaue ich Steffen an. Wäre ja möglicherweise auch nicht unbedingt werbewirksam, wenn mir gleich die Haare zu Berge stehen oder ich mit einem Herzinfarkt zusammenbreche?

Steffen beruhigt mich und führt mich zum hinteren Platz. Es sei bisher noch niemals etwas passiert. »Die Muskulatur, die bei EMS stimuliert wird«, erklärt er, »ist eine andere als die des Herzens.«

Ich nicke, Steffen hat es mir schon einmal gesagt, aber ich finde, man kann das nicht oft genug hören. Genauso wie die Tatsache, dass EMS eine Reha-Maßnahme ist, für einen gezielten Muskelaufbau, also aus der Physiotherapie kommt. Schon gut, schon gut. Ich stell mich ja schon auf meinen Platz. Während Steffen die Stimulation für die einzelnen Muskelgruppen individuell hochregelt, halte ich mich an einem Griff fest. Huch? Am Anfang kitzelt es. Dann bitzelt es. Und dann verkrampfen sich meine Finger wie im Gruselfilm.

Ich soll nun Übungen machen, die mir Steffen zeigt, und mit meiner Muskulatur dagegenhalten, alles im Viersekundentakt. Das ist der Trick. Das ist gar nicht so einfach. Dazwischen sind ein paar Sekunden Pause. Alles geht so schnell, dass ich mir nicht einmal blöd vorkommen kann, und das gelingt mir sonst immer. Ich stelle fest: Muskelstimulation von außen ist ein eigenartiges Gefühl. Nicht unbedingt ein angenehmes.

Als die zwanzig Minuten vorbei sind, bin ich platt. Meine Hände fühlen sich seltsam taub an, und ich habe ein kleines Kreislaufproblem, das sich aber mit Wasser lösen lässt. Meine Frisur ist noch okay, die Haare stehen mir nicht zu Berge. Was mir übrigens sehr positiv auffällt, ist die Sauberkeit. In »meinem« EMS-Studio hängt sogar eine Sauberkeitsurkunde. Wow! Das sei Standard, sagt Steffen. Es beeindruckt mich, denn auf eine solche Urkunde kann ich bei mir zu Hause nicht unbedingt hoffen.

Ich bilde mir ein, dass meine Oberschenkel schmaler sind als noch heute Morgen. Nicht ganz Supermodel, aber die Richtung stimmt. Außerdem fühlt es sich so an, als flössen nach wie vor diverse Volts und Blitze durch meinen Körper. Abends beim Einschlafen muss ich kurz die Bettdecke lüften, um nachzusehen, ob ich nicht doch wie eine Wunderkerze oder wie ein Polyesterpulli beim Ausziehen funkele.

Der Muskelkater bleibt am nächsten Tag freundlicherweise aus. Oder bin ich vielleicht doch mittlerweile trainierter und mein Körper kommt mit einer erhöhten Belastung besser zurecht? Die Vorstellung gefällt mir jedenfalls besser. Mein Mann sagt übrigens nichts. Das ist erstaunlich. Ob ich ihm EMS weiterempfehlen würde? Die Sache mit dem Wasser und dem Strom bleibt gruselig. Wenn es funktioniert, warum nicht? Ich mag aber auch die Auszeit, die mir das Training ermöglicht. Denn mal ehrlich, was würde ich in den fünf Stunden tun, die mir EMS einsparen würde? Ich würde arbeiten. Den Haushalt machen. Die Kinder kutschieren. Und mir wünschen, ich wäre beim Sport.

Was Mick sagen wird, wenn ich das nächste Mal zum Training erscheine, weiß ich. Das Gleiche wie mein Mann: gar nichts. Und dann wird er mir mit seinem typischem Blick ein Gewicht in die Hand drücken und mir eine Übung zeigen, die es in sich hat. Ich freue mich jetzt schon drauf.

Und was macht meine Ernährung?

Mit Shred bin ich schon bei 73 Kilo! Aber meine Kinder haben die Faxen dicke. Sie wollen wieder zusammen mit mir essen. Spaghetti mit viel Käse. Und nicht immer nach der Uhr. William wünscht sich, dass wir mal wieder lange am Tisch miteinander sprechen: »So wie früher, Mama!« Und ich selbst wünsche mir frohe Kinder.

Aber vor mir liegen nur noch vierzehn Tage, dann sind die drei Monate bis zum Abflug nach Thailand um. Ich gebe doch jetzt nicht auf, das wäre gelacht. Aber wenn ich nicht vorsichtig bin, kann mich meine Familie womöglich bald nicht mehr leiden. Was mache ich dann mit meiner schlanken und durchtrainierten

Schönheit? Ich bin in Phase 3, die Phase, in der die Raupe zum Schmetterling mutiert. Hinter mir liegen fast zehn Wochen mit unterschiedlichen Diäten, die ich mehr oder weniger lang durchgehalten habe. Ich will nicht kurz vor dem Ziel aufgeben. Aber plötzlich packt auch mich eine unglaubliche Sehnsucht nach Geselligkeit, nach meiner Familie und wohlriechenden Speisen auf dem Tisch. Vielleicht muss ich gar kein zarter Schmetterling sein, sondern es reicht eine sportliche Raupe? Vielleicht will ich gar nicht Germany's-next-most-beautiful-Mutter über vierzig sein – sondern einfach nur mein Leben zurück?

Ich habe genug. Ich möchte wieder selbst über mich bestimmen. Und ich will Spaghetti. Ich muss ja nicht perfekt sein, oder? Nur glücklich.

Es muss doch eine Diät geben, mit der ich noch die letzten zwei Wochen schaffe, ohne dass meine Familie es merkt …

Später schreibe ich mal wieder einen Brief:

Hey! Sie da! Perfektion!

Bleiben Sie stehen – ich möchte mit Ihnen reden!

Ja, genau Sie. Nicht so schnell. Atmen Sie kurz durch. So ist es gut. Wir sind uns noch nie begegnet. Und jetzt, da ich Sie in meinem Spiegel kurz aufblitzen sah, dachte ich: Sieh an, die Perfektion! Was macht die denn hier? Aber entschuldigen Sie, ich habe mich noch nicht mal richtig vorgestellt. Ich heiße Lucinde … Ach, Sie kennen mich schon? Schon lange, sagen Sie? Nein, es muss sich dabei um einen Irrtum handeln. Ich hatte bisher kaum mit Ihnen zu tun gehabt, das würde ich wissen.

Ja, ja, ich denke nach, aber ich komme nicht darauf.

Ach was – in der Schulzeit schon? Tatsächlich? Damit können Sie auf gar keinen Fall meine schulischen

Leistungen meinen. Nein? Na, das hätte mich auch sehr gewundert. Ach, Sie meinen, ich sei sehr anspruchsvoll, was zwischenmenschliche Beziehungen angeht? Geradezu perfektionistisch?

So ein Quatsch! Das hat doch ü-ber-haupt nichts mit Perfektion zu tun. Nur weil ich gerne gemocht und attraktiv gefunden werden möchte? Nur weil ich will, dass sich die Menschen in meinem Umfeld wohlfühlen und weil ich stolz auf mich selbst sein ...

Jetzt unterbrechen Sie mich doch bitte nicht die ganze Zeit!

Ich soll mich nicht so anstellen? Moment mal! Sie sind doch diejenige, die hier den ganzen Stress verursacht.

Wissen Sie, es war ein Fehler, mich mit Ihnen zu unterhalten. Es verunsichert mich. Gibt mir das Gefühl, niemals gut oder schön oder klug oder glücklich genug zu sein. Und nein, ich will nicht alles in meinem Leben optimieren, auch wenn es dank Ihnen diese Option gibt. Ich glaube noch nicht mal daran, dass es mir dann besser geht! Ich denke, Sie gehen jetzt. Ist für uns beide besser so. Gehen Sie nur. Da hinten winkt Ihnen schon jemand, der sehnsüchtig auf Sie wartet. Hier werden Sie jedenfalls nicht gebraucht. Auf Nimmerwiedersehen, Perfektion! Tschüssi! Ich bleibe lieber wie ich bin.

Vegan for fit – Untierisch viel Genuss für die schlanke Linie

So kreativ sein wie Alanis Morissette, so schlagfertig wie Ellen De-Generes und – im wörtlichen Sinne – Mike Tyson, so makellos schön wie Natalie Portman, so fit im Alter wie das Golden Girl Betty White … Tja, wenn das alles von der Ernährung kommt, dann gibt es wohl keinen heißeren Tipp als vegane Küche! Denn schlank sind die genannten Promis durch die Bank.

Mit ein paar zusätzlichen Regeln wird aus veganer Kost eine Diät, die ich unbedingt ausprobieren will! Sie sagt mir spontan zu, denn ich liebe vegetarische und vegane Küche sehr.

Sie ist so ungefähr das exakte Gegenteil einer Eiweißdiät, sondern basiert ausschließlich auf pflanzlicher Nahrung. Doch wer glaubt, außer rohen Rüben käme nichts auf den Tisch, könnte falscher nicht liegen. Die Vielfalt ist verblüffend, und einige Zutaten sind regelrecht extravagant.

Zwar ist es vergleichsweise zeitaufwendig, die Lebensmittel zu besorgen und daraus vegane Mahlzeiten zuzubereiten, doch dafür wird man mit außergewöhnlichen Geschmackserlebnissen belohnt. Von Hunger kann nicht die Rede sein – und doch nimmt man kontinuierlich ab, sozusagen ganz nebenbei. Ich freu mich drauf!

Vegan for fit – die Nicht-Diät, die funktioniert

So lautet das Versprechen: Wer seine Ernährung auf vegan umstellt und dabei auch Sport treibt, wird nicht nur gesünder, bekommt eine ebenmäßigere Haut und wird weniger gesundheitliche Probleme haben, sondern nimmt dabei auch wie von selbst ab.

Das Konzept: Ganz einfach: Es gibt keine tierischen Produkte, also auch keine Eier, keine Gelatine, keinen Honig. Um abzunehmen, sind auch Zucker, Weißmehl, Alkohol und Convenience-Produkte (Fertiggerichte) tabu. Ein wichtiger Erfolgsfaktor ist der Sport.

Das sagen Befürworter: Veganer Lebensstil schützt vor ernährungsbedingten Zivilisationskrankheiten. Es handelt sich also nicht um eine Diät im eigentlichen Sinne, sondern um ein gesundes Wohlfühlprogramm, das nebenbei schlank macht.

Das sagen Kritiker: Veganismus ist wider die Natur, der Mensch ist ein Allesesser. Wer auf tierische Produkte verzichtet, dem mangelt es bald an Eiweiß, Eisen, Kalzium, Jod und Vitamin B12.

Das sage ich: Ernährungswissenschaftler haben bestätigt, dass man auch als Veganer alle essenziellen Nährstoffe zu sich nehmen kann – man muss seinen Speiseplan nur sorgfältiger planen. Genau das nennt man: bewusste Ernährung. Na also!

Durchhaltetipps: Am besten, Sie informieren sich vorab, wie gut sortiert der Gemüsehändler Ihres Vertrauens ist, welche veganen Lebensmittel Sie in den regionalen Supermärkten bekommen und was Sie wo im Internet bestellen können.

Zum Weiterlesen: Attila Hildmann: *Vegan for Fit. Die Attila Hildmann 30-Tage-Challenge.* Hilden 2012

Wer hat's erfunden?

Natürlich gab es vegane Küche schon, bevor das Fitnessmodel Attila Hildmann damit für Furore gesorgt hat. Doch zweifellos hat dieser Kochbuchautor das Thema wie kein anderer in die Medien gebracht. Kaum eine Koch- oder Talkshow, in der er noch nicht war. Seine Bücher *Vegan for fun*, *Vegan for fit*, *Vegan for Youth* und *Vegan to go* verkaufen sich wie geschnitten Veggie-Brot. Zugleich stellt Hildmann eindrucksvoll unter Beweis, dass man für einen perfekten Body kein Fleisch essen muss ...

Auch meine fünfzehntägige Vegan-Challenge beruht auf seinen Rezepten.

Und so funktioniert's

Attila Hildmanns Rezepte (für morgens, mittags und abends) sind in seinen Büchern super erklärt und sehr leicht nachzukochen. Außerdem gibt es Snacks und süße Belohnungen. Die Rezepte werden in zwei Stufen unterteilt. Bis sechzehn Uhr darf man nach Herzenslust Gerichte beider Stufen essen, danach nur noch die aus Stufe 1.

Ach ja, und natürlich soll man möglichst viel Sport treiben. Aber das kenne ich ja schon von der New-York-Diät.

Was gibt's zu essen?

Basislebensmittel sind beispielsweise Tofu, Hafermilch, Soja in verschiedensten Formen, spezielle Getreidesorten (die eigentlich gar keine sind) wie Amaranth oder Quinoa, außerdem Zwiebeln, Tomaten, Zitronen und überhaupt jede Menge Obst und Gemüse. Als Süßungsmittel kommt Agavendicksaft zum Einsatz. Für Geschmack sorgen Knoblauch und Bio-Gewürze wie Meersalz, Pfeffer, Oregano, Thymian, Paprikapulver, Currypulver und Zimt.

Was ist verboten?

Verzichtet werden sollte auf Zucker, Weißmehl, Alkohol, Kaffee und Convenience-Produkte. Und natürlich auf tierische Produkte wie Fleisch, Fisch, Eier, Käse, Milchprodukte oder Honig – aber das versteht sich ja von selbst.

Wie aufwendig ist der Spaß?

Wer nicht gern in der Küche zugange ist, wird das hier nicht lesen wollen: Zwei, drei Stunden pro Tag brauchen Sie schon, um die Mahlzeiten vorzubereiten. Und wenn Sie sich an Hildmanns Originalrezepte halten, ist das sogar niedrig geschätzt. Doch natürlich lassen sich diese auch vereinfachen, ohne das Prinzip der Diät infrage zu stellen – schließlich haben wir alle ja noch mehr zu tun, als nur zu kochen und zu essen. Ein bisschen Kreativität ist gefragt!

Tag 1, Freitag: Wird Koffein wirklich überbewertet?

Das Negative zuerst: Mir fehlt der Kaffee. Er ist zwar nicht verboten, aber es wird dringend empfohlen, darauf zu verzichten. Weil ich so motiviert bin, halte ich mich daran. Außerdem entschädigt mich das vegane Tofu-Rührei für die Enthaltsamkeit, denn es schmeckt toll und macht satt.

Mittags mache ich mir mit dem Spiralschneider Spaghetti aus Karotten mit einer köstlichen Zucchini-Mandel-Sauce, die sogar einen Esslöffel Olivenöl enthält, und am Abend genehmige ich mir einen klassischen Tomatensalat mit einer Scheibe Vollkornbrot.

Statt Kaffee trinke ich über den Tag verteilt zwei Liter Wasser, fühle mich topfit und absolviere mein halbstündiges Sportprogramm mit Sit-ups und Kniebeugen, ohne mit der Wimper zu zucken.

Tag 4, Montag: Wundernahrung gefällig?

Die Waage zeigt 200 Gramm weniger an als gestern, was sogar etwas über dem Durchschnitt der letzten Tage liegt. Damit werde ich für die Extraeinheit Bewegung von gestern belohnt – ich hatte mehrere Termine in der Stadt und musste ganz schön Gas geben, um überall pünktlich anzukommen.

Zum Frühstück gibt es heute etwas ganz Besonderes: Chia-Kokos-Pudding. Ich habe ihn gestern Abend vorbereitet und bin sehr gespannt auf das Ergebnis, denn mexikanische Chia-Samen aus einer bestimmten Salbeiart gelten als »Wundernahrung«: Sie enthalten mehr Omega-3-Fettsäuren als Lachs, viermal mehr Eisen als Spinat und auch viermal mehr Ballaststoffe als Leinsamen. Schon die Maya kannten Chia-Samen – heute sind sie eher ein Geheimtipp aus dem Bioladen. Der Pudding schmeckt übrigens klasse – zumal ich mit Sirup für etwas mehr Süße gesorgt habe.

Zu Mittag esse ich Pancakes – natürlich mit Dinkel und Soja statt mit Weizenmehl zubereitet – und dazu Johannisbeeren. Göttlich! Dafür ist der Schlesische Bohnensalat mit viel Pfeffer am Abend dann eher eine Enttäuschung. Immerhin macht er satt und gibt mir Power für mein tägliches Training.

Tag 7, Donnerstag: Kontinuität statt Rekorde

So richtig spannend ist es nicht, morgens auf die Waage zu steigen. Irgendwie hat sich die tägliche Abnahme bei 200 Gramm eingependelt. Aber Hauptsache, es geht weiter in die richtige Richtung.

Im Vergleich zu den Diäten, die spektakulärere Erfolge gebracht haben, muss ich bei dieser wenigstens nicht leiden, sondern darf wirklich schlemmen. Zum Beispiel gleich am Morgen: Heute gibt es ein feines Apfel-Pflaumen-Frühstück mit Walnüssen, die zwar einiges an Fett enthalten, dafür aber auch genau die Vitamine, die man sonst eher im Fleisch findet. Weshalb diese Nüsse für Veganer und Vegetarier auch so wertvoll sind. Für Fleischesser natürlich ebenfalls …

Am Mittag bereite ich mir Porridge mit Heidelbeeren zu und zum »Abendbrot« dann ein Spitzkohl-Curry. Erstaunlich, was man aus Kohl alles machen kann. Dieses Rezept wird sofort unter »Favoriten« gespeichert.

Tag 11, Sonntag: Und noch lange kein Überdruss

Das Tochterkind genießt ein Frühstücksei und fragt, ob mir »dieses ewige Gemüsezeug« nicht langweilig wird. Ich muss lachen: Wenn ich alle Rezepte durchprobieren wollte, ohne auch nur eins zu wiederholen, würden Jahre vergehen. Ohnehin habe ich viel mehr Appetit auf meinen sensationellen Himbeer-Smoothie als auf ein langweiliges Dreieinhalb-Minuten-Ei.

Auch am Mittag probiere ich ein neues Rezept aus: Griechische Gemüsesuppe mit Karotten, Zwiebeln und Zucchini. Speck und Fleischbrühe lasse ich natürlich weg, aber diese Zutaten fehlen kein bisschen. Wenn man Fleisch streicht und durch ein bisschen mehr Öl ersetzt, kann man die mediterrane Küche übrigens super in eine vegetarische oder vegane verwandeln.

Am Abend gibt es einen Widerspruch in sich: veganen Bayrischen »Wurst«-Salat. Natürlich mit Räuchertofu. Gar nicht übel, wirklich!

Den Sonntagabend lasse ich mit einem schönen Film ausklingen. Zwischendurch überkommt mich jedoch das schlechte Gewissen, weshalb ich eine kleine Gymnastikeinheit einlege. Das, was David Kirsch für den Rücksitz einer Limousine empfiehlt, funktioniert nämlich auch auf dem Sofa ganz hervorragend …

Tag 15, Donnerstag: Finale!

Diese Diät arbeitet bis zum Schluss wie ein Schweizer Uhrwerk: Wieder bin ich exakt 200 Gramm leichter geworden.

Weil ich heute Vormittag viel zu tun und wenig Zeit habe, besteht mein Frühstück erneut aus einem Smoothie – Blaubeer-Banane diesmal. Dafür probiere ich zu Mittag etwas Aufwendigeres: vegane Rouladen. Klingt zwar komisch, schmecken aber wunderbar. Ich zaubere sie aus Soja-Steaks mit einer delikaten Füllung aus Zwiebeln, Senf und Gurken. Als Beilagen koche ich Rotkraut und Kartoffeln. Wer braucht schon Fleisch?

Die letzte Mahlzeit meiner veganen Challenge besteht aus Auberginen – eine meiner Lieblingsgemüsesorten. Huch, ich glaube, da ist mir jetzt versehentlich ein Hauch zu viel Öl hineingeraten. Aber egal – zum Ausgleich mache ich nachher einfach ein paar Kniebeugen mehr. Und ganz im Ernst: Inzwischen habe ich so viel abgenommen, dass ich mir die eine oder andere Extrakalorie durchaus leisten kann.

Gewichts-Check: 79,6 Kilo

Fazit:

Insgesamt ein Kilo Gewichtsverlust in fünfzehn Tagen, das ist zwar kein neuer Rekord, kann sich aber durchaus sehen lassen, da ich während dieser Diät mein Gewicht eher stabilisiert habe.

Klare Pluspunkte: Das Essen hat hervorragend geschmeckt, an Hunger oder gar Schwäche litt ich keine Sekunde.

Minuspunkt? Da fällt mir höchstens der hohe Zeitaufwand bei der Zubereitung ein. Und die Zutaten gibt es leider nicht an jeder Ecke.

Veganer oder Vegetarier zu sein, ist nicht der einfachste Lebensstil. Aber wer sich dafür entschieden hat, nimmt diese Herausforderung gerne an. Die Lösung ist ein gutes Zeitmanagement: Ich empfehle, die Tagesabläufe penibel zu organisieren,

Snacks und Mahlzeiten vorzubereiten, die Einkäufe langfristiger zu planen und auch für das Sportprogramm täglich Zeit zu reservieren.

Mir persönlich hat diese Diät – beziehungsweise Nicht-Diät – von allen Ernährungsumstellungen am besten gefallen. Bisher jedenfalls. Denn für die letzten zwölf Tage habe ich noch ein paar besondere Abspeckmethoden in petto …

Etwas später …

Hier ist der Anrufbeantworter von Anja Koeseling. Im Moment bin ich leider nicht erreichbar, Sie können mir aber nach dem Signalton eine Nachricht hinterlassen. Dankeschön, auf Wiederhören.

Oma

Anja-Kind, wo steckst du? Bist du etwa wieder einkaufen gegangen? Womöglich in diesem schweineteuren Bioladen? Apropos Schwein: Am Sonntag hau ich uns ein paar Schnitzel in die Pfanne. Passt dir zwölf Uhr?

Hypnose – Aus Bernhardinern macht man keine Windhunde

Da bin ich wieder. Und zwar komplett, also plus die beiden Kilos, die ich bei »Schlank im Schlaf« verloren hatte.

Ich sitze in alter Pracht und Fülle vor einer Liste mit spirituellen Abnehmmethoden und muss mich entscheiden: Meditieren? Beten? Klopfen? Wünschen? Tagebuch schreiben? Körpergefühl verbessern? Es gibt so viele »Denk dich Schlank«– Ansätze, alle helfen angeblich leicht und mühelos auf dem Weg zu einem geringeren Gewicht, und ein paar dieser Therapien punkten sogar mit wissenschaftlich erwiesenen Erfolgen.

Tagebuchschreiben zum Beispiel macht offenbar schlank. Wer akribisch ein Ernährungstagebuch führt und/oder täglich seine Alltagserlebnisse und Gedanken aufzeichnet, nimmt messbar ab. Nicht dramatisch, aber zwischen ein und drei Kilo sind drin.

Belegt ist auch der Erfolg einer Methode, die sich Achtsamkeitsbasierte Stressreduktion oder MBSR (Mindfulness-Based Stress Reduction) nennt. Dabei trainiert man mit verschiedenen Meditationstechniken seine Körperwahrnehmung, zum Beispiel mit Yogaübungen, Geh- und Sitzmeditationen oder dem sogenannten Bodyscan, bei dem man in Gedanken den ganzen Körper durchwandert und sich dabei alle Empfindungen bewusst macht. Mit diesen Techniken findet man einen besseren Draht zu sich selbst, und das wiederum reduziert Stress und lässt Pfunde purzeln.

Eine dritte wissenschaftlich belegte Methode ist das Abnehmen durch Hypnose. In einem Zustand der Tiefenentspannung kommt man dabei sich und seinem Unterbewusstsein ganz nah. So fällt es leichter, alte Gewohnheiten abzulegen und neue anzunehmen.

Aber Achtung: »Wissenschaftlich erwiesen« heißt nicht, dass diese Verfahren mit hundertprozentiger Sicherheit schlank machen. Belegt ist nur, dass sie schlank machen können. Ein kleiner, aber feiner Unterschied. Es gilt: Je mehr man dahintersteht, desto wahrscheinlicher ist ein Erfolg. Die Methode muss zum Menschen passen, und man muss wohl immer auch ein Stück weit daran glauben. Aber das ist kein Gegenargument, finde ich. Selbst Schmerztabletten wirken besser, wenn man daran glaubt. So funktionieren Menschen nun mal. Ich auch.

Woran kann ich also glauben? Ich entscheide mich für die Hypnose. Sie kommt dem »Schalter im Kopf«, den ich suche, am nächsten, und sie macht mich neugierig.

»Nein«, sagt Anja am Telefon, als ich ihr davon erzähle. »Das machst du nicht.«

»Warum?«, will ich wissen.

»Da hab ich neulich was im Fernsehen gesehen. Da hat einer Leute hypnotisiert, und hinterher haben sie sich im Restaurant nackt ausgezogen, obwohl sie wieder wach waren und das gar nicht wollten.«

»Das ist unseriöse Show-Hypnose«, erkläre ich. »Die arbeiten mit Tricks und nutzen labile Menschen aus.«

Anja wirkt nicht überzeugt.

»Nein«, sagt auch die jüngere meiner Töchter. »Donald Duck wurde auch mal hypnotisiert. Von einem durchgeknallten Fakir mit stechendem Blick. Danach hatte er plötzlich Kringel statt Pupillen in den Augen. Und er hat alles gemacht, was der Fakir befohlen hat.«

Ich schüttele den Kopf. »Was du da beschreibst, hat mit therapeutischer Hypnose ungefähr so viel gemeinsam wie ich mit Onkel Donald.«

Am Gesichtsausdruck meiner Jüngsten erkenne ich, dass sie gerade im Geiste Gemeinsamkeiten zwischen mir und Donald Duck sucht. Sie grinst. Offenbar hat sie welche gefunden.

»Was ist Hypnose denn dann?«, fragt mein Mann. Auch er klingt misstrauisch.

Tja, ganz genau weiß ich das auch nicht. Absichtlich. In mehreren Fernsehbeiträgen zu diesem Thema, die ich auf YouTube gesehen habe, wurde nämlich betont, dass Hypnose besser hilft, wenn man sich vorher nicht allzu sehr mit ihrer Wirkungsweise beschäftigt hat. Aber ich wäre nicht ich, wenn ich mir nicht trotzdem ein paar Infos besorgt hätte. »Man wird dabei in eine leichte Trance versetzt«, erkläre ich.

Mein Mann zieht eine Augenbraue hoch, das scheint ihn nicht zu beruhigen.

»Jeder kennt das aus dem Alltag«, sage ich. »Wenn du zum Beispiel mit dem Auto unterwegs bist und plötzlich dein Ziel erreichst, ohne dich an den Weg zu erinnern, dann warst du in Trance. Du hattest die Augen offen, du hast dich an alle Verkehrsregeln gehalten und warst jederzeit ansprechbar. Aber in Gedanken warst du ganz woanders. Oder wenn du ein Buch liest und plötzlich in eine andere Welt abtauchst. Auch das ist Trance. In diesen Zuständen ist der Verstand entspannt, das Unterbewusstsein aber hellwach und aufnahmefähig. Man ist sehr lernfähig in diesen Phasen und kann Gewohnheiten beeinflussen und vielleicht sogar verändern.«

So richtig gut finden meine Lieben die Sache mit der Hypnose immer noch nicht, aber Lucinde ist Heilpraktikerin, sie kennt die Methode Hypnotherapie und sagt: »Niemand kann dich in hypnotisiertem Zustand zu etwas bringen, das deinem Wesen widerspricht.«

Das ist das Wichtigste. Und so will ich es einfach mal ausprobieren.

Ein Therapeut ist schnell gefunden. Gibt man im Internet das

Stichwort »Hypnotherapie« und den Wohnort ein, tauchen sofort Angebote auf. Ich sehe mir an, wo und wie die Leute ausgebildet wurden, und entscheide mich für einen Therapeuten mit abgeschlossenem Psychologiestudium und einer umfassenden Hypnotherapie-Ausbildung bei einem seriösen Institut. Uff. Hundert Euro pro Sitzung kostet das. Na gut, das muss es mir jetzt einfach wert sein. Wenn ich daran denke, was ich oft beim Friseur bezahle, obwohl man davon schon ein paar Wochen später nichts mehr sieht, relativiert sich der Preis. Warum ausgerechnet an der Figur sparen? Da hab ich doch dauerhaft was davon. Und wenn ich danach den Gürtel eine Weile enger schnallen muss – auch gut! Das kann ich dann wenigstens, weil ich endlich eine Taille habe.

Okay. Ich mach's.

Drei Tage später stehe ich vor der Praxis. Ich bin ein bisschen nervös. Was, wenn ich hinterher doch Kringel in den Augen habe? Aber ich weiß ja: Im schlimmsten Fall passiert gar nichts, und damit kann ich inzwischen ganz gut umgehen.

Der Mann, der mir die Tür öffnet, sieht kein bisschen aus wie ein durchgeknallter Fakir. Er ist ungefähr so alt wie ich, schlank, dunkelhaarig und stellt sich als Peter vor. Einen stechenden Blick hat er nicht. Er führt mich in ein Arbeitszimmer, das aussieht, wie Arbeitszimmer eben aussehen. Da sind keine Poster mit Kreisen oder Mustern, die den Blick anziehen und nicht mehr loslassen, und ich sehe auch kein schwingendes Pendel. Ich nehme vor dem Schreibtisch Platz, er dahinter, wie ein Arzt. Und dann will er wissen, worum es mir geht.

Das weiß ich ganz genau, denn ich denke ja seit Wochen darüber nach: Ich esse, um mich zu belohnen. Und meine Belohnungen sind immer kalorienreich. Das würde ich mir gern abgewöhnen.

»Ich kann dir helfen«, sagt Peter. »Aber vielleicht anders, als du es erwartest.« Und dann erzählt er mir eine Geschichte von einem, der vor einem Haus steht und unbedingt hineinwill. Da ist auch eine Tür, aber er hat keinen Schlüssel. Er grübelt und grübelt, wie er ins Innere kommen soll. Tür aufbrechen? Durchs Fenster? Nichts funktioniert. Und irgendwann geht er hin und drückt einfach die Klinke herunter. Tadaaa! Die Tür ist nicht verschlossen.

Peter sieht mich erwartungsvoll an, ich muss jetzt was sagen. Nur was?

»Ähm, ja«, stottere ich. »Und was heißt das konkret?«

»Ist doch klar«, sagt Peter und sieht ein bisschen enttäuscht aus. »Die Tür ist offen, verstehst du? Du musst nur durchgehen. Und in der Hypnose wirst du das gleich schaffen.«

Ich verstehe gar nichts, aber egal. Es geht los. Peter stellt mir noch einige Fragen, zu mir, zu meiner Arbeit, zu meinem Leben. Was mich anstrengt, will er wissen, und was mich entspannt. Und dann bittet er mich, ihm zu folgen.

Wir verlassen das Arbeitszimmer und gehen in einen kleinen Raum mit einem Stuhl und einer Liege. Peter nimmt auf dem Stuhl Platz. Ich mache es mir auf der Liege bequem, schließe die Augen und höre zu, was er sagt.

Seine Stimme klingt ganz normal. Sie schlägt mir vor, mich zu entspannen, wenn ich das möchte, und mich auf meine Füße zu konzentrieren. Dann folgt eine Art Bodyscan, ich wackele auf Peters Geheiß mit den Zehen, balle die Hände zu Fäusten, runzele die Stirn. Irgendwann sagt er, dass jetzt gleich das Bild eines Tieres aus meinem Unterbewusstsein aufsteigen wird. Ich soll einfach an das nächstbeste Tier denken, das mir einfällt.

Mir fällt ein Seehund ein. Ein niedlicher grauer Seehund mit glänzendem Körper und Knopfaugen.

Jetzt soll ich mir vorstellen, dieses Tier zu sein. Mach ich. Geht gut. Ich klatsche mit meinen Flossen und belle in Gedanken »ou ou ou«.

Wieder Peters Stimme. »Dein Tier will jetzt die Kraft spüren, die in ihm steckt. Es beginnt zu laufen. Es setzt in weiten Sprüngen über die Prärie.«

Ähm, nee. Tut es nicht. Mein Seehund hoppelt mühsam über die Steppe. Er ist unglücklich.

»Der Boden fliegt unter deinen Füßen nur so dahin«, sagt Peter. »Du fühlst dich mächtig und stark.«

Ich habe keine Füße. Ich bin ein Seehund. Und der Boden ist hart, trocken und pieksig. Ich fühle mich, ehrlich gesagt, beschissen.

»Ich werde jetzt eine Weile schweigen«, kündigt Peter an.

Au ja, denke ich.

»Du befindest dich jetzt als dein Tier in deinem natürlichen Lebensraum, tust, wozu du Lust hast, und bist glücklich.«

Yeah! Natürlicher Lebensraum, ich komme! Mein Seehund hoppelt mit letzter Kraft zum Strand und stürzt sich kopfüber ins Wasser. Und jetzt geht es ihm bestens. Er saust durch die Tiefe, dreht Loopings, schießt wieder geradeaus, folgt glitzernden Fischen. Dann schwimmt er zur Wasseroberfläche, sieht die Sonne, springt ihr entgegen und taucht wieder ein ins kühle grüne Nass. Das macht jetzt richtig Spaß, und ich fühle mich endlich gut.

Irgendwann ist da wieder Peter und seine Stimme. Peter sagt, dass ich jetzt aus meiner Entspannung auftauche. Er wird rückwärts zählen, von zehn bis eins, und bei jeder Zahl kehre ich ein Stück in meinen Alltag zurück. Bei der Drei kann ich mich bewegen, sagt er. Und bei Null bin ich wieder hier im Raum. Die Kraft meines Tieres nehme ich mit. Für meine Arbeit. Für meinen Alltag. Für meine Entspannung.

Einverstanden, so soll es sein. Aber – kann ich mich wirklich erst bei drei bewegen? Oder vorher schon? Soll ich's einfach mal probieren? Ich höre, wie Peter zählt, er ist jetzt bei sieben. Ich könnte doch einfach mal ein bisschen mit dem Finger wackeln, oder? Aber ich trau mich nicht. Und dann ist da die Drei, ich wackele, und bei der Null mache ich die Augen auf und ärgere mich, dass ich's nicht vorher schon probiert habe. Heißt das, dass ich es nicht konnte? Jetzt werde ich es nie erfahren.

Eins zumindest steht fest: Ich habe nicht gemerkt, dass eine halbe Stunde vergangen ist, mir kam die Zeit kürzer vor. Also war ich wohl wirklich in Trance.

Peter sieht mich erwartungsvoll an. »Dein Unterbewusstsein hat jetzt einen Weg gefunden, Spaß und Freude im Alltag und bei der Arbeit zu finden. Du wirst keine Belohnung mehr brauchen, die Arbeit selbst wird belohnend sein.«

Irgendwie habe ich das Gefühl, dass ich etwas sagen muss, was Symbolisches von offenen Türen und Klinken vielleicht. Lieber würde ich ihn natürlich fragen, ob ich Kringel in den Augen habe. Aber das käme bestimmt seltsam rüber. Und meine Seehund-Erfahrungen passen auch nicht, also sage ich lieber nichts.

»Jetzt warten wir mal ab, was geschieht«, sagt Peter zum Abschied. »Du kannst dich jederzeit bei mir melden.«

Ich weiß, dass ich das nicht tun werde. Irgendetwas lief falsch. Ich habe mich hier nicht wohlgefühlt.

Aber als ich zu Hause bin, merke ich, dass nicht alles an dieser Hypnose falsch war. Ich habe das Bild des Seehunds so lebendig vor Augen, als wäre ich wirklich einer gewesen. Und ich war gern eine graue Robbe im grünen Meer. Sehr gern. Der Gedanke daran entspannt mich tatsächlich. Bei meinem PC wähle ich als Bildschirmhintergrund ein meergrünes Unterwasserfoto von einem Seehund, und wenn ich es nur ansehe, fühle ich mich relax. Vielleicht bringt die Sache ja doch was.

Abnehmen in Trance – Hypnose

So lautet das Versprechen: Der Kopf ist willig, aber das Unterbewusstsein verhindert Lebensveränderungen? Nach einer Hypnose kann das Unterbewusstsein zum Verbündeten werden, und Lebensänderungen sind dann ohne Willenskraft möglich.

Das Konzept: In Gesprächen suchen Hypnotherapeuten und Klienten zunächst nach den wahren Ursachen für den Heißhunger. Gemeinsam entwickeln sie innere Bilder, die zukünftig in Stresssituationen Entlastung bringen können. In einer leichten Trance werden diese Bilder im Unterbewusstsein verankert. Künftig können sie in belastenden Momenten abgerufen werden und andere Verhaltensweisen als den Gang zum Kühlschrank nahelegen.

Das sagen Befürworter: Mit Hokuspokus hat das nichts zu tun, sondern mit Konzentration und gebündelter Aufmerksamkeit. Eigenes unbewusstes Wissen wird ins Bewusstsein gerufen und nutzbar gemacht.

Das sagen Kritiker: Teuer! Achtzig bis einhundertzwanzig Euro pro Stunde! Und: Nicht jeder Mensch kann hypnotisiert werden. Aber selbst wenn Hypnose möglich ist, eignet sie sich nicht für jeden. Bei psychischen Krankheiten oder Problemen, die mit einem starken Rückzug von der Außenwelt einhergehen, sollte man andere Therapieformen nutzen. Außerdem: Jeder kann auch unter Hypnose nur sein eigenes Wohlfühlgewicht erreichen. Und das kann deutlich über dem erhofften Idealgewicht liegen.

Das sage ich: Tut gut. Entspannt. Aber habe ich abgenommen? Ähm, bis jetzt noch nicht.

Durchhaltetipps: Wenn man die Trance mit dem Smartphone aufnimmt, kann man sie zu Hause jederzeit wiederholen.

Zum Weiterlesen: Interessante Infos über Hypnose findet man auf zwei Internetseiten der Milton H. Erickson Gesellschaft für Klinische Hypnose: www.meg-hypnose.de. Siehe auch: www.meg-tuebingen.de

Eine Woche nach der ersten Hypnosesitzung weiß ich: Peter hat mein Unterbewusstsein definitiv erreicht. Früher hatte ich nie eine Leidenschaft für Seehunde, jetzt entspannt mich ihr Anblick immer noch. Trotzdem, irgendwas hat nicht gepasst. Mein Essverhalten hat sich nicht geändert. Ich hab nicht mal Heißhunger auf Sardinen, obwohl Lucinde angeboten hat, mir welche zuzuwerfen, wenn ich dafür einen Ball auf der Nase balanciere.

Okay, nach einer Sitzung wäre das auch viel verlangt. Was tun? Ein zweiter Versuch bei Peter? Mein Unterbewusstsein sagt spontan nein, es will da nicht noch einmal hin. Ich hatte nach meinem Besuch den Eindruck, dass Peter mir einen Weg vorgeben wollte, zum Beispiel mit der Geschichte von der Tür. Und das hat mich unter Druck gesetzt. Es war so: Ich hätte ihm nach der Sitzung gern den Gefallen getan und so reagiert, wie er es sich erhoffte. Aber eigentlich war's doch umgekehrt: Ich war die, die was wollte, und er war der Therapeut. Vielleicht war meine Wahrnehmung ungerecht, aber man soll ja nicht gegen sein Unterbewusstsein ankämpfen, man verliert sowieso.

Also ein zweiter Versuch in einer anderen Praxis: Diesmal ist es eine Therapeutin, Frau Schneider, die mich in Trance versetzen soll. Ich habe sie ausgewählt, weil mir ihre Homepage gefiel.

Ihre Praxis gefällt mir auch. Der Raum ist angenehm neutral eingerichtet, und wir sitzen uns in bequemen Sesseln gegenüber. Ich fühle mich ein bisschen wie Mr Monk beim Psychiater, und der neurotische Fernsehdetektiv ist bei seinem Seelendoktor ja auch sehr gern. Ich fühle mich also gut.

»Was wollen Sie erreichen?«, fragt Frau Schneider, genau wie Peter.

Diesmal formuliere ich es ganz konkret. »Ich will abnehmen.«

»Warum?«

»Ich bin zu dick«, sage ich.

»Zu dick wofür? Was stört Sie an Ihrer Figur?«

»Ich will so nicht aussehen.«

»Aha. Und rein gefühlsmäßig – wie fühlt sich Ihr Körper an? Stören Ihre Pfunde Sie bei irgendetwas? Sind sie Ihnen unangenehm? Sind sie Ihnen im Weg?«

»Nur, wenn meine Hose kneift, stören sie mich.«

»Sie könnten sich eine größere Hose kaufen.«

»Ich will so aber nicht aussehen.«

»Sie fühlen sich also wohl in Ihrem Körper, aber Sie gefallen sich nicht?«

Ich nicke. Das ist das Problem. Wenn kein Spiegel in der Nähe ist und kein Hosenbund mich quält, fühle ich mich prima. Dann vergesse ich, wie ich aussehe. Nichts belastet mich, im wahrsten Sinne des Wortes. Aber wenn ich mich sehe – uäh!

Frau Schneider betrachtet mich genau. »Sie sind nicht dick«, stellt sie fest.

Ich nicke wieder. Dick ist sicher das falsche Wort. Schlank trifft es aber auch nicht.

»Manche Lebensphasen erfordern ein bestimmtes Gewicht.« Sie wählt ihre Worte zögernd und vorsichtig. »Wenn wir mehr stemmen müssen, brauchen wir manchmal auch mehr Substanz. Und ...« Sie macht eine Pause und denkt nach. »Gewicht ist auch etwas sehr Individuelles. Aus einem Bernhardiner macht man keinen Windhund, selbst wenn man ihm nichts zu fressen gibt.«

Ich muss lachen. Mit Hundevergleichen kann man mir kommen. Ich wäre zwar lieber kein Bernhardiner, aber ein Windhund bin ich definitiv nicht.

»Stimmt alles«, sage ich. »Und ich möchte auch keine Elfe werden. Aber ich will auch nicht aussehen wie Benjamin Blümchen.«

»Wann belohnen Sie sich mit Essen?«, will sie jetzt wissen.
»Hmm, so gegen elf überkommt mich oft Hunger. Und dann um achtzehn Uhr. Da bin ich müde und habe nur zwei Optionen: entweder schlafen oder essen.«

»Wann stehen Sie morgens auf?«

»Meistens zwischen fünf und sechs.«

»Und wann frühstücken Sie?«

»Um sechs.«

»Und dann wundern Sie sich, wenn sie um elf Hunger haben? Da haben Sie seit fünf Stunden nichts mehr gegessen. Das ist für Sie Mittagszeit. Wann essen Sie denn zu Mittag?«

»Um halb zwei, wenn die anderen da sind.«

»Zu spät«, sagt sie. Und dann: »Dass Sie um achtzehn Uhr müde sind, ist auch kein Wunder. Sie sind dann mehr als zwölf Stunden wach. Zeit fürs Abendessen und den Feierabend.«

Frau Schneider hat recht. Ich sollte meine Essensgewohnheiten und meine Pausen überdenken. Und mein Arbeitspensum. Das passt zu allem, was ich in den letzten Wochen erfahren und recherchiert habe. Stress macht dick. Weniger Stress macht weniger dick. Und zu meiner ersten Hypnose, von der ich Frau Schneider jetzt erzähle, passt es auch. Sie nickt. Entspannung. Stressabbau. Genau da würde sie auch ansetzen. Auch den Seehund findet sie gut, denn ich liebe das Meer, Seen, Flüsse, Bäche. Wasser entspannt mich. »Aber ist Ihnen was aufgefallen? Der Seehund braucht eine Fettschicht, damit er sich im kalten Wasser wohlfühlt.«

Ja, stimmt. Und er lebt ja wirklich in eiskalten Gewässern.

»Vielleicht können wir ein anderes Bild finden«, schlägt sie vor. »Ein anderes Wasserlebewesen. Wie wäre eine Meerjungfrau?«

»Nö«, sage ich spontan. Und mein Unterbewusstsein weiß auch sofort, warum: Eine Loreley mit langem wallendem Haar, die Seemänner becirct und in den Tod zieht, will ich nicht sein.

Außerdem: Meerjungfrauen sind immer jung, das sagt ja schon der Name. Und ich will mein Leben und mein Alter genauso haben, wie es ist. Selbst in Trance.

Gemeinsam finden wir ein Wasserwesen, das besser passt: eine Wasserfrau, denn die gibt es in jedem Alter. Und dann sprechen wir über Stress. Wie äußert er sich bei mir? Wo und wie finde ich Ruhe und Entspannung? Wir reden und reden.

In dieser ersten Sitzung hypnotisiert mich Frau Schneider nicht, wir unterhalten uns nur. Trotzdem habe ich beste Laune, als ich die Praxis verlasse. Denn wann darf man das schon: eine ganze Stunde lang nur über sich reden. Daumen hoch, wenn einem was gefällt. Einfach nur »Nö« sagen, wenn irgendetwas rein gefühlsmäßig auch nur in winzigen Nuancen nicht passt. Herrlich! Fühlt sich an wie ein Kurzurlaub.

Beim zweiten Besuch hypnotisiert Frau Schneider mich dann. Ich darf dazu in ihrem Monk-Sessel sitzen bleiben. Ich darf auch selbst entscheiden, ob ich die Augen schließe oder nicht. Ob ich mich entspanne oder nicht. Ob ich ihr zuhöre oder nicht. »Ich werde Ihr Unterbewusstsein erreichen, egal, was Sie tun.«

Ich mache die Augen zu. Ich höre auch zu. Nicht, weil ich muss. Weil ich will.

»Was ich Ihnen jetzt sage, ist wie das Schaufenster eines Ladens. Viele Dinge liegen darin. Sie können sich nehmen, was für Sie passt. Was Ihnen nicht gefällt, lassen Sie einfach dort, wo es ist. Das ist dann für andere bestimmt.«

Klingt gut, denke ich. Lässt mir alle Optionen offen.

Und dann spricht sie über mein Wasserwesen, und ich lasse mich auf das Bild ein und überlege mir, wo ich hinschwimmen will.

Irgendwann zählt auch Frau Schneider rückwärts, und bei der Null bin ich wieder im Hier und Jetzt. Mit meinem Handy hat sie ihre Worte aufgenommen. Ich kann mir diese Meditation also zu Hause anhören, so oft ich will.

Und das tue ich auch sofort nach meiner Rückkehr, denn ich will wissen, ob ich Erinnerungslücken habe oder ob ich, wie ich glaube, noch jedes Wort weiß. Und tatsächlich, ich erinnere mich gut. Übers Essen hat Frau Schneider nur einen Satz gesagt: »Sie essen genau das, was Ihnen guttut.«

Und der macht es mir leicht. Keine Verbote. Keine Blockade. Einfach das, was für mich richtig ist.

> **Mara**
> Die Hypnosefrau sagte: »Man kann aus einem Bernhardiner keinen Windhund machen.« Immerhin hat sie nicht Mops gesagt.   14:17

> **Lucinde**
> Oder Chihuahua. Bernhardiner sind doch die mit dem Fässchen um den Hals, die allen das Leben retten. Ich find das super!   14:21

> **Anja**
> Du bist ein Terrier. Klug, süß und noch mal klug! 14:22

> **Lucinde**
> Was hat sie sonst noch gesagt?   14:27

> **Mara**
> Dass wir mit mir was Schönes hinkriegen. 14:29

> **Anja**
> Was Schönes hinkriegen? Ist sie die gute Fee aus Dornröschen? Kann sie dir deine Wünsche erfüllen? Wenn ja, möchte ich ihre Telefonnummer haben und ein Date mit Brad Pitt!   14:33

Lucinde
Vielleicht kann man einfach zwei aus dir machen? Dann könnte die eine abnehmen und die andere in der Sonne liegen. Wenn sie das schafft, will ich sofort auch einen Termin! 14:36

Mara
Man kann aus mir locker zwei machen. Das wäre überhaupt DIE Lösung. 14:40

Die Treffen mit Frau Schneider liegen jetzt zwei Wochen zurück. Genug Distanz für eine Bilanz. Was hat die Hypnose gebracht? War sie der gesuchte »Schalter im Kopf«?

- Ich habe gelernt, dass Bilder meine Stimmung beeinflussen können. Das ist nützlich, denn ich kann sie bewusst abrufen, wenn ich mich beruhigen und entspannen will.
- Ich weiß außerdem, wie schön es ist, sich selbst zu fragen, ob etwas zu einem passt oder nicht. Und ich kenne jetzt die Gute-Laune-Wirkung des Wörtchens »Nö«. Man muss gar nicht laut und konfrontativ »Nein« zu anderen sagen, wenn einem was nicht gefällt. Ein »Nö«, das ich leise denke, ist viel besser. Ich grinse dann, mache einfach, was ich will, und fühle mich gut.
- Ich achte jetzt bei den Mahlzeiten auch immer darauf, was mir guttut. Mittagessen gibt es für mich seitdem zwischen elf und zwölf. Wenn die Familie um halb zwei nach Hause kommt, setze ich mich noch einmal an den Tisch, aber nur mit einem Kaffee. Ich benötige nur noch selten Zwischenmahlzeiten. Um sechs esse ich zu Abend, und das war's dann.
- Wenn ich mich tagsüber belohnen will, lege ich Arbeitspausen ein. Ich lese etwas, ich höre Musik, ich gehe kurz raus oder rufe jemanden an. Ich trinke auch mehr, denn oft habe ich

gar keinen Hunger, sondern Durst, das weiß ich jetzt. Früher habe ich es mir nicht bewusst gemacht.

– Ich muss mich aber nicht mehr oft belohnen. Am Computer tauche ich in die Arbeit ein wie ein Seehund ins Meer – und tauche oft erst nach Stunden wieder auf. Man kann mich inzwischen ganz gut mit Hund und Kühlschrank allein lassen.

– Ich habe meinen Speiseplan geändert. Obst, Vollkornbrot, Vollkornnudeln und Naturreis schmecken mir, deswegen esse ich sie jetzt viel öfter. Wenn ich aber Heißhunger auf Schokolade habe, dann gibt es Schokolade. Nicht als Belohnung, sondern weil sie mir guttut. Und wenn ich mit meinen Lieben vorm Fernseher Schnittchen essen will, dann tu ich das. Basta.

Fazit:

In meinem Alltag hat sich viel getan. Ein Teil davon geht vermutlich auf meine Rechercheergebnisse zurück, auf mein neues Wissen über Stress, über Gewohnheiten und über mich selbst. All das hat mein Denken verändert. Die Hypnose hat mich dabei gut unterstützt.

Und jetzt – die Stunde der Wahrheit. Was sagt die Waage? Eineinhalb Kilo weniger. Das könnte der Beginn einer wunderbaren Figur sein. Aber auch eine ganz normale Gewichtsschwankung. Ein eindeutiger Durchbruch ist es auf jeden Fall nicht. Ob ich durch die Stressreduktion und die gesündere Ernährung abnehme, müssen die kommenden Jahre zeigen.

Tja, Mädels. In zwei Wochen beginnt unsere Reise, und ich glaube nicht, dass ich in dieser Zeit noch viel an Gewicht verliere. Ich fürchte, ihr müsst mich am Pool in alter Fülle ertragen. Aber ich bin sicher, dass das für euch okay ist. Ihr bekommt mich dafür in bester Laune und total entspannt. Und mein Tankini ist wirklich hübsch.

Ja, ich weiß, da war noch was. Ich erinnere mich natürlich noch gut an meinen ursprünglichen Plan: Ich wollte entweder abnehmen oder mich wenigstens endlich so akzeptieren, wie ich bin. Abgenommen habe ich kaum. Ist mir wenigstens das mit dem Akzeptieren gelungen?

Ich sag es ehrlich: Nö. Ich wäre immer noch gern dünner. Alles andere wäre gelogen. Wenn das Leben ein Wunschkonzert wäre, dann stünde eine tolle Figur garantiert unter den Top Ten auf der Liste meiner Wünsche. Aber wenn das Leben eine Art Supermarkt wäre, in dem man für alles bezahlen muss, was man »einkauft«, dann würde ich die tolle Figur von meinem Einkaufszettel streichen. Ich würde meine Kraft und meine Energie, meine Zeit und mein Geld lieber in andere Ziele investieren. Und ich glaube, der Vergleich mit dem Supermarkt ist näher an der Realität als die Sache mit dem Wunschkonzert. Man muss für Diäten irgendwann bezahlen.

Abends stehe ich vor meinem Mann. »Wusstest du«, frage ich, »dass gestresste und hungrige Männer auf dicke Frauen stehen? Studien haben das bewiesen. Wir könnten einfach dich auf Diät setzen. Du würdest mich sofort umwerfend finden.«

»Ich finde dich umwerfend«, sagt er. Er ist ja nicht erst seit gestern mit mir verheiratet und weiß, was man in solchen Fällen sagen muss.

»Abnehmen macht ja auch nicht automatisch schöner«, sage ich. »Wusstest du, dass Ohren und Nasen im Alter wachsen? Also, selbst wenn ich jetzt abgenommen hätte – irgendwann hätte ich Ohren wie Benjamin Blümchen. Und dagegen wäre ich machtlos.«

»Was willst du mir wirklich sagen?«, fragt er. Er ist, wie schon erwähnt, nicht erst seit gestern mit mir verheiratet, sondern seit zweiundzwanzig Jahren.

»Ich meine ja nur«, sage ich, »dass wir uns langsam daran gewöhnen müssen, dass keiner von uns dauerhaft schön sein kann und wird. Wir wollten doch gemeinsam alt werden. Irgendwann müssen wir mal damit anfangen.«

Er sieht mich nur an.

»Ich frage mich ja nur«, fahre ich fort, »ob du damit leben kannst, dass ich vielleicht mein Leben lang nicht mehr dünner werde? Dass ich so bleibe, wie ich bin? Nur irgendwann vielleicht mit größeren Ohren?«

»Kann ich«, sagt er. »Aber …«

»Aber was?«, frage ich alarmiert.

»Aber können wir mal wieder über was anderes reden?«, fragt er. »Denn an dieses Diät-Thema gewöhne ich mich garantiert nie. Das ist auf Dauer echt ein Scheidungsgrund.«

»Jaaa«, erwidere ich zögernd. »Aber ich brauche noch ein Happy End für meine wahre Geschichte. Und ich mag nicht was schreiben, das in die Richtung geht: Ich bin jetzt unglaublich reif und geläutert und konzentriere mich auf meine inneren Werte oder so. Könnten wir dieses Thema vielleicht mit einem Kuss beenden? So einen richtigen wie im Film. Wie Scarlett und Rhett vor dem brennenden Atlanta?«

»Können wir«, sagt er. »Aber erst, wenn du aufhörst mitzuschreiben.«

»Geht nicht«, sage ich. »Ich brauch das Happy End für meine Geschichte.«

»Dann küss ich nicht.« Er verschränkt die Arme vor der Brust.

»Dann hör ich nicht auf«, sage ich trotzig, gehe in mein Arbeitszimmer und schreibe:

Marapedia– die etwas andere Enzyklopädie

Das Unterbewusstsein

Wer meinen »Diätweg« aufmerksam verfolgt hat, fragt sich vielleicht: Hat diese Mara den Ausgang ihres Experiments vielleicht unbewusst beeinflusst? War sie nicht von Anfang an so sehr davon überzeugt, mit Diäten nicht abnehmen zu können, dass sie keine Chance hatte abzunehmen? Weil ihr Unterbewusstsein dieses Vorhaben dauernd selbst torpediert hat? Immerhin hatte sie gleich zu Beginn einen Tankini gekauft, statt wie Lucinde einen Bikini.

Kann sein. Aber vielleicht war es ja umgekehrt. Vielleicht hat mein Unterbewusstsein mir von Anfang an gesagt, dass es für mich nicht gut und gesund und hilfreich sein wird abzunehmen, weil ich eigentlich nicht zu dick bin und weil Abnehmen ungesund ist. War es also so, dass ich erst einen dreimonatigen Prozess durchlaufen musste, bevor ich bereit war, auf die Stimme meines Unterbewusstseins zu hören und zu tun, was für mich gut war?

Was ist eigentlich dieses Unterbewusstsein? Und wie sehr beherrscht es uns?

1. Wer bin ICH?
2. Wer oder was ist mein Unterbewusstsein?
3. Priming
4. Die gute und die schlechte Nachricht

1. Wer bin ICH?

Wenn man einem Baby einen Farbtupfer auf die Nase macht und es vor den Spiegel setzt, greift es nach dem Punkt auf der Nase des Spiegelbilds. Ab einem Alter von ungefähr achtzehn Monaten ändert sich das: Das Kind greift sich nun an die eigene Nase. Es weiß also, dass es ein Ich hat, das dem Rest der Welt gegenübersteht. Es kann über sich nachdenken. (Elstern, Elefanten, Delfine und Affen können das übrigens auch.)

Philosophen, Psychologen und Neurowissenschaftler beschäftigen sich seit Jahrtausenden mit der Frage, wer oder was dieses Ich eigentlich ausmacht. Was daran ist wandelbar, was bleibt immer gleich? Was kommt von innen? Was wird durch die Außenwelt geprägt? Verlieren wir unser Ich, wenn wir unseren Verstand oder unsere Erinnerung verlieren? Kann man das Ich durch »Gehirnwäsche« manipulieren?

Das Ergebnis ist ernüchternd: Auch nach Jahrtausenden der Forschung weiß niemand Fakten zu nennen. Die Antwort lautet schlicht: keine Ahnung. Alles ist Spekulation. Unser Ich wird von unseren Genen und von unserer Umwelt, von unseren Erfahrungen und von anderen Menschen geprägt, aber auch von Gesundheit und Krankheit, Reichtum oder Not. Aber wie sehr, das weiß niemand.

2. Wer oder was ist mein Unterbewusstsein?

Seit den Arbeiten von Sigmund Freud, dem österreichischen Begründer der Psychoanalyse, wissen wir, dass sich ein Teil unseres Ichs unserem eigenen Bewusstsein entzieht. Wir verdrängen Dinge und kommen auch bei größter Ehrlichkeit uns selbst gegenüber nicht an sie heran. Je mehr Wissenschaftler auf diesem Gebiet forschen, desto größer wird dieser weiße Fleck auf der Karte unseres Egos. Was ist das Unterbewusstsein? Wie sehr beherrscht es uns? Auch hier lautet die Antwort: keine Ahnung. Alles Spekulation.

3. Priming

Trotzdem haben wir alle ein Selbstbild. Wir halten uns für schön oder hässlich, dick oder dünn, klug oder dumm, gut und gerecht oder – nein, eigentlich halten wir uns alle für gut und gerecht, da gibt's kein »oder«. Aber das ist ein anderes Thema.

Hier soll es jetzt mal darum gehen, ob und wann wir uns für schön halten. Und da setzt sich unser Selbstbild ganz stark zusammen aus unserem Wunschbild (wie wären wir gern, bewusst und unbewusst?), dem Fremdbild (wie werten uns andere?) und der Realität (was sagen die Waage und das Zentimetermaß?).

Ganz entscheidend ist hier – für uns Menschen noch viel stärker als für Elstern oder Elefanten – das Fremdbild. Wie sehen uns andere? Wie kommen wir im Vergleich zu ihnen weg? Wir Menschen sind nämlich soziale Wesen, wir vergleichen uns ständig mit anderen. Psychologen sagen: So sind wir gemacht, wir können es nicht lassen. Und da ist es natürlich ein Unterschied, ob man sich mit Charlize Theron oder Cindy aus Marzahn vergleicht. An der Realität ändert das zwar nichts, aber unsere Einstellung ändert es schon. Und wie!

Mit dem Wort »Priming« bezeichnen Psychologen den Zusammenhang zwischen dem, was wir denken, und dem, was wir direkt vor diesem Gedanken getan, gesehen oder gedacht haben. Und dieser Zusammenhang ist erschreckend, wie psychologische Experimente des Kölner Sozialpsychologen Thomas Mussweiler beweisen: Er zeigte Testpersonen auf einem Monitor scheinbar sinnlos vorbeiflimmernde Buchstabenfolgen. Und dann bat er sie einzuschätzen, wie sportlich sie seien. Wenn nun unter diesen Buchstaben ganz kurz der Name des Ex-Basketballprofis Michael Jordan aufflimmerte –, so kurz, dass die Testpersonen den Namen nicht einmal bewusst wahrnahmen – hielten die Personen sich für unsportlich. Flackerte dort jedoch unbemerkt der Name des Papstes auf, hielten sie sich für wesentlich sportlicher.

Studien aus den USA zeigen noch einen anderen, ebenso verwirrenden Zusammenhang: Vergleichen wir uns mit einem schlanken Model, fühlen wir uns hässlicher als zuvor. Erzählt man uns aber, dass dieses Model am selben Tag Geburtstag hat wie wir, fühlen wir uns selbst plötzlich schöner. Weil wir eine Gemeinsamkeit zwischen uns und dem Model entdeckt haben. Und wo eine ist, bestehen für uns automatisch noch viel mehr Gemeinsamkeiten.

Ergebnis: Was uns gerade zufällig durch den Kopf spukt, beeinflusst uns viel stärker, als wir denken.

Und was heißt das jetzt für mich? Hat mein Unterbewusstsein nun meine Gewichtsabnahme verhindert, weil ich unbewusst dauernd vor Augen hatte, dass ich sowieso *nicht* abnehmen würde? Oder wusste mein Unterbewusstsein schon längst, dass mein Mara-Idealbild nur von Bikinis, von schlankeren Freundinnen und von Traumbildern schöner Models an weißen Stränden »geprimt« war, obwohl ich eigentlich mein Wohlfühlgewicht habe?

4. Die gute und die schlechte Nachricht

Die schlechte Nachricht lautet: In den vorherigen Marapedia-Kapiteln haben wir erfahren, dass niemand weiß, wie dick oder wie dünn wir sein sollten, was wir essen und wie wir abnehmen sollten. Und jetzt auch noch das: Niemand weiß außerdem, wer wir sind und was unser Verhalten steuert.

Und die gute Nachricht: Vielleicht ist das ja gar keine schlechte Nachricht, sondern eine gute. Wenn keiner was weiß, können wir doch wirklich tun, was uns passt. Und hier habe ich noch eine gute Nachricht für alle, die am 9. März Geburtstag haben: An diesem Tag hat auch Barbie Geburtstag! Na, fühlt ihr euch jetzt schöner?

Zum Weiterlesen

David McRaney: *Ich denke, also irre ich. Wie unser Gehirn uns jeden Tag täuscht.* München 2012

Upps. Es klopft.

An der Tür meines Arbeitszimmers steht mein Mann. Er lächelt mich an. Da ist etwas in seinem Blick.

Ich wette, wenn ich jetzt aufhöre mit diesem Diät-Thema, dann …

Weight Watchers – Wir können alles essen, es muss ja nicht alles auf einmal sein

In den letzten Wochen habe ich mich bemüht, Dinge zu essen, die ich nicht mag, und andere wegzulassen, die ich sehr mag. Ich habe meinen Tagesrhythmus komplett umgekrempelt und dabei so getan, als sei ich unglaublich unabhängig und hätte keine Schulkinder, die geweckt, bekocht, gefahren und zu allerlei kuchenlastigen Events begleitet werden müssen.

Es waren Wochen, in denen ich so viel über Ernährung und Sport nachgedacht habe, dass ich dabei völlig vergaß, Dinge aus purem Genuss zu machen (wie zum Beispiel ein Glas Wein mit meinem Mann zu trinken oder einen von einem meiner Kinder fabrizierten Nachtisch zu probieren). Wochen, in denen ich immer unzufriedener mit mir wurde, weil das mit der Gewichtsabnahme nicht so schnell ging, wie ich wollte, und weil ich nicht so toll aussah, wie ich sollte, und nicht so jung und frisch und knackig und gut gelaunt durchs Leben schwebte, wie ich es mir vorgestellt hatte.

Deshalb halte ich hiermit fest: Das Einzige, was ich in den letzten Wochen erfolgreich reduziert habe, war meine Lebensfreude. Mist! Zugenommen haben hingegen mein schlechtes Gewissen und die Selbstzweifel. Zu langsam habe ich abgenommen, zu wenig Muskeln aufgebaut, wie eine Fünfundzwanzigjährige sehe ich immer noch zu wenig aus, dafür zu sehr wie eine Vierundvierzigjährige, die ich noch bin.

Absolut nicht neu und in keinster Weise originell!

Fakt: Ich will abnehmen.

Fakt: Von selbst geht das nicht.

Fakt: Es dauert lange – und das ist das Schlimmste daran. Wäre es möglich, sich zwei Wochen zu kasteien, viel Sport zu machen, keine Kohlenhydrate zu essen und dann top auszusehen – ich wäre dabei. Aber leider, leider: Zwei Wochen reichen nicht. Niemals. Da sieht man gar nix. Und länger hält man (also ich) das einfach nicht aus. Es gibt wohl doch keine Abkürzung.

Mein Zahnarzt, bei dem ich heute zur Kontrolle war, sagte, die Frauen seien doch sowieso alle verrückt. Wenn sie ein schönes, selbstbewusstes und fröhliches Lächeln hätten, würde ihnen jeder ins Gesicht und nicht auf den Hintern schauen. Hat er recht? Und wenn ja, für wen machen wir das alles eigentlich? Für uns? Weil wir nur schön und selbstbewusst und fröhlich lächeln können, wenn der Hintern nicht dick ist? Oder für die anderen? Und für welche anderen überhaupt?

Was war denn nun mein eigentliches Ziel?

Ich wollte nicht wirklich meinen Körper schlanker, stärker und gesünder machen. Nein, das wären nur die netten Nebeneffekte gewesen. Ich wollte schlicht und ergreifend besser aussehen. Und mal ganz vertraulich und total unter uns: Noch viel mehr ging es darum, *jünger* auszusehen. Da haben wir es. Das große Geheimnis. Dabei ist es ja gar keins. Jeder möchte doch jünger aussehen. Jeder genießt es, wenn man zu ihm sagt: »Was? Du? Schon vierundvierzig? Und wie viele Kinder hast du? Das sieht man dir überhaupt nicht an!« Genau das will ich hören. Und warum?

Warum ist es nicht okay, so alt zu sein wie man ist? Und auch so auszusehen?

Vielleicht, weil nicht nur die Teenies heutzutage unter all den Germany's next Topmodels leiden, sondern auch die erwachsenen Frauen es immer noch nicht geschafft haben, zu sich selbst zu stehen? Weil auch wir uns an all den tollen, schönen Schauspielerinnen orientieren, die jedes Jahr jünger aussehen? Und weil man immer noch daran festhält, dass Männer mit den Jahren interessanter werden – und Frauen einfach nur älter. Ich bin voll in die Falle getappt und beäuge mich kritischer als kritisch, versuche die Zeit und meine Jugend aufzuhalten, damit sie mir nicht davonlaufen. Weil ich dem Irrtum aufgesessen bin, dass man nur jung und schön ein grandioses Leben haben kann? Dabei will ich doch nur jung und schön aussehen! Die meisten Sachen, die junge Erwachsene machen, will ich gar nicht mehr. Mit dem Rucksack herumreisen. Bis um sechs Uhr morgens in die Disko gehen.

Boah! Ich schäme mich. Dabei sollte ich eigentlich stolz auf mich sein.

Irgendwann, als ich noch Dekaden davon entfernt war, hatte ich mir vorgenommen, in Würde zu altern, wenn es so weit ist. Meine Schwangerschaftsstreifen und meine Falten zu feiern (von denen ich gar nicht mal so viel habe). Ich wollte stolz auf meine Lebenserfahrung sein und sie gern teilen, anstatt verkrampft zu versuchen, mit den Zwanzigjährigen mitzuhalten.

Ich mag keine laute Musik mehr. Ich kann es nicht leiden, betrunken zu sein. Ich will nicht bis zwölf schlafen. Ich bin froh, dass ich nicht mehr suchen muss, weder meinen Weg noch meine Bestimmung noch den Partner fürs Leben, und freue mich über alles, was ich zufällig finde. Ich will nicht besser, schneller und erfolgreicher sein. Obwohl – erfolgreicher schon. Und besser auch. Aber ich will mich eben nur an mir selbst messen. Warum also, zum Kuckuck, muss ich jünger, fitter und sportlicher sein als meine eigenen Töchter?

Muss ich nicht. Will ich nicht. Werde ich nicht. Punkt. Hiermit beschlossen. Und ganz nebenbei: Ich will auch nie, nie mehr zelten.

Wenn ich also Gewicht verlieren will, aber langsam, mit meiner Familie essen will, aber moderat, und trotzdem Erfolge haben möchte, wenn auch nicht so spektakulär, dann muss ich vielleicht eine Diät ausprobieren, die nicht neuartig ist, sondern jahrzehntelang erprobt und immer noch erfolgreich. Eine Diät, die es schon länger gibt als mich selbst. Die Mutter der Diäten quasi, die immer noch da ist, während viele andere als ungesunde und kaum durchführbare Modeerscheinungen enttarnt wurden.

Ob ich wohl mit Weight Watchers die letzten fünf Kilo loswerde? Selbst drei wären okay. Die letzten beiden sind die Puffer-Kilos unter siebzig. Wir werden sehen …

Weight Watchers – Gewichtsbeobachtung aus den Swinging Sixties

So lautet das Versprechen: Bis zu einem Kilo pro Woche kann man gesund abnehmen.

Das Konzept: Die Gesundheit steht im Vordergrund und die Anleitung zu einem verantwortungsvollen Ernährungs- und Bewegungsverhalten, das den aktuellen wissenschaftlichen Empfehlungen entspricht. Es geht nicht nur darum, Übergewicht verlieren, es soll auch das Wunschgewicht gehalten werden. Man kann das Programm entweder allein durchführen oder sich in Gruppen treffen.

Das sagen Befürworter: Das Konzept ist einfach und lässt sich optimal den eigenen Bedürfnissen anpassen. Weight Watchers ist eine Diät, die sich den Lebensbedingungen anpasst und nicht umgekehrt.

Das sagen Kritiker: Punkte zählen ist lästig und kompliziert, außerdem sind die Fertigprodukte teuer und nicht besser als andere.

Das sage ich: Ich muss also keine Shakes machen, beim Essen mit der Familie darben und mich an Essenszeiten halten, die nicht kompatibel sind? Wow! Nichts extra einkaufen? Nur Punkte zählen? Hört sich fast zu einfach an, aber es wäre großartig, wenn es funktioniert.

Es scheint, als ob ich meine optimale Diät gefunden habe, nachdem ich im Netz recherchiert habe. Es hört sich auf jeden Fall so an, als ob sie mit meinen Anforderungen kompatibel ist. Lustig, am Anfang dachte ich noch, ich müsste etwas Radikales machen, mein Leben und meine Abnehmwünsche einem Diät- und Sportplan unterwerfen. Und jetzt? Jetzt bin ich ausgerechnet bei dem Programm gelandet, das sich damit rühmt, sich meinem Leben anzupassen. Tja.

Der neueste Schrei ist Weight Watchers wirklich nicht. Um genau zu sein, gibt es das Konzept schon seit 1963. Da war ich noch nicht geboren. Erfunden hat es die Amerikanerin Jean Nidetch, die bemerkt hat, dass Abnehmen mit Freundinnen einfacher ist als allein. So weit sind Anja, Mara und ich immerhin auch schon.

Aber zu den Weight-Watchers-Gruppentreffen kann ich trotzdem nicht gehen. Das passt weder in meinen Zeitplan noch gibt es Treffen in meiner Nähe. Dafür finde ich die Online-Version nicht schlecht. Einmal in der Woche muss ich mich wiegen (Trick: immer mittwochs – jedenfalls nie nach dem Wochenende!) und täglich in einer Tabelle eintragen, was ich gegessen und getrunken habe. Für die jeweiligen Nahrungsmittel gibt es Punkte, sogenannte Pro Points. Obst und Gemüse haben null Punkte,

Wasser und Kräutertee auch, und mein heiß geliebter Morgenkaffee hat einen Punkt. Pro Tag habe ich 27 Pro Points zur Verfügung.

Das klingt nach einer guten Möglichkeit, mich zu disziplinieren, ohne ständig Mahlzeiten extra zu planen. Und wenn ich beim Mittagessen zu viele Punkte verbrauche, kann ich abends ein paar einsparen. Ohnehin geht es darum, gesunde Ernährung einzuüben und abzuwägen, ob man etwas wirklich essen möchte. Ob man tatsächlich Hunger hat. Und wie man sich beim Essen fühlt. Achtsamkeitstraining in aller Munde. Haha.

Als ich mir von Mick am Vormittag neue Übungen erklären lasse, bin ich total euphorisch. Denn während ich fleißig meine Knie beuge, kommt mir der glorreiche Gedanke, dass ich bei dieser Diät auch Schokolade essen darf! Aus unerfindlichen Gründen verspüre ich nämlich gerade eine unwiderstehliche Sehnsucht nach Mozartkugeln (drei Punkte pro Kugel). Ich muss aufpassen, dass mir nicht vor lauter Entzücken die Gewichte auf den Fuß fallen. Mick findet mich zu Recht ein wenig unkonzentriert. Auch von meiner Weight-Watchers-Begeisterung lässt er sich nur bedingt anstecken, er findet die Diät ziemlich seltsam und fragt mich kritisch: »Dann kannst du ja an einem Tag neun Mozartkugeln essen! Was ist denn das bitte für ein Konzept?« Na ja, irgendwie hat er mit seiner Frage natürlich recht, aber ein Mozartkugeltag wäre doch auch mal ganz schön, oder etwa nicht? Auch wenn mir neun Kugeln als ausschließliche Nahrungsquelle vermutlich nicht ausreichen würden. Aber ich dürfte zusätzlich ja auch noch all die punktelosen Äpfel und Bananen essen. Es muss ja nicht gleich eine komplette Mozartkugel-Diät sein.

Obwohl …?

Ich komme jedenfalls gut mit Weight Watchers klar. Vor allem, weil ich endlich Obst essen darf. Mangos. Mandarinen. Ich kann gar nicht genug davon kriegen. Und auch wenn man über so was nur hinter vorgehaltener Hand spricht: Ich habe keine Verstopfung mehr, seitdem ich mich nicht mehr hauptsächlich von Proteinen ernähre. Aber psssst!

Manchmal geht mein Gewicht allerdings auch bei dieser Diät wieder nach oben. Ich bin keine Ökotrophologin, keine Endokrinologin oder sonstige Expertin – aber meinen Körper und meine Seele kenne ich mittlerweile ziemlich gut. Ich weiß, ich kann abnehmen. Ich weiß, ich sollte mich nicht zu sehr unter Druck setzen und auch kleinere Erfolge würdigen. Auch wenn ich all das weiß, fällt es mir schwer. Aber ich übe mich in Geduld und darin, mich gut zu finden, so wie ich bin.

Sehr langsam nähert sich mein Gewicht der magischen Siebzig. Aber weil es sich nähert, will ich mich über das Tempo nicht beschweren. Und ich bin bei dieser Diät endlich wieder der Boss. Auch hat mich meine Familie wieder lieb. Nicht weil ich explizit nach Weight-Watchers-Rezepten koche, sondern weil es wieder alles gibt. Sogar Nudeln. Und Sahne. Nur ich bin ein wenig zurückhaltender, was Menge, Kohlenhydrate, Fett und Zucker angeht. Dafür esse ich täglich so viel Obst, wie ich möchte, und wenn ich unterwegs bin, auch mal ein Sandwich vom Bäcker. Ich bitte nur darum, die Butter wegzulassen. Ich bin einfach aufmerksamer, was ich zu mir nehme, und verkneife mir das eine oder andere, was ich sonst beiläufig und ohne darüber nachzudenken essen würde. Nüsse, Schokolade, Chips, Reste, Pausenbrote. Alles, was eben in meinem Alltag einfach so vor meiner Nase liegt und »iss mich! iss mich!« schreit.

Es geht um das Maß, die Zeit, die man sich für das Essen nimmt, und um die Aufmerksamkeit, die man den eigenen Bedürfnissen schenkt. Dieses Bewusstsein ist es, was uns dauerhaft schlank werden lässt, davon bin ich mittlerweile überzeugt.

Neulich habe ich sogar Mousse au Chocolat gegessen. Das war vielleicht ein Fest! Allerdings muss ich lernen, derartige Ausnahmen auch zu genießen, anstatt ein schlechtes Gewissen zu haben. Wir Frauen sind da ja schon seltsam: Da verkneifen wir uns die tollsten Sachen, aus Angst, dick zu werden, und dann, wenn wir uns mal was gönnen, tun wir das nicht mit Lust und Hingabe, sondern schämen uns gleich dafür – um daraufhin aus lauter Frust am besten gleich noch mehr zu essen. Verrückt!

Weil es hin und wieder ein bisschen mehr sein darf, passt Weight Watchers perfekt zu mir, auch wenn ich es damit nicht auf achtundsechzig Kilo geschafft habe. Es sind »nur« einundsiebzig. Weight Watchers diszipliniert mich, ohne mich zu überfordern. Anders ausgedrückt: Ich darf alles essen, nur nicht alles gleichzeitig. Mehr brauche ich gar nicht. Halt, doch: Ich brauche den Wald zum Joggen, Yogastunden mit Inga und das Training mit Mick. Er spornt mich an und zeigt mir, was in mir steckt. Und niemals lacht er über mich. Oder nur dann, wenn ich nicht hinschaue.

Ach, übrigens: Heute Morgen im Spiegel, da habe ich es genau gesehen: Ich habe ein *Sixpack!* Ein Sixpack! Jawohl! Leider bleibt es noch nicht bis abends (es ist ja auch noch klein), aber es ist da. Und es wird wachsen. Ich bin total stolz!

Der Promi-Diät-Schnelltest –
Zwölf Methoden in zwölf Tagen

Nach sechs Abnehmkuren kann ich Ihnen aus erster Hand versichern: Diäten machen keinen Spaß. Wer das anders sieht, gehört entweder der Sadomasoszene an, hat eine Geruchs- beziehungsweise Geschmacksstörung oder tickt nicht richtig.

Zugegeben, mit dem, was der Spiegel mir zeigt, bin ich inzwischen recht zufrieden. Aber nicht vollends. Doch ich habe noch ein paar Tage Zeit. Also beschließe ich, das große Abspecken mit einem Promi-Diät-Schnelltest abzuschließen und dabei die letzten störenden Pfunde loszuwerden. Wenn Diäten schon öde sind, dann wenigstens mit Abwechslung!

Wer weiß? Vielleicht ist ja eine Methode dabei, die nicht nur funktioniert und schmeckt, sondern auch das Belohnungszentrum im Oberstübchen überlistet?

Es folgen nun zwölf Tage mit jeweils unterschiedlichen Promi-Diäten. Die Auswahl an ihnen ist schier unerschöpflich. Ausgesucht habe ich ganz einfach diejenigen, die mir am verrücktesten oder verlockendsten erschienen …

Tag 1: Ein Gläschen Babypampe? Also, liebe Reese …
Erinnern Sie sich an *Natürlich blond?* Mit dieser Hollywood-Komödie schaffte Reese Witherspoon ihren endgültigen Durchbruch. Die Frage, wie sie es schafft, rechtzeitig zu jedem Filmdreh eine Starfigur zu haben, beantwortet sie vermutlich mit: »Natürlich Brei!« Denn tatsächlich: Jeden Morgen verputzt Reese ein

Gläschen Babykost. Der natürlich frei von Gewürzen jeglicher Art ist. (Warum eigentlich? Als ob die Kalorien enthalten würden.) Auch Öl, Butter oder andere Zusatzstoffe sind tabu.

Okay, denke ich. Das ist so dämlich, diese Brei-Diät muss ich probieren. Herausforderung angenommen!

Um im örtlichen Supermarkt dumme Fragen und vielsagende Blicke zu vermeiden, beschließe ich, die Breichen selbst zu mixen. Rezepte gibt's ja dafür en masse. Ich entscheide mich für einen Klassiker, den Getreide-Milch-Brei. Er besteht im Wesentlichen aus geschmacksneutralen Komponenten wie Milch und Hafer. Die Zutaten habe ich alle im Haus. Es ist auch keine Hightech nötig, um diesen Brei zu brauen, nur Herd, Topf und Rührlöffel.

Das Ergebnis erinnert in Optik und Konsistenz stark an Tapetenkleister. Und schon sinkt mein Appetit – ob das wohl das Geheimnis dieser Diät ist?

Schließlich überwinde ich mich doch und nehme einen Löffel. Es schmeckt nach … nichts. Bestimmt hat sogar Tapetenkleister mehr Aroma. Ich schaffe drei Löffel, dann wird mir übel.

Also, liebe Reese Witherspoon: Ich weiß nicht, wie du das Zeug runterkriegst, aber bei mir taugt es höchstens als Appetitzügler. Lieber frühstücke ich gar nichts als diesen Brei.

Ich teste noch zwei weitere Rezepte, nämlich einen Fleischbrei (würg) und einen Obstbrei (na ja), doch auch sie überzeugen mich nicht. Irgendwie ekele ich mich offenbar vor Nahrungsmitteln, die man ohne Einsatz der Zähne zu sich nehmen kann.

Ernüchtert erkläre ich das heutige Experiment für beendet. Aber morgen ist schließlich ein neuer Tag.

Tag 2: Knoblauch-Ingwer statt Brangelina-Kamasutra?

Angeblich hat Angelina Jolie nach der Geburt ihrer Tochter Shiloh ganze elf Kilo mit der Knoblauch-Ingwer-Diät abgenommen.

Wenn man sich ihr Traumfigürchen so anschaut, spricht einfach alles für diese Methode. Zumal sie sich angeblich auch sehr positiv auf Angelinas Liebesleben ausgewirkt haben soll, wie die einschlägige Frauenfachliteratur zu berichten weiß.

Wobei: Wozu braucht eine Frau, die ständig Sex mit Brad Pitt hat, überhaupt eine Hungerkur?

Mein Kopfkino lenkt vom Thema ab. Zurück zur Diät. Ich mixe mir einen Knoblauch-Ingwer-Wasser-Drink und schnüffele erst einmal daran. Riecht ja nicht übel. Eine Probeverkostung ergibt, dass man ihn sogar trinken kann.

Ja, ehrlich – das Gebräu ist nicht unlecker. Aber meinen nagenden Hunger zu dämpfen, schafft es nicht einmal ansatzweise. Sorry, Angelina – auch deine Diät fällt bei mir durch!

Tag 3: Marktlücke Montignac-App – für alle außer Kylie

Mit der Montignac-Methode hält sich die Sängerin Kylie Minogue schlank (und offenbar auch jung). Vermutlich hat sie einen eigenen Diätassistenten, der ihr durch den Dschungel der verbotenen und erlaubten Lebensmittel hilft.

Michael Montignac unterscheidet die Kohlenhydrate in sehr gute, gute und ungute, wobei letztere zu vermeiden sind, da sie den Blutzuckerspiegel stark ansteigen lassen (ungute Kohlenhydrate sind in Zucker, Kartoffeln oder Weißbrot enthalten). Nach seiner These führt ein hoher Blutzucker zum Aufbau von Körperfett. Ansonsten wird weder auf Eiweiß noch auf Fett oder Kohlenhydrate verzichtet.

Für Normalbürger, die sich keinen Personal Coach leisten können, wäre eine App ideal, die beim Einkaufen die alles entscheidende Frage beantwortet: Darf ich – oder darf ich nicht?

Da ich weder Medizinerin noch Ernährungswissenschaftlerin bin, scheitere ich schon vor der ersten Montignac-Mahlzeit im Supermarkt. Die Unterscheidung in sehr gute, gute und böse

Kohlenhydrate ist mir einfach zu kompliziert. Wahrscheinlich ist das Ganze ohnehin Unsinn, denn der glykämische Index – der GI gibt an, wie stark ein zuckerhaltiges Nahrungsmittel die Höhe des Blutzuckerspiegels beeinflusst –, auf dem die Diät beruht, wird von Medizinern niemals isoliert betrachtet. Sie kritisieren auch, dass diese Diät zu eiweiß- und fettreich ist.

Ich habe also nichts verpasst und überlasse die Montignac-Methode Kylie, die damit offenbar besser zurechtkommt.

Tag 4: Ei, Ei, Ei, die eiserne Lady …

Die Diät, mit der die »eiserne Lady« Margaret Thatcher vor ihrem Wahlkampf 1979 neun Kilo abgenommen hat, darf ich mir natürlich nicht entgehen lassen.

Maggies Schlankheitsgeheimnis war die Eier-Diät. Im Vergleich zu so manch anderer Methode, die ich ausprobiert habe, ist diese erfrischend simpel: Vier hart gekochte Eier, die man über den ganzen Tag verteilt isst, vertreiben den Hunger und schmecken zumindest besser als Babybrei.

Natürlich besteht der Speiseplan nicht ausschließlich aus Eiern, aber sie lassen einen recht gut ertragen, dass er ansonsten mit Pampelmusen, Salat, Tomaten und ab und zu einem Stück Fleisch sehr mager ist.

Einen Tag lang halte ich das locker aus. Doch ich vermute, dass mir diese Diät nach spätestens einer Woche (beziehungsweise nach achtundzwanzig hart gekochten Eiern) zum Halse heraushängen würde.

Übrigens: Der Effekt ist nicht gerade gigantisch – nach meinem Eiertag wiege ich gerade mal 100 Gramm weniger. Wie viele Eier muss Maggie wohl verdrückt haben, um neun Kilo abzunehmen? Angesichts ihrer Politik, die sich durch Gewerkschaftsverbote, massive Privatisierungen und den Falklandkrieg auszeichnete, stellt sich zudem die Frage, ob eine Überdosis Eier vielleicht doch mehr Risiken und Nebenwirkungen hat als nur einen erhöhten Cholesterinspiegel.

Tag 5: Pretty in Pink mit Mariah

Lustig wäre, wenn die amerikanische Sängerin Pink auf diese Diät stehen würde, aber wahrscheinlich hat die gar keine Abspeckkuren nötig. Ganz im Gegensatz zu ihrer Kollegin Mariah Carey, die nach der Geburt ihrer Zwillinge ihre blendende Figur wiedererlangte, indem sie ausschließlich aß, was pink war.

Das ist so durchgeknallt, dass ich spontan beschließe, heute einen Pink-Day einzulegen. Leider zeigt er auf der Waage keinen messbaren Erfolg – mit Lachs und Himbeerkompott nehme zumindest ich leider nicht ab. Aber ich habe ja auch keine neugeborenen Zwillinge, die mich Tag und Nacht auf Trab halten.

Alternativen zu dieser Methode sind übrigens andere Farb-Diäten. Oder wie wäre es mit einer Alphabet-Diät? Von Äpfeln und Birnen bis hin zu Yamswurzeln und Zitronen. Am X-Tag ist die Diät sicher besonders wirksam.

Tag 6: Mit Sonoma zu Jennifers Strandfigur

Die verrückten Kalifornier sind bekanntlich sehr kreativ – auch was Diäten angeht. Klar, sowohl in Hollywood als auch beim Surfen ist die perfekte Figur quasi ein Must! Und die erreicht man, jedenfalls wenn man sich Jennifer Aniston zum Vorbild nimmt, mit der Sonoma-Diät – benannt nach der Stadt, die als Wiege des kalifornischen Weinanbaus gilt.

Doch mit Wein hat diese Abspeckkur leider nichts zu tun, auch wenn sie sich an der mediterranen Küche orientiert. Stattdessen sorgt sie mit einem ganz besonderen Trick für die optimale Portionsgröße: Man zählt keine Kalorien, sondern misst den Durchmesser seines Tellers! Beim Frühstück darf der nur achtzehn Zentimeter betragen, beim Mittagessen immerhin drei-undzwanzig. Zwischendurch kann man auch mal ein Möhrchen knabbern.

Jennifer Aniston hat diese Diät übrigens noch modifiziert, in-dem sie jeden Morgen ein Glas Zitronensaft trinkt. Das probiere ich ebenfalls, mit dem Effekt, dass ich erst am frühen Nachmit-tag wieder Appetit habe. Und dass ich an diesem Tag ein halbes Kilo abnehme. Guter Tipp, Jennifer! Aber ob ich diese Diät länger als einen Tag durchhalten würde? Egal, muss ich ja nicht. Mor-gen steht eine neue Hungerhaken-Methode auf dem Programm.

Tag 7: Posh Spice denkt an Früchte
Dünn, dünner – Victoria Beckham, das Ex-Spice-Girl, ist zwar nicht unbedingt mein Figur-Vorbild, aber was bei ihr funktio-niert, kann auch mir – in Maßen – nicht schaden.

Wenn Victoria ihre Frucht-Diät macht, dann ist das keines-wegs etwas, was Sie sich möglicherweise darunter vorstellen. Nein, Posh-Spice isst nicht einfach Äpfel und Birnen, sondern ar-beitet mental. Indem sie an tiefgefrorenem Obst lutscht (!), über-listet sie ihr Hungergefühl. An besonderen Feiertagen gönnt sie sich sogar mal ein paar Shrimps – natürlich nur, um daran zu lecken.

Ich finde, das Konzept ist ausbaufähig. Vielleicht sollte Victo-ria demnächst von echten Früchten zu gemalten überwechseln? Die haben nämlich garantiert null Kalorien. Einfach im Museum ein paar Stillleben mit Obst betrachten. Ein kurzer Blick genügt – wer Size Zero trägt, wird garantiert von einem einzigen Apfelblick satt. Mag sein, dass expressionistische Bilder ein bisschen selt-sam schmecken und naive etwas fad, aber über Kunst und Ge-schmack soll man ja nicht streiten. Ma(h)lzeit!

Tag 8: Gwyneth mag's makrobiotisch

Im Gegensatz zu ihrem berühmten Fan Gwyneth Paltrow soll diese Diät uralt sein. Vermutlich wurde sie – also die makrobiotische Kost, nicht Frau Paltrow – vor zweitausend Jahren von buddhistischen Mönchen entwickelt.

Kurz zusammengefasst: Sie beinhaltet das stufenweise Weglassen von allem, was gut schmeckt. Während der letzten Stufe ernährt man sich ausschließlich von Getreide. Für ihre Figur verzichtet Gwyneth unter anderem auf Fleisch, Fisch, Eier, Kohlenhydrate und Milchprodukte. Und wenn sie schon dabei ist, bestimmt auch auf Süßigkeiten.

Weil ein Express-Diät-Testtag für stufenweises Weglassen nicht ausreicht, probiere ich direkt die letzte Stufe aus, muss aber feststellen, dass sie für schnelles Abnehmen nicht sonderlich geeignet ist. Auf der Waage tut sich nämlich nix. Großer Aufwand – geringe Wirkung. Mit Verlaub, Gwyn – das Ganze ist wohl mehr eine Weltanschauung.

Tag 9: Gary schlemmt nur samstags

Diese Diät ist wirklich sehr einfach: sechs Tage normal, ein Tag Qual. Sprich: Nur an einem Tag in der Woche wird gehungert.

Ex-Take-That-Sänger Gary Barlow ist diese Variante allerdings nicht effektiv genug – deshalb macht er es umgekehrt. An sechs Tagen hält er Diät, verzichtet auf alles Leckere und ernährt sich ausschließlich gesund. Was ihn das durchstehen lässt, ist die Vorfreude auf den Samstag, denn an diesem Tag darf er essen, worauf er Lust hat.

Ich würde, wenn überhaupt, die erste Variante wählen. Zum Gewichthalten ist sie bestimmt prima. Zumal sie sich auch bei den Tieren in Zoos bewährt hat. Kleiner Tipp: Den Löwenkäfig sollte man am Hungertag keinesfalls betreten. Man will den Leu ja nicht in Versuchung führen …

Tag 10: Abnehmen mit Oma Klums Sauerkrautsuppe

Welche Diät hat Heidi Klum eigentlich noch nicht ausprobiert? Dass sie eine Kapazität in Sachen Vernichtung überflüssiger Pfunde ist, steht außer Zweifel. Auf die Methode des heutigen Tages schwört sie übrigens aus persönlichen Gründen, denn das Rezept für die Sauerkrautsuppe stammt von ihrer Großmutter. Und immer wenn man Hunger hat, kann man zuschlagen.

Für zwölf Personen braucht man:

1,5 Kilo Rinder- und Schweinehack
5 große weiße Zwiebeln (fein geschnitten)
2 EL Olivenöl
3 Dosen Sauerkraut (à 500 g)
400 g Dosenpilze
5 süße Essiggurken
350 ml passierte Tomaten
250 g Schmand (hat weniger Kalorien als Crème fraîche)
2 l Gemüsebouillon

Zubereitung (total einfach): Alles in einen Topf geben, 45 Minuten köcheln lassen, mit Salz und Pfeffer abschmecken – fertig!

Die Suppe schmeckt lecker, und die Pfunde purzeln. Ob ich sie auch nach zwei Wochen noch mögen würde, sei einmal dahingestellt. Aber nach einem Tag bin ich hochzufrieden und ein paar hundert Gramm leichter. Danke für den Tipp, Heidi. Diese Diät kommt auf jeden Fall auf meine Top-Liste!

Tag 11: Khloé Kardashians Edel-Diät

Es gibt Promis, deren Business einzig und allein darin besteht, prominent zu sein und dabei gut auszusehen. Natürlich sind diese Exemplare ganz besonders prädestiniert für Abmagerungskuren. Eine Vertreterin dieser Branche ist Khloé Kardashian.

Die Abspeckmethode des kalifornischen Reality-Soap-Stars ist so ungefähr das genaue Gegenteil von Heidis Sauerkohlsuppe.

Khloé selbst erklärt ihre Diät so: »Ich esse bis zum Mittag alles, was ich will. [Anmerkung 1: Khloé schläft etwas länger als die normal arbeitende Bevölkerung – wahrscheinlich hat sie zwischen Aufstehen und Lunch nur Zeit für einen Keks.] Danach trinke ich nur noch Champagner. Das sind 100 Kalorien pro Glas. [Anmerkung 2: Khloé verdient etwas mehr als der Durchschnittsbürger. Aber zur Not funktioniert das Ganze vielleicht auch mit Schaumwein.]«

Ja, genau, Khloé – und wenn du mal einen Fischtag machst, dann lässt du bestimmt den Toast unter dem Beluga weg, oder?

Ich gebe zu, diese Edel-Diät ist eine eher angenehme »Fastenkur«. Wenn man eine gute Leber hat … Prost!

Tag 12: Ruth Moschners Schoko-Diät

Zugegeben, Ruth Moschner ist nicht unbedingt ein internationaler Superstar, dafür aber eine tolle Moderatorin. Und ab und zu nimmt sie eben ab und zu.

Ruth schwört auf die Schoko-Diät: Vor jeder Mahlzeit isst sie zwei Stückchen Schokolade. Je dunkler, desto gesünder.

Klingt wundervoll! Der Schokotag ist einer meiner Lieblingsdiättage in diesem Schnelltest, allerdings nicht unbedingt der erfolgreichste. Denn abgenommen habe ich kein Gramm. Wie auch, wenn ich zusätzlich noch Schokolade verspeise?

Nun ja. Vielleicht liegt es daran, was ich nach der Schokolade in mich hineingestopft habe …

Womöglich funktioniert die Schoko-Diät aber bei Ihnen. Ich kann nur dazu raten, es selbst auszuprobieren.

Gewichts-Check: 77,6 Kilo

Fazit:
Zwei Kilo weniger in zwölf Tagen – nicht schlecht, oder?

Etwas später …

Hier ist der Anrufbeantworter von Anja Koeseling. Im Moment bin ich leider nicht erreichbar, Sie können mir aber nach dem Signalton eine Nachricht hinterlassen. Dankeschön, auf Wiederhören.

Oma

Anja, bist du da? Hier ist Oma. Mir geht's gar nicht gut – diese elende Verstopfung … Kannst du mir frisches Sauerkraut besorgen, damit ich mir daraus ein Süpp-chen kochen kann? Du bekommst auch einen Teller ab …

Ich will ohnehin bei meinen Eltern vorbeischauen. Meine Oma ist auch da. Also besorge ich im Supermarkt ein großes Paket Sauerkohl und mache mich auf in den Norden.

Drei Stunden später stehe ich vor der Tür meiner Eltern und klingele. Ein paar schlurfende Schritte, ein Knarren der Tür und dann ein Schrei: »O Gott, wie siehst du denn aus? Vollkommen verhärmt!«

Gut, ich habe eine Diät hinter mir, die auch ganz erfolgreich war, aber von meinem Idealgewicht bin ich noch deutlich ent-fernt – und ich sehe alles andere als verhärmt aus. Bevor ich das klarstelle, drücke ich meiner Großmutter erst einmal das Sauer-kraut in die Hand. »Tag Oma, wie geht es?«

In den folgenden dreißig Minuten werde ich im Expressdurchlauf über ihre Verdauungsprobleme informiert sowie über die Zuzüge im Ort, Neues von Herrn Hansen (drei Häuser weiter), der schon wieder fremdgegangen ist (wie kann man in einem dermaßen kleinen Dorf »fremd«gehen?), und den Terroranschlag eines Fuchses auf den Hühnerstall (eine Bürgerwehr hat sich spontan gebildet).

Nachdem ich über die neuesten Dorfnachrichten Bescheid weiß, kehrt Oma zum Kernthema zurück. »Du siehst aus, als hättest du Bullermie, du weißt schon, die Kotzkrankheit von den Models.«

Es dauert einige Zeit, bis ich ihr glaubhaft versichert habe, dass ich nach dem Essen keineswegs verschwinden werde, um auf der Toilette die gerade aufgenommenen Kalorien auf demselben Weg wieder loszuwerden. Ich würde auch keine Abführmittel nehmen, ich mache nur eine gesunde Diät, nichts von dem gefährlichen Blödsinn, den Models und ihre unglücklichen Fans so betreiben.

Trotzdem, Oma scheint meinen Aussagen nicht zu trauen. »Na gut, aber immerhin hattest du eine lange Fahrt hinter dir. Wenn du schon da bist, dann lass uns wenigstens Abendbrot essen.«

Ich weiß, dass es keinerlei Sinn macht, mit Oma zu streiten. Also gehe ich mit ihr in die Küche, um ihr zu helfen. Sie holt Lebensmittel aus dem Schrank, während ich mich um die Teller und das Besteck kümmere.

»Wie viele Teller soll ich noch aufdecken?«, will ich wissen.

Erstaunt fragt sie zurück, was ich damit zum Ausdruck geben wolle.

Mit einer Kopfbewegung deute ich zum Tablett mit den Esswaren. »Du hast mir nicht gesagt, dass du noch Gäste erwartest.«

Oma blickt mich erstaunt an. »Wer, außer uns, sollte denn deiner Meinung noch zum Abendbrot kommen? Deine Eltern arbeiten doch noch«, entgegnet sie.

In Anbetracht der Berge von Würsten, Eiern, Broten und Brötchen, des Käses und der Butter sowie einiger Dosen mit Fisch und anderen Sachen antworte ich ehrlich: »Das würde für eine komplette Fußballmannschaft mit Auswechselspielern, Schieds- und Linienrichtern ausreichen.«

Oma reagiert etwas unwirsch. »Du musst ja nicht alles aufessen!«

Ich unterdrücke die Bemerkung, dass wir wohl etliche Tage bräuchten, um diese Nahrungsmenge zu vertilgen, und versuche es mit dem höflichen Hinweis, dass ich jetzt nur vegan esse.

Oma lässt den Blick über den Tisch mit Würsten und Schinken schweifen. »Da hinten stehen ein paar gekochte Eier, und Käse ist auch auf dem Tisch, aber ich habe noch anderen Käse und Kräuterquark im Kühlschrank. Am besten, ich mache dir ein paar Bratkartoffeln«, schlägt sie vor.

Natürlich weiß ich genau, dass Omas Bratkartoffeln super schmecken. Klar, mit eigenen Kartoffeln, Eiern von den Hühnern im Stall, einem halben Paket Butter und »etwas« Speck von glücklichen Schweinen ist der Geschmack einzigartig. Es ist nur so, dass der Kaloriengehalt so einer Mahlzeit auch ohne Butter und Speck ungefähr dem Tagesbedarf eines Bergsteigers am Mount Everest entspricht – wobei ich bezweifele, dass besagter Alpinist danach auch nur einen einzigen Schritt weitergehen könnte.

Schnell mache ich mir aus ein paar Tomaten und Zwiebeln einen Salat mit einem Löffel Öl.

Oma schweigt während des Essens. Immerhin honoriert sie, dass ich da bin. Bei der Verabschiedung kann sie ein paar Bemerkungen nicht verkneifen: »Das nächste Mal siehst du dann aus wie die Heidi mit ihren Hungerhaken.« Alles klar, die neue Staffel von *Germany's next Topmodel* ist neulich im Fernsehen angelaufen.

Ich fasse Omas letzten Satz als Kompliment auf und fahre gut gelaunt weiter zu meinen Freunden. Es ist schon spät, was bedeutet, dass das Abendbrot dort schon vorbei ist. Zum Glück!

Die Zeitschriften, die ich vor genau neunzig Tagen am Flughafen erstanden habe, sind schon ganz abgegriffen. Jetzt, wieder bei mir zu Hause, trage ich den kompletten Stapel in den Müll. Was interessiert mich, welche Promis gerade ihre Top-Figur an welchem Beach präsentieren, welche Stars eventuell doch einen Hauch Cellulite haben und welche Sternchen mit welchem Personal Trainer ihren Luxus-Leib in Form bringen? Mit mir hat all das nichts zu tun.

Oder besser gesagt: nicht mehr. Die Zeit der Selbstkasteiung ist vorbei. Bye bye, Beyoncé. Winke-winke, Madonna. Macht's gut, Heidi Klum, Jennifer Aniston und Gwyneth Paltrow. Es war schön mit euch – aber genug ist genug.

Bis zur Topmodel-Figur wäre es noch ein weiter Weg, aber ich bin immerhin um zwei Kleidergrößen geschrumpft, und meine Haut sieht ganz fabelhaft aus. Mit anderen Worten: Ich bin sehr zufrieden mit dem, was ich erreicht habe, und fühle mich rundum wohl.

Vor allem aber bin ich überglücklich, dass ich meinen Lebensunterhalt nicht mit Dünnsein verdienen muss. Was für ein schreckliches Schicksal …

Nachdem ich eine ganze Reihe aktueller Promi-Diäten ausprobiert habe, hält sich mein Neid auf das Leben der Schönen und Reichen extrem in Grenzen. Ich möchte nicht mit ihnen tauschen, ganz ehrlich. Aber das muss ich zum Glück ja auch nicht. Ich darf mein wunderbar normales Leben weiterleben und kann mir von Zeit zu Zeit, wenn der Hosenbund mal wieder spannt, den einen oder anderen Abnehmtipp aus der Promi-Trickkiste ausborgen.

Und jetzt geh ich zum Zeitschriftenladen und kaufe mir ein Politmagazin. Mein Geist braucht frische Nahrung … Hallo, Frau Merkel!

Liebe Anja, liebe Mara!

Zwölf Wochen sind vorbei, und in drei Tagen geht unser Flieger. Meine Güte. So bald schon?

Manchmal kam es mir vor, als würden diese zwölf Wochen nie vergehen, und dann ging es plötzlich ganz schnell, oder? Ganze neunzig Tage haben wir mit unseren Diäten durchgehalten, das kann ich immer noch kaum glauben! Okay, mal mehr, mal weniger erfolgreich, aber wir haben durchgehalten.

Ich spüre die Vorfreude, und es kribbelt überall. Mein Gesicht strahlt so, sagt Holger. Was für ein toller Urlaub liegt da vor uns – ich freu mich riesig für uns alle.

Aber ist euch schon mal aufgefallen, dass eine mindestens ebenso spannende Reise bereits hinter uns liegt? Zwölf Wochen, in denen wir einfach nur Gewicht verlieren wollten. Jetzt kommt es mir lustig vor, die Wörter „einfach" und „nur" im Zusammenhang mit dieser Zeit zu nennen. Denn weder war es einfach noch war es nur eine Diät, habe ich recht?

Wir haben schließlich nicht nur Gewicht verloren, sondern auch neue Erkenntnisse über uns selbst gewonnen – und damit hat ja wohl keine von uns gerechnet. Zumindest ich war davon überzeugt, mich selbst so gut zu kennen, dass mich nichts mehr überraschen kann. Haha, Irrtum!

Jede von uns ist nah an ihrem Wunschgewicht. Aber jede von uns hat auch begriffen, dass es nicht nur um irgendwelche Kilos auf der Wage geht, sondern dass es absolut notwendig ist, auch sonst nach uns selbst zu schauen. Auch mal zuzugeben, dass wir erschöpft oder an unseren Grenzen angekommen sind. Unseren Ehrgeiz zu hinterfragen, und zu schauen, was wir wirklich brauchen.

Wir sollten stolz auf uns sein. Sind wir das? Ich meine, genug?

Wenn nicht bisher, dann ab jetzt. Versprochen?

Komischerweise ist mir mein Bikini plötzlich gar nicht mehr so wichtig. Schon gleich gar nicht für diesen Urlaub. Viel wichtiger ist, dass ihr meine Freundinnen seid und wir endlich Zeit füreinander haben.

Was ich gewonnen habe – abgesehen davon, dass ich mich nun trauen werde, mich in einem Bikini zu zeigen, der mir noch nicht ganz perfekt passt –, ist Selbstbewusstsein. Im Sinne von „mir selbst bewusst sein". Ich habe begriffen, wie wertvoll ich bin – und wie wertvoll wir uns gegenseitig sind. Ihr seid mein Spiegel, und ich bin eurer. Und zwar der einzige, der zählt.

Wenn ich euch anschaue, weiß ich, dass ich gut, schön, klug und auf jeden Fall auch schlank genug bin. Weil ihr mich so mögt, wie ich bin. Und ich euch.

Ich hätte euch so gern noch näher bei mir gehabt in den letzten Wochen. Ich wäre gerne mit dir ins Spa gegangen, Anja, und hätte dich gern von der Hypnose-Sitzung abgeholt, Mara. Weil es schön ist, sich nah zu sein, sich gegenseitig zu unterstützen und zu begleiten. So richtig vor Ort. Aber immerhin war ich in Gedanken sehr oft bei euch – und ihr bei mir. Das zählt.

Und jetzt: Zum Glück müssen wir keine komplizierten Verabredungen mehr treffen, sondern können einfach nur die nächsten Tage genießen. Lasst uns jeden Moment auskosten!

Ich möchte mit euch lachen, euch umarmen und verrückte Fotos aufnehmen. Ich kann es kaum erwarten,

mit euch den ersten Drink am Pool zu nehmen, eure
Geschichten zu hören und uns selbst zu feiern.

Das wollte ich euch nur sagen, bevor es in der
Hektik untergeht.

Und jetzt muss ich unbedingt jemanden finden,
der mit mir diesen Koffer zumacht. Mensch, was hab
ich da nur alles drin? Abgesehen von den pinkfarbe-
nen Tuniken für uns alle, meinen Sportschuhen und den
Büchern. Ja, ihr habt richtig gelesen. Bücher. Ich mache
Pause. Mara, Anja: Die Hummeln im Hintern lasse
ich zu Hause und gelobe hiermit feierlich, einfach mal
nichts zu tun und zu entspannen. Auch wenn das meine
schwerste Übung ist.

Ich freu mich so unglaublich, vor allem auf euch,
eure Lucinde

Und endlich ...

»Klickedi-klickedi-klickedi-klick ...« Unsere Koffer stolpern über die Fugen am Flughafen und machen dabei dieses typische und sehr verheißungsvolle Geräusch. Das Wir-sind-mit-einem-Koffer-am-Flughafen-und-werden-gleich-in-den-Urlaub-fliegen-Geräusch. Jede von uns liebt es, und wir haben es alle viel zu lange nicht mehr gehört. Unsere Blicke treffen sich, noch bevor wir am Schalter sind. Für ein breites Lächeln ist allemal Zeit. Wir drei sind aufgeregt, hektisch, spät dran und wühlen im Gehen in unseren Taschen.

Völlig überflüssig, dass wir uns sogar noch überlegt haben, ob wir einen Treffpunkt ausmachen sollen. Unsere Vorfreude ist magnetisch, und wir haben uns beim Eintreten in die Abflughalle sofort entdeckt. Ob es daran liegt, dass wir alle Pink und dieses Lächeln tragen? Zeitgleich und keuchend treffen wir am Schalter ein.

Es geht gleich los! Wir haben es geschafft! Und, hach, was fühlen wir uns *frei*! Kinder, Männer, Hunde, Omas oder gar Abgabetermine sind für die nächsten zehn Tage kein Thema. Das haben wir uns vorgenommen. Wenn wir uns jetzt nämlich überlegen, ob zu Hause auch alles klappt, dann können wir gleich wieder umkehren. Denn natürlich wird *nicht* alles klappen.

Aber egal, das tut es ja auch nicht, wenn wir da sind.

Der ursprüngliche Plan war eigentlich gewesen, uns – sozusagen symbolisch – auf die Waage des Kofferbands zu stellen und das ultimative Urlaubsgewicht allen nach uns am Schalter Stehenden stolz zu verkünden. Aber, pfff. Langweilige Flughafen-angestellte. Das sei nicht erlaubt, sagt sie. Und sehr gefährlich. Ob wir die lange Schlange gesehen hätten? Wo wir denn da hin-kämen, wenn sich jeder auch noch selbst wiegen wolle?, fragt sie säuerlich.

»In den Urlaub«, antwortet Lucinde höflich.

»Zu neuen Erfahrungen«, meint Mara.

»Oder in ein Buch«, ergänzt Anja.

Nein, das findet die Flughafenangestellte gar nicht witzig.

Wir aber schon. Unser ausgelassenes Kichern veranlasst sie zu einem leicht genervten Augenverdrehen. Immerhin verkün-det sie froh, dass wenigstens unsere Koffer kein Übergewicht ha-ben. Spaßbremse.

Dann wird es leider etwas hektisch, denn Lucinde findet ih-ren Pass nicht, obwohl sie ganz sicher ist, ihn in die Außentasche ihres Handgepäcks gesteckt zu haben. Und Anjas Ticket ist plötz-lich weg, genau wie Mara, die noch schnell die Bestsellertische im Buchladen anschauen muss. Langweilig wird es wohl in den nächsten zwei Wochen auf gar keinen Fall.

Bis das Ticket und Mara gefunden sind, ist die Zeit wieder mal knapp.

Von wegen vorher noch ein bisschen Duty-free-Shopping (Anja), Zeitschriften stöbern (Mara) oder gemütlich einen Cap-puccino an der Bar trinken (Lucinde). Vor lauter Wiedersehens-freude und Dauerhektik haben wir noch nicht mal richtig Zeit, uns ausgiebig und von oben bis unten zu begutachten.

Aber während wir durch die Gänge eilen und das richtige Gate suchen, betrachten und kommentieren wir uns gegenseitig. Lucinde ist schlank, da sind wir uns einig, man kann es nicht an-ders nennen. Und sportlich ist ihre Figur! Aber hallo!

Anja sorgt ebenfalls für einen Wow-Effekt. Nur sie selbst ju-belt nicht mit, weil sie ihre Modelmaße von vor zwanzig Jahren immer noch nicht erreicht hat.

»Also bitte«, findet Lucinde. »Das war immerhin vor zwanzig Jahren! So what?«

Mara sagt über sich selbst: »Bei mir ist es wie bei Astrid Lindgrens Karlsson vom Dach: Ich bin ein schöner und grundgescheiter und gerade richtig dicker Mensch in meinen besten Jahren.« Und dann grinst sie. Und die anderen grinsen mit und sagen ihr ungefähr eine Million Mal, wie großartig sie aussieht. Und dass sie übrigens viel netter als dieser Karlsson vom Dach ist.

Und es ist gerade wirklich egal, wer hier dick oder dünn oder sportlich oder fluffig wie ein Sofakissen ist. Alles nicht wichtig. Hauptsache, wir drei sind zusammen. Und Hauptsache, wir kommen rechtzeitig zum Gate.

Für alle anderen Geschichten, Träume, Wünsche, Erkenntnisse und Neuanfänge ist genug Zeit in ein paar Stunden. Am Pool. Im Urlaub. Und immer wieder in unserem Leben.

Tierisch wilde Zeiten im Ameisenbär-Paralleluniversum

Lydia Möcklinghoff ICH GLAUB, MEIN PUMA PFEIFT Als Forscherin im reichsten Tierparadies der Welt 368 Seiten mit zahlreichen Abbildungen ISBN 978-3-404-60861-4

Im Spülkasten der Toilette singt ein Frosch sein heiteres Lied und wenn nachts die Wasserbüffel im Vorgarten wühlen, kommt auch schon mal ein Cowboy im Schlafanzug auf die Veranda und schießt in die Luft. Seit neun Jahren lebt Lydia Möcklinghoff auf einer Ranch mitten in Brasiliens Wildnis und betreibt Feldforschung am Ameisenbär. Ob sie sich mit der Machete durchs Gestrüpp schlägt, oder den Abend mit einem leckeren Caipi ausklingen lässt – der ungewöhnliche Alltag der Biologin lässt das Herz eines jeden Abenteurers höher schlagen.

Bastei Lübbe

„Ich war jung und brauchte das Feld"

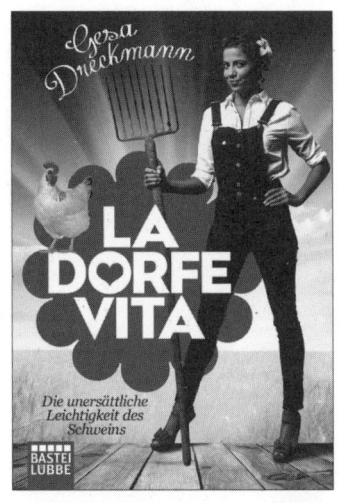

Gesa Dreckmann
LA DORFE VITA
Die unersättliche
Leichtigkeit des Schweins
208 Seiten
ISBN 978-3-404-60864-5

Gesa Dreckmann wuchs in den unendlichen Weiten Norddeutschlands auf, wo jenseits der großstädtischen Enge alle möglichen Spleens munter sprießen können. Darum ist es in ihrem Dorf auch nicht ungewöhnlich, dass Dietrich für seine „Zyklopenshow" ein Auge rausholt, die örtlichen Brandhüter beim „Feuerwehrgate" zündeln oder ein Schwein auf dem Beifahrersitz durch die Gegend kutschiert wird. Witzig und liebevoll erzählt Gesa Dreckmann vom Landleben zwischen schweigsamen Bauern, schwarz gebranntem Schnaps und überraschend toleranten Dorfbewohnern und kommt zu dem Schluss: Ich bin und bleibe eine Dorfperle!

Bastei Lübbe